カナダの女性政策と大学

Public Policies for Women at Canadian Universities

犬塚典子

東信堂

はしがき

　現在、日本において、女性の活躍促進が成長戦略の中核に位置づけられている。これまで自主的取組に委ねられてきたポジティブ・アクションの実効性を高めるために、「女性の職業生活における活躍の推進に関する法律（女性活躍推進法）」によって、平成 28 年 4 月より、事業主は女性の管理職比率の把握・分析を行い、数値目標や取組を行動計画に盛り込むことを義務づけられた。

　一方、平成 27 年 4 月より「子ども・子育て支援新制度」が開始され、認可事業として「事業所内保育」も施設型給付の対象になるなど、地域や事業所の両立支援も変革の渦中にある。しかし、早急な解決策と成果を求める政府の動向もあって、現場は、待機保育児対策、男性の育児休業取得などの数合わせ的な対応に追われている状況がある。

　国の国際経済力の強化のために、女性がその力を存分に発揮することが不可欠とされ、男女共同参画の実現に向けた様々な取組が行われるようになった。その一方、各種の指標や統計データでは、女性はいまだ十分にその能力を発揮できておらず、「眠れる資源」「潜在力」「含み資産」といった表現によって示される状況である。

　教育分野においては、大学・大学院生に占める女性の比率は増えたが、それに比べて女性教員や研究者の増加は遅れている。OECD の国際比較調査（2010 年）では、日本の大学型高等教育機関の卒業生に占める女性比率は 44％ であるのに対し、同教育機関における女性教員の比率は 17.1％ である。後者の OECD 各国平均は 40.9％ であり、日本のこの数値は最低レベルに位置する（OECD 2012：93, 541）。そのため国は「第 4 次男女共同参画基本計画」（平成 28 年〜32 年）において、平成 32 年までに大学教員に占める女性の割合を、教授等で 20％、准教授で 30％ とする成果目標と期限を定めた。

　この目標の実現のために最も努力が必要とされているのが国立大学である。

平成27年度学校基本調査によれば、国・公・私立あわせた日本の大学教員（182,723人）に占める女性の比率は23.2％（42,433人）である。これを国立大学教員（64,684人）に限定すると15.9％（10,258人）に下がる。国立大学は、日本における研究者養成の中核を担っており、そこで何らかのパイプラインの漏れが起きていることが想像される。国立大学協会は、平成11年11月に「男女共同参画に関するワーキンググループ」を設置し、調査・提言・アクションプランを作成しモニタリングを継続してきた。平成18年度からは、文部科学省によって「女性研究者支援モデル育成事業」（平成23年度からは「女性研究者研究活動支援事業」、平成27年度からは「ダイバーシティ研究環境実現イニシアティブ」）が実施されている。平成26年度までに、全採択・選定99機関中、56校の国立大学がこの事業によって取組を行ってきたが、女性教員比率の増加は遅い。どのような政策的関与や組織改革によって、大学における女性教員比率は高まるのであろうか。

このような問題意識に基づき、本研究では、カナダの大学における女性の学生・教員の進出について、国や州の公共政策との関係から明らかにする。先行研究では、女性政策は、市場が牽引するアメリカ型と、国家主導による欧州型に分類され、日本とカナダは後者に属する。カナダは、1980年代前半に、学士課程在学者数において女性の数が男性を上回った。大学院博士課程学位取得においても、工学系分野を除き、男女格差をおおよそ解消している。大学教員に占める女性の比率については、日本が政策目標として掲げる30％を2000年代前半に達成している。

しかし、1960年代においては、同国においても女性教員の比率は現在の日本とほぼ同じく15％以下であった。その後、約50年をかけて、現在の35％超に辿りついた。どのような経緯によって、このような展開が可能になったのであろうか。カナダには約90校の学位授与型の大学があり、これらはほとんどが州の公費大学である。カナダの女性政策と大学改革との歩みを明らかにすることで、日本の課題である国立大学における男女共同参画の推進に何らかの有意義な視点を得ることができるのではないかと考える。

本研究では、カナダの大学における女性の学生・教員の進出に影響を与え

た三つの政策的関与（女性の地位に関する政府調査委員会、雇用公平法、両立支援政策）を考察する。序章においては、本研究の意義と研究方法について述べている。はじめに、本研究の関心の背景にある日本の大学における男女共同参画、とりわけ、女性教員・研究者の状況について課題を明らかにする。次に、カナダの大学と女性政策研究の動向と枠組み、三つの政策を取り上げて考察する意義と方法について述べていく。カナダにおいても1960年代以降の女性政策と大学改革の歩みを通史的に考察した研究は乏しい。本研究で得られる知見は、日本の政策課題に対して示唆に富むばかりでなく、自国を対象とする研究蓄積の薄いカナダ高等教育研究においても資するものと考える。

第1章では、女性の地位（向上）についての国の推進方針策定の時代（1960年代後半～70年代）を考察する。はじめに、社会的背景として女性と教育についての政策に影響を与える国際的な枠組みである国連「女子差別撤廃条約」などの動向について論ずる。そして、国際社会に影響を受けてカナダ政府が設置した「女性の地位に関する政府調査委員会」の内容とその意義、女性運動並びに理論的背景を明らかにする。各種政府統計や大学の報告書に基づき、カナダの大学において「女性の地位」という政策概念を柱に改革が進められたことを明らかにする。

第2章では、憲法をはじめとするカナダ法の改革が進められた1980～1990年代における「雇用公平法」の成立とその後の政策展開、大学の対応について考察する。人権法制の整備を背景に、他の社会的マイノリティとともに、女性教員・研究者の雇用における平等化政策が進められたことを明らかにする。

第3章では、主に2000年以降の連邦・州政府の実施するワーク・ライフ・バランス政策と大学の取組について考察する。仕事と生活の調和のためのプログラム、とりわけ子育て支援制度は州の政策によって大きく異なっている。ケベック州においては、特に2000年頃から先駆的な政策が行われているため、その内容と政治・行政的背景について論じる。また、いずれの章においても、国や州の公共政策を受けて、各大学がどのような改革を行っていったかということを具体的な事例を取り上げて考察していく。

日本でも、1999年の男女共同参画社会基本法の成立、2006年の男女雇用機会均等法改正、2010年の育児・介護休業法の改正など、男女共同参画を促進する国の施策が実施されている。また、科学技術基本計画による科学・学術政策や、国立大学法人化以降の中期目標・中期計画策定において男女共同参画が重視されている。日本の大学が科学・学術の発展拠点として、その役割を最大限発揮して男女共同参画を進めていくために、本研究の知見がささやかながらも役立つことができれば幸いである。

カナダの女性政策と大学／目次

はしがき……………………………………………………………………………… i

 凡　例（viii）
 略語法一覧（ix）
 カナダ基礎情報（x）
 為替レート（xii）

序　章　本研究の課題と方法………………………………………………3

第1節　本研究の課題と対象………………………………………………… 3
 (1) 本研究の課題　　　　　　　　　　　　　　　　　　　3
 (2) 本研究の対象　　　　　　　　　　　　　　　　　　　8
第2節　先行研究の検討と方法………………………………………………11
 (1) カナダの大学について　　　　　　　　　　　　　　　11
 (2) 女性政策研究の動向　　　　　　　　　　　　　　　　15
 (3) 先行研究の検討　　　　　　　　　　　　　　　　　　19
 (4) 本研究の枠組みと方法　　　　　　　　　　　　　　　24

第 1 章　「女性の地位に関する政府調査委員会」による政策形成
　　　　　－教育へのアクセスを求めて………………………………33

第1節　カナダの大学と女性―歴史的展望……………………………………34
 (1) 1884 年 10 月 6 日―トロント大学とマギル大学　　　　34
 (2) 第一次大戦と女性の参政権確立　　　　　　　　　　　41
 (3) 第二次大戦後の退役軍人対応―初の男女混合寮　　　　48
第2節　「女性の地位に関する政府調査委員会」………………………………55

(1) 国連「女性（婦人）の地位委員会」（1946年〜）　　55
　(2) アメリカ合衆国「女性の地位に関する大統領委員会」
　　　（1961〜1963年）　　58
　(3) 「女性の地位に関する政府調査委員会」（1967〜1970年）　　61
　(4) 政府調査委員会による提言（1970年）　　66
　(5) 「女性の地位」という政策・運動概念の広がり　　69
　第3節　教育へのアクセスを求めて―「女性の地位」に関する大学の対応 ……73
　(1) 各大学に設置された「女性の地位」委員会　　73
　(2) 「女性学」講座の発展　　79
　(3) 学生における女性比率の向上　　84
　(4) 学術研究における女性の地位―『サイモンズ報告（第3巻）』　　87

第2章　「雇用公平法」と大学―研究職へのアクセスを求めて ……………95

　第1節　雇用公平法成立までの背景 …………………………………………97
　(1) カナダ連邦政府と大学　　97
　(2) アメリカにおけるアファーマティブ・アクション政策の展開　　102
　(3) カナダ人権法（1977年）と1982年憲法
　　　―アファーマティブ・アクションの導入　　110
　(4) 国際法とアメリカの動向　　115
　第2節　雇用公平法の成立と改正―連邦契約事業者プログラム（FCP）……119
　(1) 「雇用平等に関する政府調査委員会」（1983年〜1984年）　　119
　(2) 政府調査委員会による提言（1984年）　　129
　(3) 雇用公平法（1986年）と「連邦契約事業者プログラム（FCP）」の成立　132
　(4) 第二次雇用公平法（1995年）　　134
　第3節　雇用公平法に対する大学の取組 ……………………………………137
　(1) 連邦契約事業者プログラム（FCP）　　137
　(2) 各大学に設置された「公平性」に関する組織　　139
　(3) FCPへの対応事例―残された課題　　146

第 3 章　両立支援政策と大学―ワーク・ライフ・バランスを求めて……… 163

第1節　カナダの両立支援政策……………………………………………… 164
　（1）両立支援政策の枠組みと動向　　　　　　　　　　　　　164
　（2）カナダにおける保育サービス　　　　　　　　　　　　　168
　（3）近年の保育政策と州の状況　　　　　　　　　　　　　　171
　（4）親休業制度とその他の支援策　　　　　　　　　　　　　174

第2節　大学の両立支援事業……………………………………………… 178
　（1）1970年代における大学の保育事業　　　　　　　　　　178
　（2）近年の大学における子育て支援　　　　　　　　　　　　185
　（3）親休業制度とその他の支援策　　　　　　　　　　　　　192

第3節　ケベック州の政策と大学の取組……………………………… 201
　（1）ケベック州の子育て支援政策　　　　　　　　　　　　　201
　（2）大学における保育事業―モントリオール市の事例　　　206
　（3）親休業制度とその他の支援策　　　　　　　　　　　　　214

終　章　総括と今後の研究課題……………………………………… 227

　（1）カナダの大学と女性の進出について　　　　　　　　　　227
　（2）日本への政策的インプリケーション―今後の研究課題　232

文献一覧………………………………………………………………… 245
List of Interviewees …………………………………………………… 260
あとがき………………………………………………………………… 262
事項索引………………………………………………………………… 264
人名索引………………………………………………………………… 267

凡　例

1. 本文を補うための注記は、…1）の数字で示し、各章末にその内容を記した。
2. 引用文献の著・編者名、発行年、ページは、本文中に（　）を用いて挿入した。
3. 同一発行年の著作がある場合には、発行年の後に、a, b, c, を付けて区別した。
4. 文献についての詳細な情報は、巻末の文献表にまとめて示した。
    ① 刊本の場合は、順に、著・編者名、発行年、書名、出版社（者）を示した。
    ② 論文、記事の場合は、順に、著者名、発行年、題、掲載誌・書名、掲載ページの範囲を示した。
    ③ 参照した訳書（英訳）がある場合、= のあとに発行年を付し同様の方式で示した。
    ④ 著者名のないもの、長いものは、略号で指示する。
5. カナダは、1969年より連邦の「公用語法」により英・仏両言語の平等が保障されており、法政策の用語は二言語併記される。本研究では、ケベック州に関するもの以外は、特に必要でない限り、英語のみで標記する。ケベック州の政策や大学については、フランス語で主に標記する。
6. 通貨単位については、文中では「カナダドル＝ドル」、「アメリカ合衆国ドル＝米ドル」として表記する。図表においては、「カナダドル＝ CAD」、「米ドル＝ USD」とする。

略語法一覧

＊州の略記法については、「カナダ基本情報（3）」表を参照

AUCC ＝ Association of Universities and Colleges of Canada：カナダ大学協会
BC 州＝ブリティッシュ・コロンビア州
CAD ＝カナダドル
CANSIM ＝ Canadian Socio-Economic Information Management System：カナダ社会経済情報管理システム（カナダ統計局のオンラインデータサービス）
CAUT ＝ Canadian Association of University Teachers：カナダ大学教員協会
CEDAW ＝ Convention on the Elimination of All Forms of Discrimination against Women：女子差別撤廃条約（日本政府訳）
CPE ＝ Centre de la petite enfance：州公認保育センター（ケベック州）
COU ＝ Council of Ontario Universities：オンタリオ大学協議会
ECEC ＝ Early Childhood Education and Care：乳幼児期の教育とケア
EEO ＝ Employment Equity Occupational Groups：雇用公平職業分類
FCP ＝ Federal Contractor Program：連邦契約事業者プログラム
HRDC ＝ Human Resource Development Canada：カナダ人材開発省
HRSDC ＝ Human Resources and Skills Development Canada：カナダ人材・技能開発庁
NOC ＝ National Occupational Classification：カナダ職業分類
OFCCP ＝ Office of Federal Contract Compliance Program：連邦契約遵守局プログラム（アメリカ）
RCSW ＝ Royal Commission of the Status of Women：女性の地位に関する政府調査委員会
UBC ＝ University of British Columbia：ブリティッシュ・コロンビア大学
UCAS ＝ University and College Academic Staff System：大学カレッジ教員スタッフ統計システム
1982 年憲法 ＝ 1982 年「権利及び自由の憲章」(Canadian Charter of Rights and Freedoms) を含む「1982 年憲法法律」(The Constitution Act, 1982)
国大協＝国立大学協会

カナダ基礎情報

(1) 公式データ（カナダ大使館広報部）

国名	カナダ（Canada）
人口	3,568万人（2014年10月カナダ統計局）
面積	998.5万平方キロメートル（日本の約27倍）
人口密度	3.3人（1k㎡）当たり
首都	オタワ（オンタリオ州）
公用語	英語・フランス語
政治体制	議会制民主主義に基づく立憲君主制（連邦制）
元首	英国女王エリザベス2世（代理を務める総督と各州に副総督がいる）
立法府	二院制
連邦議会	上院：定数105名、任命制で任期は75歳まで。 下院：定数308名、小選挙区制、任期5年。
州と準州	州は連邦政府と対等の関係にあり、憲法で権限の分配が決められている。準州は、連邦政府の統治の下、それぞれ、ユーコン法、ノースウエスト法、ヌナブト法という連邦法により自治権が認められている。

(2) 地図

カナダ基礎情報　xi

(3)　各州基本情報（カナダ統計局、カナダ大学協会より）

州／準州名 (Province／ Teritory)	略記	邦訳	州都	人口 （人）	連邦 加盟年	大学 数
Newfoundland and Labrador	NL	ニューファンドランド・ラブラドール	セント・ジョンズ	514,536	1949 年	1
Prince Edward Island	PE	プリンス・エドワード・アイランド	シャーロットタウン	140,204	1873 年	1
Nova Scotia	NS	ノバスコシア	ハリファックス	921,727	1867 年	10
New Brunswick	NB	ニューブランズウィック	フレデリクトン	751,171	1867 年	4
Québec	QC	ケベック	ケベック（市）	7,903,001	1867 年	19
Ontario	ON	オンタリオ	トロント	12,851,821	1867 年	32
Manitoba	MB	マニトバ	ウィニペグ	1,208,268	1870 年	6
Saskatchewan	SK	サスカチュワン	レジャイナ	1,033,381	1905 年	6
Alberta	AB	アルバータ	エドモントン	3,645,257	1905 年	8
British Columbia	BC	ブリティッシュ・コロンビア	ビクトリア	4,400,057	1871 年	11
Yukon	YT	ユーコン（準州）	ホワイトホース	33,897	1898 年	0
Northwest Territories	NT	ノースウェスト（準州）	イエローナイフ	41,462	1870 年	0
Nunavut	NU	ヌナブト（準州）	イカルイト	31,906	1999 年	0
合計				33,476,688		98

州の順序はカナダ統計局、州名の邦訳はカナダ大使館広報部の記載に準拠した。
人口は、2011 年国勢調査発表。
大学数は、学位授与機関が加盟する「カナダ大学協会」（AUCC）の加盟大学数（2012 年）とした。

為替レート

年	カナダドル／円	USドル／円	年	カナダドル／円	USドル／円
1955	360.0	360.0	**1995**	**75.4**	**93.0**
1960	**361.2**	**360.0**	1996	84.6	106.0
1965	333.0	360.0	1997	90.9	120.0
1970	**333.0**	**360.0**	1998	75.5	130.0
1971	307.6	308.0	1999	70.8	118.0
1972	309.5	308.0	**2000**	**76.6**	**106.0**
1973	281.2	308.0	2001	82.8	119.0
1974	304.0	308.0	2002	75.9	130.0
1975	**300.2**	**308.0**	2003	82.9	119.0
1976	290.3	308.0	2004	86.5	108.0
1977	219.4	308.0	**2005**	**101.2**	**105.0**
1978	164.1	234.0	2006	100.2	116.0
1979	205.5	206.0	2007	101.8	119.4
1980	**170.0**	**242.0**	2008	110.1	108.9
1981	185.4	210.0	2009	76.1	92.0
1982	191.3	233.0	**2010**	**88.6**	**93.0**
1983	186.6	237.0	2011	82.5	81.9
1984	190.0	231.0	2012	75.7	76.7
1985	**143.2**	**254.0**	2013	88.6	87.6
1986	115.9	185.0	2014	98.2	104.3
1987	94.7	151.0	**2015**	**102.2**	**120.3**
1988	105.6	127.0	2016	86.3	120.0
1989	123.8	130.0			
1990	**115.9**	**150.0**			
1991	108.4	135.0			
1992	98.2	130.0			
1993	84.6	118.0			
1994	71.2	107.0			

1955 年〜 2005 年：日本銀行調査統計局「日本銀行統計」（年平均）
2006 年〜 2016 年：みずほレファレンス日次データ（年初）

カナダの女性政策と大学

序　章　本研究の課題と方法

第 1 節　本研究の課題と対象

(1) 本研究の課題

　日本において、近年、科学技術とイノベーションの担い手として、女性人材の積極的な育成と確保、活躍の促進、そのための環境整備の推進が国の重要課題となっている。「第 5 期科学技術基本計画」（平成 28 年 1 月 22 日閣議決定）は、国、大学、公的研究機関及び産業界において、「女性の職業生活における活躍の推進に関する法律」（女性活躍推進法）を活用し、各事業主が、採用割合や指導的立場への登用割合などの目標設定と公表等を行う取組を加速することを求めている。
　経済開発機構（OECD）は、2004 年から 2008 年に、加盟国 24 カ国の高等教育政策について調査し、2008 年に報告書『知識型社会のための高等教育』を公表した。学術研究職の動向においては、全対象国で女性の比率が低いことが課題とされている（OECD 2008：133）。日本については、2006 年の訪問調査後に公表された報告書の中で、大学教員に占める女性の比率が全職位において低く、その一因として、託児施設をもつ大学が少ないことなどが指摘されている（OECD 2009：55-59=70-75）。
　OECD より毎年発行されている『図表でみる教育：OECD インディケータ』の 2012 年版は、「職業に対する希望と専攻分野の男女差」という小テーマを組んでいる。教育の様々な面で女性が男性との差を縮めて、男性を凌駕するまでになっているが、教育段階が上るに連れて、卒業生に占める女性の比率が低くなることを指摘している。**図表序 -1** は、高等教育機関の教

図表序 -1 高等教育機関の教員と卒業者に占める女性比率（2010年）

	女性教員比率（%）				女性卒業者比率（%）		
	合計	大学型高等教育及び上級研究学位プログラム	非大学型高等教育	上級研究学位プログラム	大学型高等教育（第二学位）	大学型高等教育（第一学位）	非大学型高等教育（第一学位）
ニュージーランド	51.5	47.9	62.3	53	63	60	56
フィンランド	51.1	51.1	─	53	55	64	9
カナダ	**47.7**	**39.5**	**52.9**	**44**	**55**	**61**	**60**
アイスランド	47.3	─	─	44	62	69	58
アメリカ合衆国	47.1	─	─	53	59	57	63
ベルギー	45.2	─	─	43	55	55	64
スロバキア共和国	43.7	43.3	60.5	49	65	65	70
ポルトガル	43.5	─	─	62	59	60	58
イギリス	43.2	─	─	45	54	57	62
ポーランド	43.1	42.5	67.8	49	69	64	84
スウェーデン	42.7	─	─	48	59	66	60
ルクセンブルグ	42.6	─	─	─	─	─	─
ノルウェー	42.2	─	─	45	55	63	62
チリ	41.1	40.8	41.8	45	53	58	53
トルコ	40.9	42.0	31.3	45	52	45	46
オランダ	39.6	─	─	42	59	57	55
スペイン	39.5	38.3	44.6	47	59	60	54
チェコ共和国	39.2	39.2	─	39	58	62	72
ドイツ	38.9	35.3	54.0	44	52	52	68
スロベニア	38.3	─	─	46	58	67	57
ハンガリー	38.1	36.9	49.3	47	69	63	72
フランス	37.7	36.8	41.4	44	55	55	56
オーストリア	37.7	─	─	43	43	57	46
イタリア	35.6	35.6	32.9	52	62	59	48
スイス	35.6	35.6	─	42	47	54	47
韓国	33.8	31.6	42.3	32	49	47	58
日本	**18.5**	**17.1**	**34.2**	**28**	**30**	**44**	**63**
OECD 平均	**40.9**	**38.3**	**47.3**	**46**	**56**	**59**	**57**

注：─はデータなし、もしくは分類があてはまらないためデータが適用できない。
出典：OECD（2012）『図表でみる教育：OECD インディケータ（2012年版）、p.93, 541.

員と卒業生に占める女性比率を比較したものである（OECD 2012：93, 541）。博士後期課程（図表の上級研究学位プログラムに相当）に占める女性の比率は、OECD 平均で 46％であるのに対し、日本は 28％である。大学型高等教育機関の教員に占める比率は、OECD 平均においても 38.3％に下がるが、日本の目減り率は激しく 17.1％である。

　女性の大学院修了者が自らの意思で他の労働市場に流れているとしても、この下がり方は看過できない。学術研究職の養成プロセスにおいて、パイプラインの漏れがあるのではないかと推測される。とりわけ、OECD 諸国と比較して、日本の女性比率の低さ、目減り率の激しさは突出している。世界の大学教授職の比較研究を行った有本は、このような状況について「日本問題といえる」と指摘している（有本 2011：338）。日本政府においても、内閣府が毎年発行する『男女共同参画白書』で、大学教員に占める女性割合の低さが課題として取り上げられている。

　日本が、平成 20 年 4 月に提出した『女子差別撤廃条約実施状況第 6 回報告』に対する国連女子差別撤廃委員会の最終見解（2009 年 8 月 7 日）においても、「パラグラフ 28」において、「学界の女性を含め、女性の雇用及び政治的・公的活動への女性の参画に関する分野に重点を置き、かつあらゆるレベルでの意思決定過程への女性の参画を拡大するための数値目標とスケジュールを設定した暫定的特別措置（temporary special measures）を導入する」よう要請された（国連女子差別撤廃委員会 2009：6）。

　また、教育について述べられた「パラグラフ 43」では、「女性が引き続き伝統的な学問分野に集中していること、及び学生や教職員として、特に教授レベルで学界における女性の参画が低調であることに懸念をもって留意する」ことが指摘された。そして、「パラグラフ 44」において、「男女共同参画基本計画（第 3 次）において、大学・短大における女性教員の割合の達成目標を 20％から引き上げ、最終的に、こうした機関における男女比率が同等になるよう促進することを勧告」された（国連女子差別撤廃委員会 2009：10）。

　これらの勧告に応える形で、日本政府は、2010 年 12 月に閣議決定した「第 3 次男女共同参画基本計画」（平成 23 ～ 27 年）において、平成 32 年までに「大

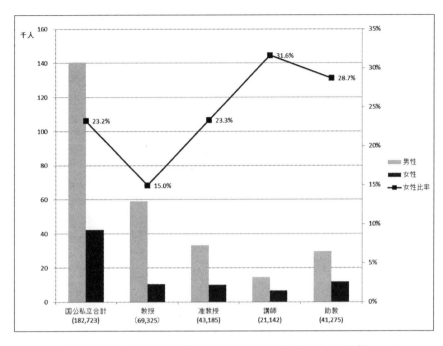

図表序-2　日本の大学教員に占める女性比率（平成27年度）
出典：文部科学省『学校基本調査（高等教育機関）』（e-Stat 2015年12月25日公表データ）より筆者作成（合計は、学長、副学長、助手を含む）。

学の教授等に占める割合」を30％とする成果目標と期限を定めた。

　この目標の実現のために最も努力が必要とされるのが国立大学である。**図表序-2**は、平成27年度学校基本調査に基づく日本の大学教員の女性比率である。国・公・私立あわせた日本の大学教員（182,723人）に占める女性の比率は23.2％（42,433人）である。これを国立大学教員（64,684人）に限定すると15.9％（10,258人）に下がる（**図表序-3**）。国立大学は、日本における研究者養成の大きな部分も担っており、何らかのパイプラインの漏れがここで起きていることが想像される。

　国立大学協会は、この問題についてのワーキンググループを平成11年に設置し、調査・提言・アクションプランを作成しモニタリングを継続してきた。平成12年の報告書『国立大学における男女共同参画を推進するために』に

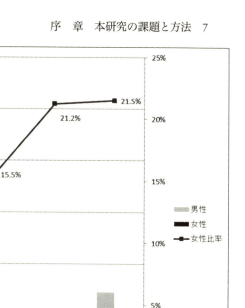

図表序-3　国立大学教員に占める女性比率（平成27年度）
出典：文部科学省『学校基本調査（高等教育機関）』（e-Stat 2015年12月25日公表データ）より筆者作成（合計は、学長、副学長、助手を含む）。

おいては、「2010年までに女性教員の割合を20％に」という目標値を掲げた。すでにその期日は過ぎており、女性教員の比率の低さは、先述した有本の言葉を借りれば、「国立問題」といえる状況である。この理由としては、国立大学は理系分野のポストが多い一方、私立大学は人文・社会科学系が多いこと、教育重視という面からロールモデルとして女性の登用を早くから推進していることなどが指摘されている（国大協2000）。

　平成18年度からは、文部科学省によって「女性研究者支援モデル育成事業」（平成23年度からは「女性研究者研究活動支援事業」、平成27年度からは「ダイバーシティ研究環境実現イニシアティブ」）が実施されている。平成28年度までに、

すでに58校の国立大学がこの資金に採択されて取組を行ってきたが、女性教員の増加ははかばかしくない。どのような政策的関与や組織改革によって、大学における女性教員比率は改善されるのであろうか。

　このような問題意識に基づき、本研究では、カナダの大学における女性の学生・教員の進出について、国や州の公共政策との関係から考察して、その拡大の過程を明らかにするものである。カナダは、1980年代前半に、学士課程在学者数において女性の数が男性を上回った。大学院博士課程学位取得においても、工学系分野を除き、男女格差をおおよそ解消している。大学教員に占める女性比率については、日本が政策目標として掲げる30％を2000年代前半に達成している。図表序-1にみるように、カナダの大学型高等教育及び上級研究学位プログラム（研究大学・博士号授与大学）の女性教員割合は、39.5％と、OECD諸国の中でも高い[1]。

　どのようなプロセスを辿り、このような展開が可能になったのであろうか。平成32年までに「大学の教授等に占める割合」を30％にするという日本の政策課題に向けて、基礎的・比較的知見を得るために、カナダの女性政策と大学改革の歩みを明らかにすることが本研究の課題である。

(2) 本研究の対象

　本研究では、カナダの大学における女性の学生・教員の進出を、国や州の公共政策との関係から考察する。カナダの大学教育や教員制度は、国境を接するアメリカの大学と共通するところも多いが、後者が市場性の高い存在であるのに対し、カナダは、州政府の財政や政策、また、間接的に連邦政府の政策の影響を受けるところが大きい。本研究では、カナダの大学における女性の学生・教員の進出に影響を与えたと思われる政策を3つ取り上げ、その方向性と特徴、具体的な改革の内容を考察する。

　図表序-4は、カナダの大学教員の女性比率の推移である。1970年代では、2010年代の日本の国立大学とほぼ同じく13％台であるが、約40年をかけて2012年には36.6％に達している。増加比率を10年ごとにみると、1970年代に2％、1980年代に5％、1990年代に9％、2000年代に8％伸びている。

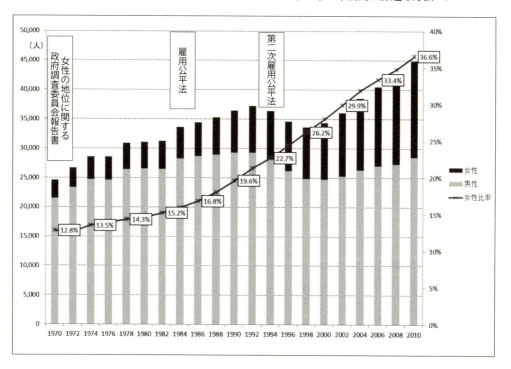

図表序-4　カナダの大学教員に占める女性比率（1970～2010年）

出典：Statistics Canada, CANSIM, Full-time Teaching Staff at Canadian Universities, Table 477-0027 より筆者作成。

　この傾向に着目し、本研究では、1970年前後から2000年代までを対象として、女性教員増加に影響を与えたと思われる公共政策やその背景に焦点をあて、これに対する大学改革の取組を考察する。

　日本の男女共同参画政策に対する研究大学の対応について考察した山野井（2007）は、Sagariaの研究に基づき、国際的なジェンダー政策の流れを、市場を重視するアメリカ型と国家主導によるヨーロッパ型に整理している（山野井 2007:141-142）。アメリカは市場のメカニズムや裁判、個人的権利といった文脈での解決策が講じられる一方、EU諸国は国家の指導の下で数値目標を掲げ、アクションプランとして遂行される傾向があると分析する。そして、構造改革後の日本の男女共同参画施策はアメリカ的な政策からEU的なもの

に向かっていると論じている。

　山野井の枠組みに基づいて述べれば、カナダは北米に位置するが、男女共同参画に関する政策については、国が指針や数値目標を設定して政策誘導を行うヨーロッパ型である。実際、たとえば、育児休業に関するアメリカの連邦法「家族及び医療休暇法」(Family and Medical Leave Act of 1993) は、無給で職の保証のみを行うもので、日本の制度よりも不十分である。一方、カナダは、有給の親休業制度をもち、国の保険によって足りない部分については、大学などの事業主が補填する制度づくりも促進されている。国の施策によって、大学の男女共同参画を進めようとする日本にとって、カナダの女性政策と大学改革の分析は有効な視点を与えるものと思われる。

　本研究の対象と研究方法は次の通りである。大学における女性の参画に影響を与える施策として、女性政策研究分野の知見から、①男女平等のための基本計画の政策形成、②雇用政策、③両立支援政策に焦点をあてる。具体的には、①1960年代後半から1970年代前半にかけての「女性の地位に関する政府調査委員会」、②1980年代後半から1990年代に行われた「雇用公平法」の制定と改正並びに「連邦契約事業者プログラム」(FCP)、③2000年以降の雇用保険法の改正による出産・親休業制度などワーク・ライフ・バランス諸政策の充実を分析する。これに対応する日本における政策領域は、①男女共同参画社会基本法（1999年）と同基本計画の策定、②雇用機会均等法の改正（2008年、間接差別の禁止）、③育児・介護休業法の成立と改正（1991年、2010年）であると考えられる。

　研究対象とする教育機関は、日本の研究者・大学教員養成の課題を踏まえて、学位を授与する4年制研究大学を中心に考察する。カナダでは、学位を授与する大学約90校が州の公費大学であり、日本の課題となっている国立大学法人の問題を考える上で参照に適している研究対象である。具体的な改革の例を知るために、各政策に対して積極的な取組を行っている大学を取り上げ、女性教員問題を中心に、大学全体としてどのような改革を行ってきたのかということを明らかにする[2]。カナダにおいても、大学における女性の学生・教員の進出過程を、公共政策との関係から通史的に検証した著作はな

く、本研究で得られる知見は、同国の大学研究においても資するものと考えられる。

第2節　先行研究の検討と方法

(1) カナダの大学について

　本研究では、知見に富む政策展開によって大学における女性の学生・教員の進出について優れた実績をあげつつも、研究の蓄積に欠けるカナダの公共政策と大学改革を分析する[3]。はじめに、カナダの大学研究の動向について述べておく。

　カナダの高等教育に関する代表的な学術誌『カナダ高等教育研究』(*Canadian Journal of Higher Education*) において、同国の大学史研究をレビューした Sheehan (1985) は、「カナダの大学史研究は制度的なアプローチに基づき、個人的もしくは自伝的なスタイルによって行われている。その主題は進歩主義かつ肯定的なものであり、歴史的幅が広く総合的なトピックを扱っている。多数の論点が展開されるが、それぞれに対して深い注意は払われていない」と総括している (Sheehan 1985 : 27)。Sheehan の指摘のように、カナダの歴史研究者は、同国の歴史をイギリス史の延長としてとらえ、自国の大学史に深い興味を寄せない傾向があった。1960年代に、社会史的な研究方法が広まった頃は、大学は、エリートのための機関とみなされ関心を払われなかった。結果として、カナダの大学史研究は、学内の歴史研究者や司書が、理事会の議事録や管理職による回顧録などを用いて編纂する内部からみた個別大学史が主となっている。したがって、その論述の対象は、管理・財政的問題、理事会制度、建築や施設などが主である。学生、教員、知的発展などについての先行研究は、アメリカなどと比べて蓄積されていない。

　大学の通史的研究としては、Harris, *A History of Higher Education in Canada 1663-1960*, (1976) が知られている。ケベックにおけるコレージュの設立から1960年代における高等教育の拡大まで包括的に論じられている。Harris 以降の研究としては、Cameron, *More than an Academic Question: Universities,*

Government and Public Policy in Canada (1991) が、1950年代以降の連邦・州の公共政策と大学との関係について詳細に述べている。また、Fisher et al., *The Development of Postsecondary Education Systems in Canada : A Comparison between British Columbia, Ontario, and Quebec, 1980-2010* (2014) は、BC州、オンタリオ州、ケベック州の近年の高等教育制度改革の異同について論じている。Harris, Cameron, Fisher et al. の著作ともに、女性の学生や教員についてはほとんど言及していない。個別大学史の大著としては、トロント大学について法学部名誉教授であるFriedlandによる *The University of Toronto, A History* の第2版が2013年に公刊されている。同校の歩みを反映して、女性についての記述、写真が豊富である。

　高等教育に関する団体としては、カナダ大学協会（Association of Universities and Colleges of Canada, AUCC）が代表的なものである。同協会は、1915年に「カナダ全国大学会議」（National Conference of Canadian Universities）として誕生し、1965年にカナダ議会から現在の名称で民間非営利団体として認定された[4]。州の公立大学、非営利の私立大学など学位授与型の約100校弱が加盟している[5]。活動内容は、政府や産業界との調整、広報活動、学生支援事業などである。12人の学長と、州と地域の四つの大学協会の委員長によって運営されている。在籍基盤は、加盟校からの会費や出版物の収益であり、大学の動向についての報告書やニュース・レターを発行している。本研究においては、AUCC加盟校を主たる調査対象とし、同協会による教員や学生に関するデータを利用した。

　この他に、教員に関する代表的団体として「カナダ大学教員協会」（Canadian Association of University Teachers/ Association canadienne des professeures et professeurs d'université, CAUT）がある。同協会は、中等後教育機関の教員、司書、研究者など学術にかかわる専門職の団体として1951年に設立された。2014年では全国で120校以上の約68,000人が加入している。政府へのロビー活動、団体交渉の支援などを行い、提言書や報告書も公表している[6]。州を基盤とする組織としては、「オンタリオ大学協議会」（Council of Ontario Universities, COU）の活動が活発である。同州の様々な大学関係者組織の代表から構成

され、調査・提言・広報活動を行っている。

1970年には、「カナダ高等教育学会」(Canadian Society for the Study of Higher Education) が設立され、1971年より、前述した雑誌 Canadian Journal of Higher Education を刊行している。大学教育とジェンダーについての論文も掲載されているが、女性に関する公共政策に焦点をあてて大学改革を論じたものは少ない。2007年に掲載された Ornstein, Stewart and Drakich, "Promotion at Canadian Universities: The Intersection of Gender, Discipline, and Institution" は、カナダ統計局データに基づき、大学教員の昇進期間を、男女、分野、大学によって考察している。分野や大学にかかわらず、准教授 (associate professor) への最初の昇進期間については、女性は男性より平均半年遅く、教授について平均1年遅いと指摘している。また、昇進までの期間の違いは、男女の別や分野よりも、個別の大学による違いが最も大きい。

全国的に普及している一般雑誌 Maclean は、進学希望者向けの大学案内などを発行している。同誌は、大学サイドから批判があり一時見合わせた時期もあったが、毎年、大学ランキングの特集号を発行している。

日本における新しい研究としては、溝上「カナダの高等教育制度」(2013) がある。高等教育の量的現状、財政、歴史的変遷について簡潔に整理している。カナダの高等教育制度の特質として、初等・中等教育と同様に多様な制度で展開されていること、第二次世界大戦後は大学 (university) とカレッジ (college) の二元システムで制度が整備されてきたこと、カナダ全体をカバーする機関認証制度がないことの三つを指摘している。

以下、これらの先行研究に基づいて、カナダの大学史を概略する。カナダにおける成年・成年前期の若者に学問を教授する高等教育機関の設立は、カトリックの神学校 (Séminaire de Québec) として1663年に誕生したケベックのラバル大学 (Université Laval) の前身が最初といわれる。1763年のパリ条約によってイギリス植民地となって以降は、英国国教会系の聖職者養成のために、英語系カレッジが設立された。1787年、ニューブランズウィック植民地のフレデリクトンにキングス・カレッジ (King's College) が、1789年には、ノバスコシア植民地のウィンザーにキングス・カレッジ (King's College) が

設立された。ただし、学位授与機関となるのは 19 世紀以降である。これらの大学は国教徒以外の入学を認めなかったので、各宗派はそれぞれ小規模のカレッジを設立した（溝上 2013：61）。

現在まで続く国際的な研究大学としては、1821 年にマギル大学（McGill University, ケベック）、1827 年にトロント大学（University of Toronto）の前身のキングス・カレッジ（King's College, オンタリオ）が設立された。当初はその内容は、欧州ではパリ大学やオックスフォード大学、アメリカ植民地ではハーバード大学が行っていた神学に重点をおいた教育であった。これらのいずれも、対象は男性のみであった（Nuwer 2002：208-209）。

19 世紀後半から、医学や人文科学についての学問が盛んになり、1880 年代には、非正規的な扱いではあったが、女性の入学が認められるようになった。初期の頃の高等教育機関は学寮を基盤とする教育組織であり、英語系の機関は「カレッジ」、仏語系の機関は「コレージュ」と呼ばれていた。女性は入寮が認められないため、入学許可が得られても寮外から通っていた。

20 世紀初頭においては、知識基盤型産業界の労働者教育やマネジメント能力が求められ、学位授与権をもつ高等教育機関が増えた。「カレッジ」や「コレージュ」という言葉は、次第に、実践的な職業教育を中心に行う教育機関を指す言葉に変わっていく。現代では、トロント大学の学寮組織などを除いて、2 年制の高等教育機関を「カレッジ」、4 年制の学位授与機関を「ユニバーシティ」（仏語系では Univeresité）と呼ぶのが一般的である（Nuwer 2002：208-209）[7]。ケベック州においては、1966 年にコレージュを原語にもつ CEGEP（Collège d' enseignement général et professionnel, セジェップと発音）という中等後教育機関（職業専門教育）が制度化されている。

20 世紀初頭には、西部のアルバータ、BC、マニトバ、サスカチュワンの 4 州が、アメリカの「国有地交付大学」（land-grant colleges and universities）をモデルとして州の大学を設立した（犬塚 2006c：70-77）。1907 年に、サスカチュワン大学（University of Saskqatchewan, 1907 年）、1908 年にアルバータ大学（University of Alberta）とブリティッシュ・コロンビア大学（University of British Columbia, UBC, 当初はマギル大学の分校、1915 年に独立）が設立された。東部では、

マギル大学のように女性カレッジを作り、1920年代頃まで男女別々の教室で講義を行うところもあった。一方、西部では、女性のみを対象とする看護職や教員養成以外は、当初から男女共学の形態をとるところが多かった。しかし、学生寮は男性限定であり、女性の学生は学外から通学しなければならなかったため、「女性寮」を作るための運動も行われた。

カナダの大学の在籍者が最も多くなったのは、第二次大戦後のベビーブーム時代である。ヨーロッパの大学をモデルとする宗教系の私立大学として始まった大学も、1960年代には、経済的な理由から、現在は、ほとんどが州の財政補助を基盤とする公費大学となっている。OECDの報告調査によれば、大学型高等教育卒業率（男女合計、2011年）は、OECD平均41％に対し、カナダは35％である。日本の44％、アメリカの39％よりやや低い（OECD 2014：92）。

(2) 女性政策研究の動向

本研究では、カナダの公共政策との関係から、大学における女性の学生・教員の進出を分析する。ここでは、女性の社会参画に影響を与える政策について、「女性政策」という用語を用いるが、その領域は、日本の「男女共同参画政策」とほぼ同じである。「男女共同参画」という言葉は、総理府、内閣府官僚として女性政策の中枢を担ってきた坂東（2004）によれば、1991年4月の「婦人問題企画推進有識者会議」の提言の中で初めて使われた。1985年の国連世界女性会議「ナイロビ将来戦略」（「西暦2000年に向けての女性の地位向上のためのナイロビ将来戦略」）で用いられた *full participation* の語を「共同参画」と訳して以降、担当官庁において「参画」の語が使われるようになった。1999年には「男女共同参画社会基本法」が制定された（坂東2004：115）。

日本の内閣府男女共同参画局は、"Gender Equality Bureau" を英語名として用いており、日本の政策・行政における「男女共同参画」は"gender equality"を意味すると解される。この「男女共同参画」という用語は、1990年代に日本の特殊な文脈のもとに作られた政策・行政用語であり、海外の政策を歴史的に分析するのには必ずしも適さない。

カナダにおいても、「ジェンダー」を用いる政策文書は存在するが、政策形成や行政機構の整備（「女性の地位庁」(Status of Women Canada, 1976 年〜など）においては、国連機構が導入した「女性の地位」(status of women) という政策用語を一貫して用いている。そのため、本研究では「女性政策」という用語に基づいて論を進めていくが、その政策対象や効果には、男女の平等と共同参画を促進するすべての政策を含むものとする。

なお、国連機構によって使われる"status of women"の概念は、法律上の形式的平等だけでなく、女性が現実的におかれている状況（結果としての平等）を検討し改善するために選ばれた用語である。日本では訳語として「女性の地位」が用いられるのが一般的であるが、それは、階級や職位などを示す狭い概念ではなく、女性の現実的な状況を検討するための広い概念である。

女性政策研究の動向について、政治・行政学研究者の牧原（2005）は次のように述べている。当初は、「女性政策」と言及されてきた政策領域も、女性運動からフェミニズム理論・ジェンダー概念が登場するにつれて、名称も多様化する傾向がある。女性運動との関係を意識して女性政策を論ずる研究者においては「フェミニスト政策」(Feminist Policy) や「国家フェミニズム」(state feminism) という概念も用いられている[8]。

1995 年に刊行された Stetson and Mazur 編『比較国家フェミニズム』（*Comparative State Feminism*）は、欧米豪 14 カ国の女性際策と女性運動・団体と

女性政策研究の領域

① 基本計画策定（Blueprint）
② 政治参加（Political Representation）
③ 雇用の平等（Equal Employment）
④ 仕事と家庭の両立（Reconciliation）
⑤ 家族法（Family Law）
⑥ リプロダクティブ・ライツ政策（Reproductive Rights Policy）
⑦ セクシュアリティと暴力に関する政策（Sexuality and Violence Policy）
⑧ 公共政策（Public Service Delivery）

出典：Mazur 2002：32 に基づき筆者作成。

図表序-5　大学における女性教員増加と関連する公共政策

	女性政策の領域	カナダ	日本
①	基本計画策定 （Blueprint）	女性の地位に関する政府調査委員会（1968～1970年） 女性の地位庁設置（1978年） 1982年憲法	日本国憲法（1946年） 男女共同参画社会基本法（1999年）
③	雇用の平等 （Equal Employment）	雇用公平法（1985年） 第二次雇用公平法（1995年）	男女雇用機会均等法（1986年） 男女雇用機会均等法改正（1999年）
④	仕事と家庭の両立 （Reconciliation）	失業保険法（1971年） 雇用保険法改革（2001年） ケベック・プラン（2006年）	育児・介護休業法（1991年） 改正育児・介護休業法（2010年）

注）マル数字は、前頁の女性政策研究の領域番号に対応。
出典：筆者作成。

の相互関係について実証的な比較調査を行っている。女性政策を担う中央政府行政機構が他の行政部門に与える「影響力」（policy influence）と、女性・ジェンダー問題に取り組むNGOへの「アクセス」（policy access）の度合いを分析している。本研究でとりあげるカナダの女性政策の行政機構は、政府の他の部門に与える影響力は弱いが、女性・ジェンダー問題の社会団体とのアクセス度は高いと分類されている（Stetson and Mazur 1995：277）[9]。

2002年に発表されたMazur編『フェミニスト政策の理論化』（*Theorizing Feminist Policy*）は、女性政策を8つの分野に整理している（Mazur 2002：32）。教育政策・学術政策は、保険、住宅、交通サービスなどとともに、狭い意味での⑧公共政策（public policy）に含められている。同書は、先行研究を網羅した上で、欧米13カ国の女性政策から27件の事例を選び考察を行っているが、いずれも①～⑦の領域であり、教育政策・学術政策については論じられていない[10]。

大学の教育・研究における女性の参画（研究・教育内容としての女性学も含めて）には、⑧の狭い意味での公共政策としての大学政策だけでなく、①から⑦の分野の広い意味での「公共政策」が影響を与えている。カナダの大学における女性の進出、特に、女性教員の増加につながったと思われる政策を抽出したものが**図表序-5**である。参考として、これらの重要な三つの政策分野に対応すると思われる日本の施策について補足した。本研究では、基本

計画策定、雇用の平等政策、仕事と家庭の両立支援政策の三分野に焦点をあてて、カナダの女性政策と大学改革について考察していく。

　ここで、女性の地位に関する国際社会・法規範におけるカナダの位置づけを確認しておく。カナダは、アメリカ合衆国とは異なり、日本と同じく男女平等の憲法規定をもつ。また、「女子差別撤廃条約」「子どもの権利条約」などの人権条約を批准している。国際社会における「ミドルパワー」を志向するカナダ政府の方針とも重なり、「開発と女性」に関する分野での理論と実践について貢献度の高い国と評価されている。これらのことが示すカナダの社会像は、国際機関の行う指標などにも明確に表れている。

　国連開発計画（UNDP）は、国民所得の多寡ではなく、各国の「長寿で健康な生活」「知識」及び「人間らしい生活水準」について測定した「人間開発指数」（Human Development Index, HDI）を公表している。2014年のHDIの国際比較順位では、カナダは9位、日本は20位であった。また、保健（妊産婦死亡率）、エンパワーメント（国会議員割合・中等教育終了者割合・男女別）、労働市場（労働力率・男女別）に焦点をあてた同じくUNDPによる「ジェンダー不平等指数」（Gender Inequality Index）では、カナダは25位、日本は26位である。UNDPの指標では、カナダと日本は「人間らしい生活水準」と「ジェンダー不平等」においてほぼ同じ状況である。

　しかし、経済・政治に焦点をあてた指標では状況は異なってくる。「世界経済フォーラム」（World Economic Forum）は、各国内の男女間の格差を数値化しランク付けした「ジェンダー・ギャップ指数（Gender Gap Index, GGI）を公表している。2015年の順位では、カナダは、UNDPの順位と近い30位に留まっているのに対し、日本は101位に落ちる。これは、GGIが、専門職・管理職また閣僚・国家議員など指導的立場にいる女性の地位を重視していることを反映している（犬塚2013：325-328）。本研究で対象とする大学教員に占める女性の比率問題は、これに該当し、カナダと日本の違いを際立たせるものである。

(3) 先行研究の検討

　加野芳正『アカデミック・ウーマン―女性学者の社会学』(1988年) は、科学社会学の分析視角に基づき、日本の大学の女性教員(「女性学者」) の実証的分析を行っている。女性の研究活動の阻害要因について、科学者間ネットワーク (「インビジブル・カレッジ」) からの排除や、業績への低評価メカニズム (「おしどり学者のエポニミー現象」) など、欧米の理論と研究内容を早い段階で紹介している。この分野の嚆矢である同書が刊行されて四半世紀が経っているが、日本における変化の歩みは遅い。本研究では、先を行く海外の事例として、カナダの女性政策と大学改革の歩みを分析する。

　ここで、各章で考察する政策と大学改革について、刊行書を中心に先行研究を検討する。第1章ではじめに論ずるカナダの大学教育における女性の最初の進出については、Margaret Gillett, *We Walked Very Warily : A History of Women at McGill* (1981) が詳しい。同大学の教育学教授を長く務めた著書が、アーカイブス資料に基づきマギル大学の女性史を綴った420頁を超える大著である。トロント大学については、女性の入学100周年を記念して、同大学女性100年記念委員会 (Women's Centenary Committee) の企画によって作成された Anne Rochon Ford, *A Path Not Strewn with Roses : One Hundred Years of Women at the University of Toronto 1884-1984* (1985) がある。100頁弱の小冊子であるが、写真やチラシなどの画像資料が多数掲載されている。トロント大学とマギル大学は、女性の受け入れに際して、共学化を行うか女性コースを設けるかという問題で異なる選択をした。Gillett と Ford の著は、その選択の背景は、外部からのプッシュ要因であったことを明らかにしている。

　当時の女性研究者のキャリア形成については、1898年にマギル大学を卒業したカナダ初の核科学者ハリエット・ブルックス (Harriet Brooks, 1876-1933) の生涯を追った Marelene F. Rayner-Canham and Geoffrey W. Rayner-Canahm, *Harriet Brooks: Pioneer Nuclear Scientist* (1992) から知ることができる。ブルックスは、マリー・キュリー (Marie Curie, 1867-1934) に比肩する業績を上げたが広く名を残すことはなく、社会学者マートン (Robert K. Merton, 1910-2003) の「マタイ効果」(無名の人物の業績が、著名な人物の成果となって

しまう現象)の事例として検証されている。同書は、『ハリエット・ブルックスの生涯―マタイ効果と女性科学者』として日本でも翻訳されている。

19世紀のカナダの大学教育における女性の進出の問題は、英国だけでなく、アメリカ合衆国の動向と不可分なものである。坂本辰朗『アメリカ大学史とジェンダー』(2002)は、19世紀後半のボストン大学をケース・スタディとして、女性の高等教育拡大の思想的背景と実態を明らかにしている。1869年に設立され、すべての学部に女性を受け入れたボストン大学についての実証的・理論的な分析は、1880年代におけるカナダの大学の共学化を考察する上で有益な枠組みを与えるものである。

また、ホーン川嶋瑤子『大学教育とジェンダー―ジェンダーはアメリカの大学をどう変革したか』(2004)は、植民地時代から現代まで、平等政策、女性学、女子大学、理工系分野などに焦点をあて、アメリカの大学の変革を概観している。同書におけるアファーマティブ・アクションや両立支援策についての考察は、公共政策と大学改革に焦点をあてる本研究の着想と手法に示唆するところが大きい。

本研究の第1章の中心となる「女性の地位に関する政府調査委員会」後の時代におけるカナダの大学の女性の状況について論じた刊行書としては、Jill Vickers and June Adam, *But Can You Type? : Canadian Universities and the Status of Women* (1977) がある[11]。表題に *Status of Women* という言葉が使われているように、「女性の地位」は、この時代の政策課題のキーワードであった。本書では、大学教育や卒業後の進路選択において、女性の学生がステレオタイプな偏見や意識によって疎外されている状況が論じられている。40を超える統計データが付され、1921年から1970年代までの50年間で、大学のフルタイム教員の女性比率は、15〜18％を上下していることを指摘している (Vickers and Adam 1977：114)。女性教員の少なさについては、結論において、大学を管理しているのは(州)政府であるのだから、政府は何らかの介入(「アファーマティブ・アクション」を含む)を行うべきであると述べられている(Vickers and Adam 1977：131, 139)。本研究の第1章で考察するが、政府による政策介入を求める意識の強さは、カナダの女性運動や思想の特徴であるといわれる。

1980年代の刊行書として、Ann Innis Dagg and Patricia J.Thompson, *MisEducation : Women & Canadian Universities*、(1988) がある。「学生生活」、「科学・工学分野」、「人文・法・医学分野」、「伝統的に『フェミニン』な領域」、「女性学（Women's Studies）」、「研究」、「大学管理・教授・スタッフ」、「大学のサービス」、「セクシズム・セクシュアルハラスメント・暴力」の9つのテーマに分けて問題点が挙げられている。学習分野の問題については、ヨーク大学における女子学生のための物理学特別講義や、カナダ政府国務省による女性学講座への助成などが新しい取組として評価されている。大学における保育サービスの提供が進んできていることも指摘されている。

1990年代の編著として、Jacqueline Stalker and Susan Prentice (eds.), *The Illusion of Inclusion : Women in Post-Secondary Education*（1998）がある。カナダの中等後教育機関に在籍する女性の視点から、学生、教員、教室の雰囲気、政策と実践についての17論文が収められている。1990年代に入ると、学士課程に占める女性比率は男性を凌ぐようになったが、依然として「教室の冷たい雰囲気」（Chilly Climate）、女性は「周縁的な多数派（Marginal Majority）」である現状が述べられている。巻末には、カナダ大学女性協会（Canadian Federation of University Women）の報告書「女性に優しい大学を創るために（Creating the Woman-Friendly）」が掲載されており、大学改革のための提言がまとめられている。

第2章で考察する「雇用公平法」について、最も参考になる刊行書として、Annis May Timpson, *Driven Apart: Women's Employment Equality and Child Care in Canadian Public Policy*（2001）がある。Timpsonは英国におけるカナダ研究の第一人者であり、サセックス大学を経て、エジンバラ大学カナダ研究所長を務めている。同書は、「女性の地位に関する政府調査委員会」、「雇用平等に関する政府調査委員会」を経て「雇用公平法」の成立までについて、「雇用平等」（employment equality）と「保育」（childcare）の問題に焦点をあてて考察を行っている。「女性の地位に関する政府調査委員会」後も、カナダにおける公的な保育事業は未整備のままであった。「雇用平等に関する政府調査委員会」の「アベラ報告書」においても、女性やマイノリティの雇用平等を

保障するためには保育制度の整備が必要であることが強く求められた。しかしながら、「雇用平等」と「保育保障」は、カナダ政府・行政機関において「別々に推進された」（書名の driven apart）ため、結果的に保育制度の整備は進まなかったことが考察されている。

「雇用平等に関する政府調査委員会」の「アベラ報告書」と、その成果としての「雇用公平法」は法制史的にも重要であり、2014 年には、その後を回顧する論文集として、Carol Agocs (ed.), *Employment Equity in Canada: The Legacy of the Abela Report* が刊行されている。女性、障がい者、「ヴィジブル・マイノリティ」、先住民問題など、同法の対象となる様々な分野におけるその成果と課題が考察されている。

「雇用公平法」(Employment Equity Act) は 1986 年に制定されたが、1995 年に大きな改正があり、条文の番号なども変わっている。現在は、1995 年法に基づいて運用されているため、これを区別するために、一部の関係者また研究者は、1995 年法に対して「第二次雇用公平法」(Second Employment Equity Act) という呼称を用いている。本研究においても、論旨に応じて、1995 年法について「第二次雇用公平法」の語を用いる。

同法について、現在まで日本では定訳はない。equality（平等・均等）ではなく equity（公平・衡平）という語が用いられていること、また、その内容が職場における「指定グループ」の人々の公平な比率（representation）を重視していることから、「雇用平等・均等法」ではなく、「雇用公平法」を用いることとする。

日本においては、福井祥人「カナダ・連邦におけるアファーマティブ・アクション」(1995) が、1985 年の「雇用公平法」の全訳とともに、法の内容と解釈、政策の背景について論じている。「第二次雇用公平法」の誕生までの動向がわかる貴重な資料である。木村愛子『賃金衡平法制論』(2011) は、著書名にカナダが入っていないが、その内容の半分はカナダ連邦法、オンタリオ州、ケベック州の賃金衡平法制について考察している。雇用公平法（同書では「連邦雇用衡平法」）の課題とそれに対する対応としての第二次雇用公平法（同書では「改正法」）に至る背景について簡潔にまとめられている。

カナダの政策形成影響を与えたアメリカ合衆国のアファーマティブ・アクションについては、2014年に川島正樹『アファーマティヴ・アクションの行方』が刊行された。「ブラウン判決」から「バッキ判決」以後までのアメリカの人権政策の経緯が述べられており、カナダの政策選択の理由またその後の展開を比較考察する上で有益な視座を提示している。

　第3章では、雇用保険法の改正によって整備された出産・親休業制度や保育サービスに対する大学の取組について考察する。大学教職員のワーク・ライフ・バランスについての理論的な先行研究で単行書として刊行されているものは、ほぼアメリカの大学を対象とするものである。高等教育に関するアメリカの専門学術誌 *New Direction for Higher Education*（単行書としても刊行されている）は、2005年に、John W. Curtis編集による特集号「教員のキャリアと家庭とのバランス」（*The Challenge of Balancing Faculty Careers and Family Work*）を発行している（Number 130, Summer）。アメリカ教育省によって実施された1999年の「中等後教育機関教員に関する全国調査」（National Study of Postsecondary Faculty、NSOPF：99）に基づき、大学教員のワーク・ライフ・バランスに関する実態の分析、教育機関における取組が考察されている。

　近年のものでは、Mary Ann Mason et al., *Babies Matter? : Gender and Family in the Ivory Tower*（2013）がある。カリフォルニア大学での調査に基づいて実証的な考察が行われている。子どもをもつことに対する大学院生の不安の理由や、助教着任前後の期間ごとに分析した男女の「ベビーギャップ」（子どもの数の違い）についての考察など具体的で証拠に基づく分析が行われている。

　Rachael Connelly and Kristen Ghodsee, *Professor Mommy : Finding Work-Family Balance in Academia*（2011）は、アメリカのBowdoin Collegeの2名の女性教員が、自らの体験を踏まえ、研究者養成プロセスにおけるワーク・ライフ・バランス問題とその解決方法などを論じたものである。専門書ではないが、実践的な内容が豊富であり、カナダの大学のファミリー・ケア・オフィスなどではよく配架されている。

　カナダを対象とする単行書として入手可能なものとしては、Rachel Demerling, *Take it or Leave it? Parental Leave, Decision-Making and Gender Balanced*

Parenting（2009）がある。オンタリオ州南部の四つの大学の人文社会科学系の男性大学教員とそのパートナー 11 組の調査を行い、男性の「親休業」の取得を阻害する要因について考察を試みている。

　カナダの大学における女性の状況についての近年の研究は、女性学の発展によってその手法も変化したため、教室での議論の分析やフォーカス・グループ・インタビューなどの質的調査が中心となっている。近年の代表的なものとしては、Hannah et al., *Women in the Canadian Academic Tundra: Challenging the Chill*（2002）、また、Sandra Acker et al.(eds.), *Whose University Is It, Anyway? : Power and Privilege on Gendered Terrain*（2008）がある。本研究が意図する女性政策と大学との関係について政策文書などに基づいて歴史的に考察するものはみあたらない。

　女性政策と大学との関係を直接的に照射するものではないが、大学における女性の状況を改善するために、連邦政府が主導した調査報告が 2012 年に公表された。「大学の研究活動と女性に関する専門委員会」(Expert Panel on Women in University Research)による『カナダの研究能力を高めるために──ジェンダーの側面から』(*Strengthening Canada's Research Capacity*)である。2008 年に連邦政府は「カナダ研究エクセレンス座長制度」を開始した。これに女性研究者が一人も登用されなかったことが問題となり、「カナダ学術協会」(Council of Canadian Academics)の要請によって設置された専門委員会による 220 頁を超えるレポートである。カナダの研究活動における女性の貢献に対し、評価が釣り合わない状況を整理し、研究機関の実践や環境、有給の両立支援制度などについて論点がまとめられている。また、研究者のワーク・ライフ・バランス問題について、カナダに特化した研究が極めて少ないことが指摘されている（Council of Canadian Academics 2012）。

(4) 本研究の枠組みと方法

　女性政策と大学改革を分析するにあたっての分析枠組みは、教育学並びにジェンダー研究に関する先行研究の知見を参考にする。1970 年代頃から、社会学などを中心に、「社会的性差」いわゆる「ジェンダー」(gender)につ

いての視点から、これまでの研究内容や視点を見直す研究が行われてきた（犬塚 2014）。gender という語は、もともと男女に性別化されている名詞を分類するために、言語学で使われていた用語である。インターセックス（性分化・性発達障がい）治療・研究論文において、性科学者のマネー（John Money, 1921-2006）が、1955 年に用いたのがその始まりとされる。その後、1968 年に、精神医学者のストーラー（Robert Stoller, 1924-1991）が、生物学的な性別（sex）と社会的な性別（gender）とを区別して議論を展開した頃から、性医学分野においてこの用語法が認知されるようになった。

　1970 年代には、イギリスの女性研究者オークレー（Ann Oakley, 1944-）が分析・説明概念としてのジェンダーを本格的に社会学に導入した。1972 年の著作 *Sex and Society* の中で、ジェンダーを文化的なものであると定義した。

　教育学の分野で、ジェンダー概念に基づく視点を導入したのはアメリカ教育哲学会会長をつとめたマーティン（Jane Roland Martin, 1929-）である。1985 年の著作『女性にとって教育とは何であったか』において、プラトンやルソーの教育理論に対するオールタナティブとして「ジェンダーに敏感な教育の理想像」（gender-sensitive educational ideal）という視座を提示した（Martin 1985）。2004 年の論文「平等を求めて―高等教育における消えた女性たち」は、現代の高等教育におけるジェンダーの問題を、職位・専攻分野、カリキュラム、教室文化に焦点をあてて考察している（Martin 2005）。

　日本を含む先進工業国では、初等・中等教育では男女平等はすでに達成されたといわれる。しかし、高等教育については、就学率・専門分野における偏り、女性教員の少なさなど、数値的にジェンダー・ギャップが存在する。また、教育・研究現場における女性への「冷たい雰囲気」（chilly climate）、カリキュラム・学問分野におけるジェンダーに関する視点の欠如など複雑な問題が残されている（Martin 2005：136-138）。そのため、大学における女性や男女共同参画のための組織を作り、大学の文化や実践を変えていく必要がある。

　大学内の女性支援組織を整理する枠組みとして、女性学研究者の Willinger は、機関の役割、サービス、利用者等に着目し、女性学センター（women's studies center）と女性リソースセンター（women's resource center）の二つに分

けて整理している。Willingerの整理をてがかりに、ジェンダー研究・教育・臨床機関と、ジェンダーに関するエンパワーメント機関を比較したのが**図表序-6**のタイプⅠとⅡの組織である。カナダ、アメリカの大学は、日本と比較して公立・私立の共学大学においてタイプⅡの活動が充実しているのが特徴である。大学史的背景としては、学寮生活を中心として発展した北米の大

図表序-6 大学における女性の活躍を促進する組織

役割・機能	タイプⅠ 教育・研究・臨床機関	タイプⅡ エンパワーメント機関	タイプⅢ ジェンダーに関する委員会・事務組織
組織・機関の例	・女性学科・ジェンダー学科 ・ジェンダー学研究機関 ・リプロダクティブ・ヘルス／ライツ専攻 ・女性外来 ・性差医療	・女性センター ・女性支援室 ・LGBTセンター ・ジェンダー・リソース・センター ・男女共同参画センター	・女性の地位委員会 ・ジェンダー問題に関する委員会 ・人権、ハラスメント委員会 ・公平性委員会 ・男女共同参画委員会
北米の大学における組織名	・Department of Gender Studies ・Gender Research Center ・Women's Studies Center ・Women's Medicine ・Research Center for Reproductive Health	・Women's Center ・Gender Resource Center ・LGBT Center	・Gender Equity Office ・Equity Committee ・Human Rights and Harassment Office ・Diversity Office
役割	ジェンダー、女性、リプロダクティブ・ヘルス／ライツに関する学問の発展、教育の促進、臨床活動等。	ジェンダー問題に関して必要性をもつ者、女性に対して、教育・研究以外の活動を支援する。エンパワーメント活動。	学内のジェンダー問題についての分析、方策形成、評価。ジェンダーとかかわる公平性、人権、ハラスメント問題のマネジメント。
プログラム	研究と教育に関するアカデミックな活動、指導、研修。	問題解決志向。ジェンダー問題に関して必要性をもつ者、女性の全体的な発達・達成に焦点をあてる。文化的な行事や活動。	ジェンダー、男女共同参画に関する行事の開催。苦情、訴訟への対応。学内のデータの分析、調査。国・自治体の政策と関係したプログラム。
出版・広報事業	研究成果、プログラムについての案内を行なうニューズレター、年報、紀要、調査報告書、ビブリオグラフィの発行。	サービス、行事、プログラムについての情報パンフレット、ポスター、ニューズレター。ウェブによる情報提供。	年次報告。公平性、人権、ハラスメントなどについての大学の指針、手続き等についてのハンドブック、パンフレットの作成、ウェブによる公開。

学では、共学化においてキャンパス内に女性寮を作る必要があったことが指摘できよう。加えて、アメリカでは、男性学生による友愛会活動「フラタナティ」(fraternity) に続いて、女性の学生による「ソロリティ」(sorority) 活動も発展した。そのような史的経緯や女性卒業生、篤志家などの支援もあって、北米の大学には女性に特化した施設やスペースが確保されている。日本

図書事業	図書館との連携。雑誌、学生・教員の研究を支える一次、二次資料の収集。学位論文の管理、刊行支援。クライエント、一般人向けの啓発図書等の発行。	ジェンダー、女性問題、私生活、職業的発達にかかわる資料の収集・刊行。参考図書、ウェブサイトなどの紹介。	大学史における女性、ジェンダー問題、学内の公文書、データ、一次資料の保存事業との連携。
指導・助言	カリキュラムに統合された公的な講座、ジェンダー学に関するアカデミックなプログラムによる指導。実習・研修活動における指導助言。	カリキュラム外の教育的・啓発的事業。総合的なキャリア形成、自主的な活動を中心とする非単位コース。	学長、理事会、各種委員会、人事部等への助言。教職員の人事・雇用面での貢献。
カウンセリング	アカデミックな指導助言。	セクシュアル・ハラスメント、健康、人種・エスニシティ問題、DV, 性的指向、キャリア・プランニングなどについての情報提供、相談。	性差に基づく不平等問題にとりくんでいる学生・教職員の代表にアドバイスを行なう。全学的なメンタリング・プログラムの実施。
リサーチ	ジェンダー学、女性学、リプロダクティブ・ヘルス／ライツに関する研究活動。競争的な研究資金、教育プロジェクトの企画、申請、実行、成果の公開。	大学におけるカリキュラム外活動、学生生活、教職員の生活面、健康、安全面などでのニーズを把握する意識調査。施策や地域サービスの理解。	学生・教職員の統計・データなどの分析を行ない、国や自治体など行政機関に報告する。学内の女性の地位についてのプロファイルを作成・報告する。
パートナーシップ	学会、研究会ネットワーク。学友会(寄付金事業)、教職員連盟、ジェンダー学・女性学、助産師課程等学生、また、クライエントとのグループ活動等。	社会活動、市民活動、アドヴォカシー・グループ。地域のリーダー、活動家、専門家。	性差別問題、また他の公平性にかかわる問題に取り組んでいる学外の機関、アウトリーチ・プログラムのパートナー。政府・自治体。
対象者	学生、研究者、学内・学外の専門家。クライエント。	学生、教職員など、学内外のすべての人々、地域コミュニティ。	学内のすべての人々。学外の協力者・協力機関。将来的に、入学、雇用の可能性をもつ学外の人々。

出典：Willinger (2002b) に基づき筆者加筆作成。

では、タイプⅡの組織についての取組は遅れているが、女子大学がこの役割を担ってきたともいえる。

　この二つの系統の組織の他に、大学における女性の活躍のために重要となるのが、ジェンダー平等、人権・公平性保障、ハラスメント対策などの組織である。これについては、さらに二つの系統がある。一つは、ジェンダー問題に関する指針や取組を決定し、教職員や学生の代表から構成される意思決定機関としての委員会組織である。もう一つは、これらの委員会の意思決定や決定事項の実施過程において、データ収集、プログラム・サービス管理、苦情や紛争の調整役となる事務部門である。このような委員会・事務部門を、Willingerの比較項目に沿って整理したものが図表序-6のタイプⅢである。

　タイプⅠについては、ジェンダー学の振興とともに、生命科学などに性差医療などの視点を入れていくことも含まれる。タイプⅡは、ネットワーク形成や支援を行い、大学の文化を変えていく組織である。タイプⅢは、学内のジェンダー統計や採用・雇用の方針や計画・モニターを行う委員会などが含まれる。これらの組織による有機的な取組によって、先述したマーティンの指摘する課題―職位や専攻分野の偏り、カリキュラムの不備、教室の「冷たい雰囲気」―が改善されていくと思われる（Martin 2005）。

　本研究で対象とするカナダにおいては、大学在学生や卒業生に占める女性の比率は男性より高いが、教員の職位、専門分野については課題が残されている。本研究の第1章で分析する「女性の地位」に関する政策概念の広がりによって、カナダでは、1970年代に、タイプⅢに該当する委員会が各大学に設置された。同時に、女性学についての学問も発展し、タイプⅠに該当する女性学の講座やセンターが研究大学を中心に開設されるようになった。タイプⅡの女性センターについては、女性たちの自発的な活動と大学のイニシアティブが交じり合って各大学に整備されている。

　第2章で検討する「雇用公平法」は、直接的には教職員に関するタイプⅢの活動を推進するものである。しかし、同法以降、教育や学生の問題も含めて、公平性や多様性を担保するための組織が各大学に設置されるようになった。第3章で考察する両立支援策のための組織は、タイプⅡに該当するもので、

「ファミリー・ケア・オフィス」などで支援が行われている。そのようなサービスの指針を決定するマネジメントは、タイプⅢの委員会などによって総括されている。本研究では、国や州がどのような政策的関与を行い、大学の組織や実践に影響を与えたのかということを考察していく。

以上述べた女性の参画を促進するための組織の改革や取組は、各大学において異なる年代、異なる順序で整備されてきた。本研究においては、それらの改革を促す外的要因となる公共政策の歴史的順序に応じて論じていくこととする。第1章では、「女性の地位に関する政府調査委員会」(1970年代) 後に活発であった委員会活動（タイプⅢ）と学生対象のプログラム（タイプⅠ）を考察する。第2章では、「雇用公平法」(1980～1990年代) とそれによって促進された公平性担当組織（タイプⅢ）、第3章では、「親休業制度」など両立支援策が整備された2000年代以降のワーク・ライフ・バランス支援組織（タイプⅡ）について論じる。

以上のような考察を経て、終章においては、本研究の総括と今後の研究課題、日本への政策的インプリケーションについて述べる。現在、日本では科学技術振興の観点から、競争的資金政策を牽引力として、大学における女性研究者支援が進められている。一方、カナダは、女性の地位向上、人権・労働権保障、両立支援策が段階的に進められ、大学は長いスパンで政策に対応してきた。このような経路の違いを踏まえて、今後の改革の視点を最後に提示する。

注

1　OECD統計におけるカナダの数値39.5%は、2012年の国勢調査の結果（39.6%）とほぼ等しい。国勢調査では、カレッジ（2年制）教員や非常勤教員も「大学教員」(professor) に含まれている。一方、カナダ統計局が管理する「大学カレッジ教員スタッフ統計システム」(UCAS) によるデータでは、フルタイム教員に占める女性教員比率は36.6%（2010年）である。OECD統計にはカレッジ教員や非常勤職が含まれていると推定される。

2　研究・教育機関としての大学に焦点をあてて問題を抽出するため、他の一般的な事業所職員と労働形態が近い技術・事務職員については本研究では直接論じない。

3　日本におけるカナダ研究の学会として、1977年に「日本カナダ学会」が設立され

学会誌『カナダ研究年報』が発行されているが、大学と女性に関する論文は掲載されていない。2002年に設立されたカナダ教育学会も、紀要『カナダ教育研究』を発行しているが、女性に焦点をあてた研究論文は掲載されていない。カナダにおける近年の教育動向を概説した著書として、小林順子らによる『21世紀にはばたくカナダの教育－カナダの教育2』（2003年、カナダ首相出版賞）がある。教育行政、カレッジ政策について述べられているが、女性の教育へのアクセスについては特に論じられていない。

4　1915年時の加盟校で現在も継続して存在しているのは、アルバータ大学、UBC、ダルハウジー大学、ラバル大学、マニトバ大学、マギル大学、マクマスター大学、ニューブランズウィック大学、クィーンズ大学、セント・フランシス・サビエル大学、セント・ポール大学、サスカチュワン大学、トロント大学、ウェスタン・オンタリオ大学の15校。

5　私学で学位授与機関としてAUCCに加盟している例としては、オンタリオ州のキリスト教系リベラルアーツカレッジのRedeemer University Collegeなどがある。

6　University of British Columbia Faculty association, University of Toronto Faculty Association、Syndicat desprofesseiurs et professeures de l'Université（SPUL）などが加盟している。モントリオール大の教員組合は加入していない。

7　トロント大学の人文科学部は、学寮制度時代の歴史に基づき、学生を7つのカレッジに所属させている。

8　「国家フェミニズム」とは、「制度化されたフェミニズム」（institutionalized feminism）についての比較研究を行なう西欧の研究者たちが、1990年代中頃から用いている女性政策研究における理論的・方法的な分析概念である。Stetson & Mazurの定義によれば、「国家フェミニズム」とは、「女性の地位と権利の向上（furthering women's status and rights）を公的に担う政府機構の活動」を示すものと定義される（Stetson & Mazur 1995 :1-2）。

9　「フェミニズム」については、哲学、社会学、法学など諸分野で研究が行われ、「リベラル・フェミニズム」「ラディカル・フェミニズム」「社会主義フェミニズム」などの知的理論また運動論が発展してきた。これに対して、Stetson & Mazurなどの比較政治学研究者たちが行なおうとする研究は、いわゆる「規範的アプローチ」（normative approach）を離れて、国家による女性政策（Stetson & Mazurの用語に基づけば「フェミニスト政策」）の実証的・基礎的な研究を確立していくことをめざしている。それまでのフェミニズム理論では「家父長制的」とみなされた「国家」を、応用的・経験主義的アプローチに基づき、規範概念ではなく分析概念としての「ジェンダー」によって解明していく（牧原 2005：52）。

10　たとえば、「基本計画」（blueprint policy）については、(1) Charter of Rights and Freedoms（カナダ、1982年）、(2) Equal Status Act（ノルウェー、1978年）、(3) Emancipation Program（オランダ、1985年）、(4) Equality Plan（スペイン、1988年）について考察が行われている（Mazur 2002：32）

11　政府調査委員会報告書は、その後、何世代にもわたって、女性学の基本資料となっ

ている。しかし、委員会そのものについては、委員長であったバードと、事務局長であったベギンの著作に依拠した著作が多く、実証的な政治学的成果は蓄積されていない。

第1章 「女性の地位に関する政府調査委員会」による政策形成
　　－教育へのアクセスを求めて

　本章では、「女性の地位に関する政府調査委員会」の活動と、これに対する大学の対応、女性の進出について考察する。政策アジェンダが実現される過程において重要なことの一つとして、中心となる政策・行政概念に対する合意形成がある。日本では1999年の「男女共同参画社会基本法」成立以降、「男女共同参画（社会）」という政策・行政概念によって、様々な改革が可能になった。

　カナダにおいて注目されるのは、50年を超える歴史をもつ女性政策の中央行政機構 (national machinery) が、国際連合が用いている「女性の地位」(Status of Women) という政策概念を一貫して用いていることである。「国連女性の地位委員会」(Commission of the Status of Women, CSW) は、第二次世界大戦後1946年に、国連経済社会理事会の機能委員会として設立された。この国連女性の地位委員会の活動によって、"Status of Women"（女性の地位）という政策・行政概念や、"Commission / Council on the Status of Women"（女性の地位委員会）という審議会機構、"Office of the Status of Women"（女性の地位局）という行政組織のモデルが、カナダを含む英語圏を中心に、世界の女性政策・行政・運動に普及した。

　国連や連邦政府によって「女性の地位」についての政策が推進されるまで、カナダの大学における女性の参画は、個人の努力にほぼ委ねられていた。本章では、まず、カナダに大学が設立されて以降の女性の状況について政府統計などに基づき概略する。そして、「女性の地位 (Status of Women) という政策概念に基づく1970年代の政府の推進以降、どのような改革が大学で行われたかということを考察する。

第1節　カナダの大学と女性―歴史的展望

(1) 1884年10月6日―トロント大学とマギル大学

　教育史研究者であり、マギル大学の女性史について著作のある Gillett は、北米の大学における女性の参画プロセスを4段階に区分している（Gillett 1998）。はじめに、女性を完全に排除している第1段階があり、次に特殊な存在として同席を認める第2段階が19世紀後半から1950年代頃まで続く。第3段階は、1950年代から2000年頃までであり、女性の学生が急速に増えていく時代である。そして、第4段階は2000年以降であり、「名誉男性」や「アウトサイダー」ではない存在として、女性自身が大学の文化を変えていく時代と位置づけている（Gillett 1998：44）。

　ジョンソンの『カナダ教育史』は、ヴィクトリア朝時代に、女性の高等教育に対する男性の態度が変化したと述べている。このころ、イギリスではジョン・スチュアート・ミル（John Stuart Mill, 1806-1873）が『女性の解放』（*The Subjection of Women*, 1869年）の中で女性の権利を主張していた。また、フローレンス・ナイチンゲール（Florence Nightingale, 1820-1919）は看護、統計、社会事業などの分野で高い評価を得ていた。このようなイギリスにおける社会変化は、カナダの大学における女性の入学許可をめぐる意思決定に影響を与えていく（ジョンソン 1984：119）。

　序章で述べたように、カナダの英国系社会では聖職者の養成を主たる目的として、19世紀後半にマギル大学やトロント大学などが設立された。この頃、医学や人文科学についての学問も盛んになり、それまで入学を認められていなかった女性たちが大学で学ぶことを希望するようになった。

　ミルの『女性の解放』が刊行された5年後、東部ニューブランズウィック州のマウント・アリソン大学（Mount Alison University）は、現存するカナダの大学で女性を学生として初めて受け入れた。1874年、同校の「ウェズリアン・カレッジ」（Wesleyan College）にグレイス・ロックハート（Grace Annie Lockhart, 1855-1916）が在籍を認められた。科学と英文学を修めた彼女は、

第1章 「女性の地位に関する政府調査委員会」による政策形成　35

図表 1-1　カナダの大学における女性への最初の学位授与年

大学創設年	大学名（州）	女性への最初の学位授与年	学位種類
1785	University of New Brunswick（NB）	1889	B.A
1818	Dalhousie University（NS）	1885	B.A
1821	McGill University（QC）	1888	B.A
1827	Toronto University（ON）	1885	B.A
1836	Victoria College（ON）（現在はトロント大学の一部）	1883	M.D-C.M
1838	Acadia University（NS）	1884	B.A
1839	Mount Alison University（NB）	1875	B.Sc
1852	University of Trinity College（ON）	1886	Mus.Bac
1877	University of Manitoba（MN）	1889	B.A

出典：Harris 1976：116 より筆者作成。
大学創設年は、カナダ大学協会（AUCC）公表資料等に依拠。

　1875年には理学士号（Bachelor of Science）を授与された。これは、カナダにおいて初めて女性に学位が授与された例である。また、科学学士号の女性への授与は、当時のイギリス連合王国では初めてのケースでもあった。**図表1-1**は、カナダの各大学における女性への最初の学位授与年であり、1880年代に集中している。

　ここでは、大学が女性を初めて受け入れた経緯について、カナダの旗艦大学であるトロント大学とマギル大学を中心に述べておく。両大学は、同じ年に女性の入学を認めたが、トロント大学は一般の講義に女性を受け入れ、マギル大学は女性カレッジを別に設置するという異なる選択を行った。

　はじめに、トロント大学の事例について、女性入学80周年を記して発行されたFordの著作に基づいて概略を述べる。トロント大学は、聖職者のストラチャン（John Strachan, 1808-1865）が、国王認可状を得て「キングス・カレッジ」（King's College）設立のために、州政府に協力を求めたことを設立起源とする。1827年に州政府はこれを承認して土地を提供し、同校は実質的に州の大学とみなされた。しかし、イギリス国教会との結びつきが深く他の教派からの反発を招いた。一方、1843年になるまで講義も行われなかった。

オンタリオ州議会は、1849 年 12 月 31 日をもって同校を廃止し、翌 1850 年 1 月 1 日から、非宗派の教育機関としてトロント大学を運用する法律を定めた[1]。1853 年には「大学法」（The University Act of 1853）を整備し、同校を文理学、医学、法学の学位を授与する機関として位置づけた（Ford 1985：7）。

キングス・カレッジ時代の国王認可状も、トロント大学について規定する「大学法」も、女性の学生を排除するとは述べていない。しかし、当時の社会的常識として女性の入学は想定されていなかった。女性は連邦議会、州議会ともに選挙権がなく、1876 年には、参政権の確立を求めて「トロント女性普通選挙権協会」（Toronto Women's Suffrage Society）が結成されている。1870 年代には、女子師範学校の卒業生などが、より高い段階の教育を受けることを希望するようになった。この求めに応じて、トロント大学は、1877 年に女性を対象とする選考試験を試験的に実施した。これに数名の女性が合格したが、講義に出席することは最終的に認められなかった。1881 年には、トロント大学の競争的奨学金制度の申請資格が女性に開かれ、何人かが採用された。しかし、大学への入学はやはり認められなかったため、この奨学金は交付されなかった。選考試験合格者のうち裕福な家庭の女性たちは、個人教師（private tutor）を雇い、大学の講義と同じ内容を学ぼうとした（Ford 1985：8）。

女性の入学に最も強く反対したのは、名高い民俗学者であった学長ウィルソン（Daniel Wilson, 1816-1892）である。彼は、女性が高等教育を受けることには肯定的であり、女性のための講義を学外で行っていた。しかし、同校が女性を受け入れることには強い反対の立場をとっていた。一方、州の教育長官のロス（George William Ross, 1841-1914）は共学支持者であった。また、大学理事会の有力者や学生新聞（*The Varsity*）の編集者も女性の入学を支持しており、トロント大学の共学化をめぐって新聞などでも記事が掲載された。

先述したトロント女性普通選挙協会は、1882 年に州議会に対して、トロント大学への女性の入学を求める請願書を送った。1884 年 3 月、下院において、卒業生でもあるギブソン議員（John Morison Gibson, 1842-1929）が、トロント大学への女性の入学許可を求める動議を提出した。この動議は、ほと

んど議論もされずに議会で承認された（Ford 1985：12）。

　しかし、ウィルソン学長は議会の決定に従わず、彼とロス教育長官の間で議論が続いた。ウィルソンは、物理的に女性の受け入れが無理であると主張した。女性トイレや体育館、女性学監（superintendent）などの準備が難しいという理由であった。そして、女性の学生を指導する校長の人件費は同校に存在しないと主張した。ロス教育長官は、10月2日の「枢密院令」（Order in Council）によって、女性校長の給与を支払う規程を制定した[2]。

　ウィルソン学長は退路を絶たれ、トロント大学カレッジ（University College）への女性の入学を認めた。そして、10月6日、3人の女性がカレッジの講義に出席した。同じ週のうちに、さらに3人が加わり、この学年の終わりまでに9人の女性が入学した。翌年には、最初に入学した3人の女性（Margaret Langley, May Bell Bald, Ella Gardiner）と、政治家ジョージ・ブラウン（George Brown, 1818-1880）を父にもつ二人の姉妹が卒業した[3]。

　一方、550キロ離れたケベック州モントリオール市のマギル大学においても、女性の入学をめぐる攻防が進んでいた。マギル大学開設（1821年）の国王認可状の中に女性を排除する記載はなかったが、設立後半世紀を経ても女性の入学は認められていなかった。トロント大学と同じく、1870年代後半になると、女性の入学を求める動きが活発になった。マギル大学のドーソン学長（John William Dawson, 1820-1899）の考え方は、トロント大学のウィルソン学長とほぼ同じであった。二人ともスコットランド出身でリベラルな精神の保持者であったといわれるが、女性の入学については頑迷に反対の立場をとっていた。ウィルソンと同じように、ドーソンも「モントリオール女性教育協会」（Montreal Ladies' Educational Association）の要請によって、女性だけを対象とする講義を学外で行っていた。彼も女性の高等教育に支援的であったが、それが男性と同一のものであるべきとは考えなかった。

　マギル大学の教授の中には女性の入学に賛成する者もいた。1882年にマーレィ教授（John Clark Murray, 1836-1917）が文理学部の共学化を提案したが、反対論が強く結論は出なかった。入学を希望する女性たちは許可を求めてドーソン学長と交渉したが、学長は資金がないことを理由に受け入れを認

めなかった（Ford 1985：17）。

　女性の入学をめぐってトロント大学とマギル大学は同じようなプロセスを辿っていたが、その後、方向性は大きく変わることになる。大学の財政を握るマギル財団は、女性の入学の可否や、共学か別学かといった問題に結論を出せなかった。そのため、ドーソン学長は女性コースの開設について地域に寄付を呼びかけた。当初は、寄付者が現われるとは誰も予想しなかったようである。しかし、男女別学でかつ男性と全く同等の教育を女性に提供するという条件つきで、5万ドルの寄付の申し出があった。後にモントリオール司教（Lord Strathcona）となる篤志家のスミス（Donald Smith, 1820 -1914）である。

　この寄付によって、1884年10月6日、女性コースが開設された[4]。奇しくも、これはトロント大学でも女性の入学が認められた日である。マギル大学では、女性のための別学教室に9名の学士課程学生が入学した。当初、女性教室は、男性教室からかなり離れた場所に囲い込まれるように位置していた。4年後の1888年には8名が卒業し、同大学で女性初の学士号取得者となった（Ford 1985：17）。

　寄付者のスミスは、マギル大学関係者ではなかったが、女性の学生のために最終的に12万ドルを寄付した。この資金によって、1899年にはマギル大学のキャンパスに、女性のための学寮「ロイヤル・ヴィクトリア・カレッジ」（Royal Victoria College）が完成した（以下、講義施設をもつ寮は「学寮」と記載）。このカレッジには、住居、事務室、講義室、図書室など女性のための施設がたくさんあり、講義も当初はほとんどここで行われた（Ford 1985：178）。

　女性の高等教育について、トロント大学とマギル大学は、同じ1884年に異なる形態を選択した。トロント大学は共学の道を選び、マギル大学は女性のための別学制度を整えた。共通しているのは、これらの選択は、教育理念や意思に基づいた大学内部からの変革や意思決定というよりも、外部からの圧力と財政的理由によって成し遂げられたということである。トロント大学は、州の政治行政的圧力と法律制定によって、学長の意に反して共学化が進んだ。一方、マギル大学は、学外の篤志家からの寄付によって女性コースと学寮の設置が可能になった。

第1章 「女性の地位に関する政府調査委員会」による政策形成　39

　1900年前後のその他の大学における女性の入学や在籍については、アメリカの女子大学「ブリン・マー・カレッジ」(Bryn Maur College, 1885年創立)の卒業生クラブ関係者が作成した冊子から知ることができる（Maddison 1899：17-26）。この冊子は、アメリカ以外の大学で学業を継続することを望む卒業生のために、イギリス、ヨーロッパ大陸、カナダで女性を受け入れている大学の講座情報を掲載したものである。初版『イギリス、大陸、カナダの大学における女性に開放された講座に関するハンドブック』は1896年に発行された。1899年に第2版、1901年に補足版が作成されている[5]。

　同ハンドブック第2版では、ニューブランズウィック大学（University of New Brunswick, NB州）、ダルハウジー大学（Dalhousie University, NS州）、クィーンズ大学（Queen's University, ON州）、マギル大学（QC州）、トロント大学（ON州）、マニトバ大学（University of Manitoba, MB州）において、入学試験や学位取得の道が男性と同じく女性にも開かれていると記載されている。ビショップス大学（QC州）については、学生は男性限定の学寮に居住しているが、医学部に在籍している女子学生もいると記されている。この時の大学教育における寮生活の占める割合は大きく、講義が受講できても、大学教育のすべての側面が女性に開かれていたとはいえない（Ford 1985：18）。

　図表1-2は、第一次世界大戦前までのトロント大学とマギル大学における女性の歩みである。北米で学術研究に対する博士号（Ph.D.）の授与を初めて行ったのは、1862年のイェール大学である。カナダでは、1880年代前半からトロント大学で博士号授与制度について議論が行われていた。医学博士（MD）、歯学博士（DDS）などの専門職学位や、ごく簡単な審査に基づく修士学位（MA）の授与制度はすでに存在していた。しかし、研究論文を審査する博士学位について合意に至るには時間がかかった。実際に博士学位授与制度が開始されたのは1897年である。そして、導入6年後の1903年に、カナダの大学で初めて女性に博士号が授与された。哲学と化学分野の2名であった。

　1905年には、マギル大学に20年遅れて、トロント大学にも女性のための寮「クィーンズ・ホール」(Queen's Hall)が確保された。19世紀後半になる

図表1-2　トロント大学とマギル大学における女性の進出（1877～1917年）

年	トロント大学	マギル大学
1877	・女性のための選考試験の開始	
1881	・大学の奨学金制度への女性の応募承認	
1884	・3月5日、州議会に、同校に女性の入学を求める動議が提出され承認される ・10月6日、文理学部に3名の女性が入学	・10月6日、文理学部女性コースの開設により、9名の女性が入学
1885	・女性初の卒業生（5名）	
1888		・女性初の卒業生（8名）
1889	・女性の在学生68名	・女性学寮の開設（ロイヤル・ヴィクトリア・カレッジ）
1899		
1894		・女性初の修士号授与（生物学1名、哲学1名）
1901		・女性初の物理学修士号
1903	・女性初のPh.D.（化学1名、哲学1名）	
1904		・文理学部に女性初の教員1名
1905	・女性寮の開設（クィーンズホール）	
1906	・1906年大学法によって家政学部創設が決定 ・女性初の准教授2名	
1907	・教育学部の創設	
1910		・男女通じて初の化学分野のPh.D.が女性に授与される ・医学部に女性初の専任講師
1911		・法学部に初めて女性が入学
1912		・女性初の教授（植物学）（カナダ初の女性教授）
1913		・農学部に初めて女性が入学
1917		・文理学部で女性の学生数が初めて男性を上回る

出典：Gillett 1998：419-421, Ford 1985：80-88より筆者作成。

と、カナダでも初等・中等教育が普及し、教員という職業機会が女性に開かれるようになった。1907年には、社会と女性のニーズに答え、トロント大学に教育学部（Faculty of Education）と家政学部（Faculty of Household Scicence）が設置された。家政学部には、化学分野の博士号を女性で初めて同校で取得したベンソン（Clara Cynthia Benson, 1833-1915）と、もう一名が女性初の准教授（Associate Professor）として着任している。

マギル大学では、1894年に生物学と哲学分野で、1901年に物理学で、女性初の修士号取得者が出ている。1912年には、デリック（Carrie Derick, 1862-1941）が、カナダの女性で初めて教授に就任した。専門分野は化学であった。

(2) 第一次大戦と女性の参政権確立

図表1-3は、カナダ統計局による1861年から1911年までの学士課程在籍者数を分野別に表したものである。1881年から統計表に女性が表れ、文理学で40名、医学で2名が在籍している。前者は、マウント・アリソン大学、後者はヴィクトリア・カレッジ（Victoria College）と推定される（図表1-1参照）。その後の10年間に、トロント大学、マギル大学などが女性に門戸を開いた。1891年では約600人の女性が大学に在籍し、全体に占める比率は11.5％である。10年後の1901年でも女性の比率は11.5％で横ばい状態である。しかし、さらに10年後の1911年には19.8％に増えている。これは、1907年にトロント大学に教育学部、家政学部が設置されたことなどが影響している。図表に示されているように、1911年の教育学部学生507名のうち350名は女性である。また、家政学部504名はすべて女性である。文理学部では学生5,804人中、女性は1,683人で28％である。

図表1-4は、オンタリオ州の大学創設期における女性の状況について考察したKingの博士論文（1999）からのデータである。1911年では、トロント大学の文理学部の学生数（院生を含む）のうち33％が女性である。1914年8月4日に、イギリスは世界大戦に参戦し、二日後にカナダ男性に対する志願兵の募集が始まっている。1917年にはカナダ初の徴兵制が実施され、ト

図表 1-3　カナダの大学の学士課程在籍者数（1861〜1911年）

年		文理	農業	教育	工学	歯学	医学	薬学	家政	法学	獣医学	その他	合計
1861	男												
	女												
	計	620	2		15		454	10		75			1,176
1871	男												
	女												
	計	1,012	3		1		452	6		87	29		1,590
1881	男	1,616	112		44	34	662	118		250	40	88	2,964
	女	40					2						42
	計	1,656	112		44	34	664	118		250	40	88	3,006
1891	男	1,973	159		268	66	1,239	102		505			4,521
	女	549					40				2		591
	計	2,522	159		268	66	1,279	102		507			5,112
1901	男	2,184	290		698	150	1,788	123		452	102		5,873
	女	740					25	3					768
	計	2,924	290		698	150	1,813	126		452	102		6,641
1911	男	4,121	821	157	2,157	330	1,617	206		686	116	118	10,329
	女	1,683		350		1	24		504				2,562
	計	5,804	821	507	2,157	331	1,641	206	504	686	116	118	12,891

出典：Statistics Canada 1983：w439-455 より筆者作成。

ロント大学文理学部に占める女性比率は49％まで上っている。マギル大学文理学部でも、図表1-1に示したように女性の学生数が男性を上回った。

　世界大戦への男性の動員を背景に、各州において州議会における女性の参政権が成立していく。**図表1-5**は、カナダ各州議会と連邦議会における女性の投票権、被選挙権が認められた日付である。1916年1月のマニトバ州を皮切りに各州議会において女性の投票権・被選挙権が認められていく。1918年11月のドイツ降伏までに6つの州で女性の投票権・被選挙権が成立している。

　連邦レベルにおいても、1918年5月に徴兵制が実施されると、財産所有などの要件を満たす女性に限定して、連邦議会下院で女性の選挙権が成立し

第1章 「女性の地位に関する政府調査委員会」による政策形成　43

図表 1-4　トロント大学文理学部の学生数（1900 ～ 1929 年）

年	男女計（人）	男（人）	女（人）				女性比率
			計	学士	修士	博士	
1900	823	573	250	236	13	1	30%
1905	1077	761	316	311	4	1	29%
1911	1,738	1,164	574	519	54	1	33%
1916	1,374	705	669	654	12	3	49%
1920	2,243	1,286	957	918	33	6	43%
1925	2,825	1,539	1,286	1,246	24	16	46%
1929	3,749	2,083	1,666	1,603	42	21	44%

出典：King 1999：325 より筆者作成。

図表 1-5　カナダにおける女性の選挙権成立日

	投票権・被選挙権
マニトバ州議会	1916 年 1 月 28 日
サスカチュワン州議会	1916 年 3 月 14 日
アルバータ州議会	1916 年 4 月 19 日
ブリティッシュ・コロンビア州議会	1917 年 4 月 5 日
オンタリオ州議会	1917 年 4 月 12 日
ノバスコシア州議会	1918 年 4 月 26 日
連邦議会・下院（財産所有など制約あり）	1918 年 5 月 24 日
ニューブランズウィック州議会	1919 年 4 月 17 日
連邦議会・下院（先住民に制約あり）	1920 年 7 月 1 日
プリンス・エドワード・アイランド州議会	1922 年 5 月 3 日
ニューファンドランド・ラブラドール州議会	1925 年 4 月 13 日
連邦議会・上院（Persons 判決）	1929 年 10 月 18 日
ケベック州議会	1940 年 4 月 25 日
連邦議会・下院（先住民への制約なし）	1960 年 3 月 10 日

出典：榎澤 2000：81-88 などより筆者作成。

た。1920年には、先住民を除く21歳以上のすべての女性に連邦議会下院の選挙権が認められた。カナダの大学教育は19世紀末期に女性に開放されたが、政治的参加の権利が整うのは第一次世界大戦終結前後であった。ケベック州で女性の選挙権が認められたのは、連邦議会よりも遅く1940年である。同州では、英語系のマギル大学では女性の受け入れは早かったが、フランス語系の大学は、ラバル大学を除いて創設も遅く、女性の入学は1910年代頃から認められている。カナダで最古の大学といわれるラバル大学（Séminaire de Québec として1663年に創設）の場合、一般のプログラムに公式に女性の学生を受け入れたのは1930年代である（Charron 2003：63）。ラバル大学と、そのモントリオール分校として誕生したモントリオール大学は、カトリック教会との関係が長く続き世俗化が遅かったことと関係していると考えられる。

　一方、オンタリオ州では、第一次大戦後、トロント大学以外でも学生数の増加とあわせて女性の進学者が増えた。**図表1-6**にみるように、マクマスター大学、クィーンズ大学、ウェスタン・オンタリオ大学などの文理学部では在学者の約3分の1は女性である。

　1918年に、ヨーロッパが大戦終結協定の締結に向けて動き始めると、アメリカ、イギリスでは、大学の女性教員による国際的なネットワーの形成の機運が高まった。アメリカでは、「アメリカ大学女性協会」（American Association of University Women, AAUW）の前身が1881年に設立されており、いくつかの組織を統合して1921年より現在の組織になった[6]。イギリスでは、1907年に設立された「英国大学女性協会」（British Federation of University Women, BFWG）が活動を継続していた[7]。1919年に入ると、トロント大学で訪問講義を行っていたイギリスのキュリス博士（Winifred Cullis, 1875-1956）が、アメリカやイギリス本国のような大学女性協会を設立することを、カナダの大学関係者に進言した。カナダ側はこれにすぐ対応し、オタワ、トロント、ウィニペグ（マニトバ州）、レジャイナ（サスカチュワン州）、エドモントン（アルバータ州）、ヴィクトリア（BC州）地域の大学女性団体の代表とマギル大学の同窓会が、1919年3月にウィニペグで会議を行い、「カナダ大学女性協会」（Canadian Federation of University Women, CFUW）を結成した。

図表 1-6　オンタリオ州の大学文理学部の女性比率（1920〜1930年）
(人)

大学名		1920/21	1926/27	1929/30
マクマスター大学	男	142	261	251
	女	76	134	113
	合計	218	395	364
	女性比率	35%	34%	31%
クィーンズ大学	男	244	422	542
	女	212	326	389
	合計	456	748	931
	女性比率	46%	44%	42%
ウェスタン・オンタリオ大学	男	89	369	489
	女	71	316	416
	合計	160	685	905
	女性比率	44%	46%	46%

出典：King 1999：325-327 より筆者作成。

　その後、アメリカのバーナード・カレッジ（コロンビア大学附属の女子大学）学部長ギルダスリーブ（Virginia Gildersleeve, 1877-1965）、ロンドン大学教授スパジャン（Caroline Spurgeon）、イギリスのバーミンガム大学のシジウィック（Rose Sidgwick, 1869-1942）が国際的な大学女性協会の設立を呼びかけ、1920年7月に「国際大学女性協会」（International Federation of University Women, IFUW）が結成され、カナダ大学女性協会もこれに参加している。

　図表 1-7 は、1920年代における学士課程・大学院課程の在籍者数（enrollment）と女性比率である。学士課程、大学院ともに緩やかに増加している。学士課程より大学院の女性比率が高いが、男性は大学卒業後にすぐ産業界などに進むことが多かったことが関係しているといわれている。**図表 1-8** は、同じく1920年代における学位取得者数と女性比率である。10年間で、学士号取得者に占める女性の比率は17.5％から約30％にまで伸びている。修士号については20％台前半であまり変わらない。博士号については10年間で4.2％から15.2％へと伸びている。

　修士・博士学位取得分野については、先述したKingの論文によるトロン

図表 1-7　学士課程・大学院課程の在籍者数・女性比率（1920 〜 1930 年）

年度	学士課程（人）				大学院　（人）			
	合計	男	女	女性比率	合計	男	女	女性比率
1920	22,791	19,075	3,716	16.3%	423	315	108	25.5%
1925	24,852	19,580	5,272	21.2%	846	625	221	26.1%
1930	31,576	24,148	7,428	23.5%	1,350	998	352	26.1%

出典：Statistics Canada 1983：W340-438 より筆者作成。

図表 1-8　学位取得者の数と女性比率（1920 〜 1930 年）

年度	学士号（人）				修士号（人）				博士号（人）			
	合計	男	女	女性比率	合計	男	女	女性比率	合計	男	女	女性比率
1920	4,007	3,306	701	17.5%	218	170	48	22.0%	24	23	1	4.2%
1925	4,922	3,646	1,276	25.9%	324	257	67	20.7%	28	24	4	14.3%
1930	6,231	4,411	1,820	29.2%	458	358	100	21.8%	46	39	7	15.2%

出典：Statistics Canada 1983：W504-512 より筆者作成。

ト大学のデータが参考になる。**図表 1-9** は、同大学における女性の修士号（M.A.）と博士号（Ph.D.）の学位取得者数（1918 年〜 1930 年）を分野別にみたものである。多い順に、英語学 34 名、物理学 20 名、ロマンス語学 20 名、歴史学 15 名、心理学 14 名である。博士号に限定すると、化学 4 名、物理学 3 名、植物学と政治学各 2 名、生物学、地理学、古典学、哲学、数学各 1 名である。理系分野が多い。

同図表の最終行に、カナダ統計局資料から判明している女性の学位取得者数を加筆した。カナダ大学全体における女性の大学院学位取得者数は、1920 年では修士 48 人、1925 年では修士 67 人、博士 4 人、1930 年では修士 100 人、博士 7 人である。統計局資料の存在する当該年では、女性が取得した修士号のうち 20％〜 40％はトロント大学で授与されていることになる。

第1章 「女性の地位に関する政府調査委員会」による政策形成　47

図表 1-9　トロント大学における女性の大学院学位取得者数（分野別：1918 〜 1930 年）

	1918	1920	1921	1922	1924		1925		1926		1927	1929		1930		合計
	修士	修士	修士	修士	修士	博士	修士	博士	修士	博士	修士	修士	博士	修士	博士	
英語	1	1	3	2	6		7		2		4	3		5		34
歴史	1	1	4	1	3		1					4				15
物理	3	1		5			3		1	1	3	1	2			20
化学	1		1	2	1	1	1	1	1			1	1	1	1	12
植物	2		3		2	1					1	1		1		11
ロマンス語		1	2		2		8		1		2	4				2
政治学		1			3		2	1			2	1		1		13
天文学		1									1					20
生物							1				1				1	4
地理		1	1						1							3
食化学		1		2	2		1		1			1		2		10
微生物		1														1
家政		1		1	2				3		1	3		2		13
古典			1		1				1		1			2	1	7
哲学			3		1	1	2					2				9
教育			1	1	1									2		5
生理学			2	1												3
数学				2	2		2		1						1	8
独語					1				1		1	1		2		6
病理学					1											1
衛生学					1		1					1		1		4
医学					1											1
心理学											1	6		7		14
発酵学												1				1
合計	8	11	20	16	31	3	29	2	13	2	18	30	5	25	4	217
カナダ全体	*	48	*	*	*	*	67	4	*	*	*	*	*	100	7	*

出典：King 1999：350 より筆者作成。カナダ全体の統計は、Statistics Canada 1983：w439-455 より（*はデータなし）。

(3) 第二次大戦後の退役軍人対応―初の男女混合寮

図表1-10は、1920年から1975年までの男女学生数及び女性比率の推移を表したものである。第二次大戦後のベビーブーマーが大学進学年齢になる1960年代前半から、男性、女性ともに急速に増えている。1975年では女性の比率は42.4％である。**図表1-11**は、男女別学士号取得者数及び女性比率であり、1960年代後半に女性の比率が高まっている。在学者に占める女性比率と、学位取得者に占める女性比率の線グラフを比較すると、第二次大戦後ほぼ同じ形で伸びている。一方、それ以前の1920年～1945年では、学位取得者に占める女性比率が山型に高くなっている。その理由について定

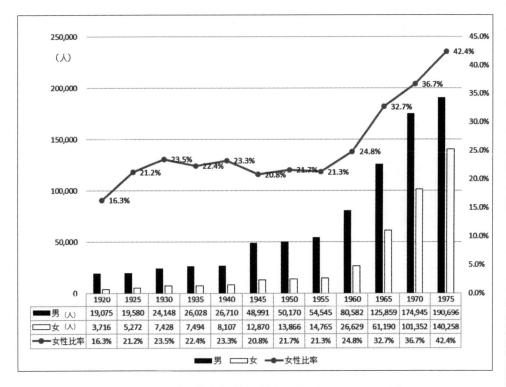

図表1-10　男女別大学生数及び女性比率（1920～1975年）
（左軸は大学生数、右軸は女性比率を示す）

出典：Statistics Canada 1983：w340-438から筆者作成。

第1章 「女性の地位に関する政府調査委員会」による政策形成　49

説はないが、図表 1-7 についても述べたように、男性は卒業後すぐ経済活動に従事することが多かったといわれている。

　図表 1-12 は、学問分野別の大学在学者数と女性比率を、1960 年と 1975 年とで比較したものである。家政学、看護学はどちらの年でも 100 ％に近く、健康科学も 80 ％前後で変化がない。その他の分野で、1975 年に女性が 6 割を超えているのは、教育学、芸術学、薬学である。薬学は、1960 年の 26.7％から 60.5 ％へと 2 倍以上になっている。

　一方、図表 1-13、1-14、1-15 は、修士・博士学位取得者数並びに女性比率の推移を表したものである。修士号取得者に占める女性の比率は徐々に伸

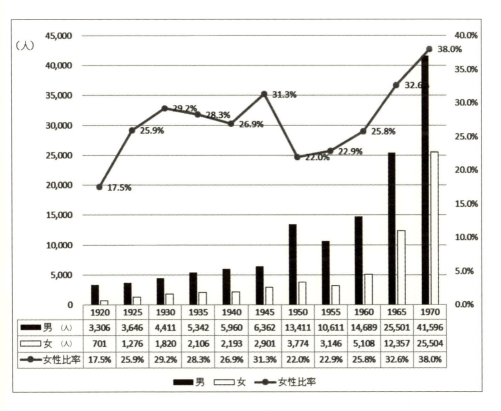

図表 1-11　男女別学士号取得者数及び女性比率（1920 年〜 1970 年）
出典：Statistics Canada 1983：w504-512 から筆者作成。

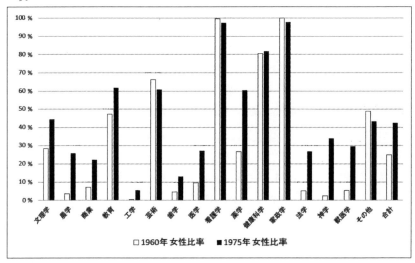

年		文理学	農学	商業	教育	工学	芸術	歯学	医学	看護学	薬学	健康科学	家政学	法学	神学	獣医学	その他	合計
1975年	男性	89,991	3,420	23,296	17,205	29,160	4,475	1,666	6,442	174	1,062	522	96	6,510	1,487	704	4,486	190,694
	女性	71,864	1,193	6,674	27,913	1,708	6,947	250	2,401	6,247	1,624	2,351	4,225	2,375	765	295	3,426	140,258
	合計	161,855	4,613	29,970	45,118	30,868	11,422	1,916	8,843	6,421	2,686	2,873	4,321	8,885	2,252	999	7,912	330,954
	女性比率	44.4%	25.9%	22.3%	61.9%	5.5%	60.8%	13.0%	27.2%	97.3%	60.5%	81.8%	97.8%	26.7%	34.0%	29.5%	43.3%	42.4%
1960年	男性	38,130	1,722	6,065	6,116	16,009	165	1,007	3,843	5	1,087	116		*2,353	*3,229	*441	*294	*80,582
	女性	15,159	63	473	5,464	62	323	48	401	1,654	395	480	1,598	127	77	25	280	26,625
	合計	53,289	1,785	6,538	11,580	16,071	488	1,055	4,244	1,659	1,482	596	1,598	2,480	3,306	466	574	107,217
	女性比率	28.4%	3.5%	7.2%	47.2%	0.4%	66.2%	4.5%	9.4%	99.7%	26.7%	80.5%	100.0%	5.1%	2.3%	5.4%	48.8%	24.8%

図表 1-12　学問分野別の大学在学者（フルタイム）数と女性比率（1960年、1975年）

出典：Statistics Canada 1983：w439-455 から筆者作成。＊原資料の表ズレを修正した。

図表 1-13　男女別修士号取得者数と女性比率（1920〜1970年）

年	修士（人）			
	男	女	合計	女性比率
1920	170	48	218	28.2%
1925	257	67	324	26.1%
1930	358	100	458	27.9%
1935	402	83	485	20.6%
1940	520	67	587	12.9%
1945	731	100	831	13.7%
1950	1,344	220	1,564	16.4%
1955	1,156	303	1,459	26.2%
1960	1,874	353	2,227	18.8%
1965	3,660	812	4,472	22.2%
1970	7,516	2,122	9,638	28.2%

出典：Statistics Canada 1983：w504-512 から筆者作成。

第1章 「女性の地位に関する政府調査委員会」による政策形成　51

図表1-14　男女別博士号取得者数と女性比率（1920～1970年）

年	博士（人）			
	男	女	合計	女性比率
1920	23	1	24	4.3%
1925	24	4	28	16.7%
1930	39	7	46	17.9%
1935	63	5	68	7.9%
1940	70	5	75	7.1%
1945	92	12	104	13.0%
1950	191	11	202	5.8%
1955	249	17	266	6.8%
1960	279	27	306	9.7%
1965	619	77	696	12.4%
1970	1,474	151	1,625	10.2%

出典：Statistics Canada 1983：w504-512 から筆者作成。

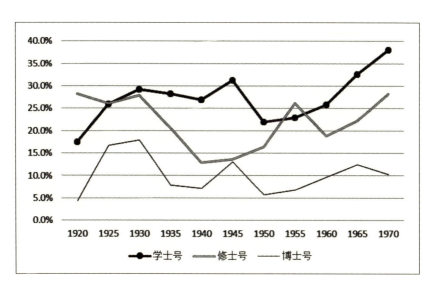

図表1-15　学位取得者に占める女性比率の推移

出典：Statistics Canada 1983：w504-512 から筆者作成。

びているが、博士取得者は第二次大戦前とあまり変わっていない。第二次大戦後、女性の大学教育への参入は進んだが、博士課程に進学して研究職に就く女性は、1970年代では限られた数しかいない。

　第二次大戦後の動向として、大学における女性寮設備の充実を指摘することができる。第1項において、トロント大学とマギル大学における初期の女性の受け入れ状況について確認した。トロント大学は一般の教室に女性を迎え入れたが、マギル大学は女性コースを作り、女性のための学寮も早い段階で整備した。Fordなどの著書によると、男性を標準とする学生生活に女性を受け入れたトロント大学の方針は、女性の学生にとって必ずしも最善の環境とはいえないものであった。学問に熱心であると「女性らしくない」と言われ、課外活動（extracurricular activities）に励むと「学問に真剣でない」と批判されたという。そのため、トロント大学の女性の学生は、男性の学生との課外活動をあまり行わなかった。むしろ、女性だけのクラブ活動（演劇、音楽、弁論など）や新聞発行を行っていた。1890年代初期には、女性寮設置委員会（Women's Residence Committee）が結成され、女性寮の設立を推進した。トロント大学では1905年、1916年、1918年、1919年に一般の邸宅を改築して女性寮が確保された。1931年には、最初から女性寮として設計されたWhitney Hallが竣工した（Ford 1985：21）。

　一方、マギル大学では女性教室で行われる講義は徐々に減っていった。女性の別学クラスを寄付の前提としていた篤志家スミスの規程に反して、財政的な理由から、上級学年では共学化は避けられなくなっていった。1950年代までに、マギル大学もほとんど完全な共学（full coeducation）になっていく（Ford 1985：178）。

　開校が遅く当初から共学校であった大学では、第二次大戦後まで女性寮の設置が放置されたところもある。トロント大学、マギル大学などと並ぶ名門大学であるブリティッシュ・コロンビア大学（University of British Columbia, 以下UBC）は、20世紀初頭にバンクーバー市内に設置されたマギル大学の分校を前身とする。その後、1915年にブリティッシュ・コロンビア州（以下、BC州）の公立大学として創立された。開設にあたって、女子部を作る提案

もあったが見送られた。1919年には看護学部、1943年には家政学部が設置され、これらは、事実上、女性の学生だけを対象としていた。女性寮の設置を求める人々は、単なる生活支援としてだけでなく、寮生活による交流や社会性の涵養、郊外からの女性の学生を確保するための大学の戦略として、これを提唱していた。州の大学として州民に平等に貢献するためには女性寮の設置は妥当なことであり、表立って反対する者はいなかったという。しかし、予算不足を理由に戦前はまったく話が進まなかった（Stewart 1990：81-83）。

女性寮の建設に向けた動きが進むのは第二次大戦の終結によってである。1939年9月、英仏がドイツに戦線布告して数日後、カナダも参戦した。1939年から1945年までに、18歳から45歳の男性の38％にあたる約100万人が軍務に服した。戦争終結が近い1944年に、退役軍人に中等後教育や職業教育の機会を与える「退役軍人リハビリテーション法」（Veterans Rehabilitation Act）が成立した。この政策は、アメリカでも退役軍人給付金（GIビル）としてよく知られ普及したものであるが、もともとはカナダにおいて始まった制度である（犬塚2006c：37）。

退役軍人には、従軍の長さと同じ期間、無償の教育を受ける権利が付与され、受け入れ先となる大学に、一人につき150ドルが交付された。1945年には約2万人、翌年にはさらに約3万5千人の退役軍人が大学に在籍した。これは当時の学生数の約45％にあたる。

退役軍人の復員は、UBCのあるバンクーバー市にも住居不足を生み出していた。同校は、もともと学生寮が不十分で、地方からの学生は市内の一般家庭を間借りして下宿する者が多かった。戦後は、これらの家庭は、一般の学生よりも、食事の世話等をしなくてすむ退役軍人を優先して住居を貸す傾向があった。そのため、もともと学生寮が不足していた大学は、一般学生、退役軍人学生のために、緊急に住居を確保する必要に迫られた。戦時中、看護職や通信職などの軍務に服した多数の女性たちも、退役軍人として大学に入学を申請していた（Thomasson 1951：1-21）。

連邦政府は不要になった移動型兵舎などを大学に払い下げ、それらは教室や寮として転用された。そのなかで、UBCで唯一男性だけでなく女性を受

図表 1-16　ブリティッシュ・コロンビア大学アカディア寮の学生構成（1945年）

	退役軍人（人）					退役軍人以外（人）
	空軍	陸軍	海軍	その他	合計	
女性						
20歳未満	0	0	0	0	4	4
20〜25歳	9	4	4	0	23	6
26〜30歳	15	3	5	0	24	1
30〜35歳	8	4	3	1	16	0
35歳以上	3	2	0	0	5	0
女性合計	35	13	12	1	72	11
男性						
20歳未満	0	0	0	0	14	14
20〜25歳	37	28	13	3	95	14
26〜30歳	20	22	6	1	52	3
30歳以上	6	1	1	0	9	1
男性合計	63	51	20	4	170	32

出典：Thomasson 1951：21 より筆者作成。

　け入れた寮が「アカディア・キャンプ」（Acadia Camp）である。これは、もとは大恐慌時の 1937 年に、林業を学ぶ若者のためのトレーニング・キャンプとして、キャンパスはずれに設置されたものである。太平洋戦争勃発後の 1941 年には、国防省の施設「ポイント・グレー・キャンプ」（Point Gray Relief Camp, 通称 Forestry Camp）として利用された。そして、1944 年の夏に再び改修されて、国防省から 1 ドルで払い下げられた（Thomasson 1951：1-21）。

　アカディア・キャンプは、旧兵舎を利用したコテージタイプの施設で約 250 名を収容することができた。退役軍人に入寮の優先権が与えられたが、募集後 2 日で定員が埋まった[8]。1945 年の記録では、女性 72 人（うち退役軍人 61 人）、男性 170 人（うち退役軍人 138 人）の学生が住んでいた（**図表 1-16**）。男女混合で、既婚者・独身者の混ざった寮は、カナダでも初めての試みであったといわれる。また、退役軍人学生を中心にした自治会活動も活

第1章 「女性の地位に関する政府調査委員会」による政策形成　55

発に行われた（Thomasson 1951：21）。

　男女混合の寮を初めて運営する大学側は、特に女性に対して門限や外出許可の署名など細かい制約を課していた。軍務経験もある成人学生である女性たちはこれをよしとしなかった。アカディア・キャンプの自治会や、戦争を経てその地位と力を増した看護学部の学生から、女性寮の建設を求める声が強くなった。1948年1月、これらのグループが、女性部長（Dean of Women）を委員長として女性寮建設基金事業を開始した。BC州教育省との交渉も行われ、三つの女性寮建設のために65万ドルが交付されることになった。また、同窓生による女性寮建設基金活動によって1万5千ドルの寄付も集められた（Stewart 1990：88-90）。

　長いプロセスを経て、1951年5月、UBCに初めて女性寮が建設された。同校はマギル大学の分校としての誕生した歴史をもつ。先述したように、マギル大学は、共学化を望まない大学と一般篤志家の力で、女性を分離するために恵まれた女性の学寮が建設された。一方、半世紀を経て新設されたUBCの女性寮は、女性からのニーズと、卒業生からの篤志によって建設されたことになる。二度の大戦を経て政治的・社会的な力をつけた女性たちは、次の節でみるように、大学における女性の地位の確立に進んでいくことになる。

第2節　「女性の地位に関する政府調査委員会」

(1) 国連「女性（婦人）の地位委員会」（1946年～）

　政策アジェンダの実現にあたっては、関係者の間で中心となる概念に対するコンセンサスが形成されることが重要である。日本では1999年の男女共同参画社会基本法成立以降、「男女共同参画（社会）」という政策概念を基に、様々な改革が進められている。カナダの女性政策、男女平等政策において注目されるのは、50年を超える歴史をもつ女性政策の国内本部機構が、国連が用いている「女性の地位」（status of women）という政策概念を一貫して用いていることである。

国連「女性の地位委員会（Commission on the Status of Women, CSW）」は、国際連合の経済社会理事会の機能委員会の一つであり、1946年に設立された。政治的・経済的・社会的および教育の分野における女性の権利の促進と、女性問題に関する緊急課題の検討を任務とし、経済社会理事会に対して報告・提案をする。経済社会理事会は、これを受け総会（第3委員会）に対する活動を行う。同委員会は、現在、経済社会理事会が選出する45委員国の委員によって構成されている（国際女性の地位協会 2004：19）。

　委員会の誕生は次の通りである。1945年6月に発効された国際連合憲章は、経済社会理事会に対して、女性の権利を含む人権を促進する責任を規定した（国連憲章第86条）。これに基づき、1946年2月に「国連人権委員会」が設立された。委員長としてエレノア・ローズベルト（Anna Eleanor Roosevelt, 1884-1962, アメリカ合衆国第32代大統領フランクリン・デラノ・ローズベルトの妻）と、他に6人の男性が初代委員に任命された（国際女性の地位協会 1996：12）。さらに、経済社会理事会は、人権委員会から独立した付属機関として、人権委員会に、女性の地位に関して提案、勧告及び報告を行う「女性の地位小委員会」（Subcommission on the Status of Women）を設立することを決議した[9]。

　小委員会は、第一回の会議後、国連女性会議の開催、女性関係法の国際調査、女性問題についての記録の編集、世論調査、専門家の意見を聴くフォーラム、国連広報局を介した女性問題についての国際的広報活動の必要性について勧告を行った。そして、女性の地位の改善は、政治的、市民的、教育的、社会的及び経済的分野で行われ、国連教育科学文化機関（ユネスコ）や国際労働機関（ILO）など関連機関との協力が必要であることを指摘した。また、女性と法に関する「国際連盟」の過去の調査は、法律のみを扱うもので、その運用を調査していなかったことが反省点であるとした。さらに、この小委員会を、独立の委員会すなわち人権委員会と同等の存在にすることを求めた（国際女性の地位協会 1996：12-13）。

　経済社会理事会はこれに同意し、女性の地位小委員会を4カ月で廃止し、1946年6月21日に「女性の地位委員会」が設置された[10]。主要な任務は、経済社会理事会に対する勧告等であり、国際的に合意された措置の履行を監

視し、地域やセクターまた地球規模で、女性の地位向上を検討し評価する。委員会の活動により、1948年に第3回国連総会で採択された「世界人権宣言」には性による差別の禁止が明記された。委員会は、その後も女性に関する人権の実定法化に取り組み、「女性参政権条約」(Convention on the Political Rights of Women、1953年採択、1954年発効、1955年日本批准、1957年カナダ批准)、「既婚女性の国籍に関する条約」(Convention on the Nationality of Married Women、1957年採択、1958年発効、日本未批准、1959年カナダ批准)などを起草した[11]。

また、1966年に国連総会で「経済的、社会的及び文化的権利に関する国際規約」及び「市民的及び文化的権利に関する国際規約」が採択された。二つの人権規約は、国連人権委員会の枠内で条約案が作成され(第62条3項)総会に提出されたものである。両規約には、それぞれ第3条に「男女に同等の権利を確保することを約束する」との規定をもち、両規約の締約国に対する法的基礎となっている。同条項の挿入は、女性の地位委員会からの要請によるものである(中島 2007：142)。

1975年以降は、委員会は、国連世界女性会議の開催や、NGOとの連携活動に力を入れている。さらに、1979年に採択された「女子差別撤廃条約」、その履行を監視する「女子差別撤廃委員会」の組織化など、女性の地位向上に積極的な役割を果たしてきた。「性による差別」を包括的に禁止した「女子差別撤廃条約」は、1967年国連総会で「女子差別撤廃宣言」が採択された後、女性の地位委員会が条文草案を作成し、経済社会理事会及び総会第三回委員会での審議を経て採択された(中島 2007：142)。

人権条約である女子差別撤廃条約の特徴として、第17条において、条約の「進捗状況を検討する」履行監視機関として「女子差別撤廃委員会」を設置することが規定されている。委員会の任務は、締約国から提出される「報告」の検討(第18条)と、これに対する「提案」及び「一般的な性格を有する勧告」を実施することである(第21条1項)。この活動によって、序章でも述べたように、日本に対しても、大学教員に占める女性比率の低さの改善勧告が行われている。

女性の地位委員会の任務は、1987年には、平等、開発、平和の推進役

としての活動を含むものに拡大された。近年は、北京行動綱領や、国連女性2000年会議成果文書のフォローアップを行っている（国際女性の地位協会1996：14-15）。

　特筆すべきことは、国連女性の地位委員会の影響によって、"Status of Women"（女性の地位）という政策・行政概念や、"Commission / Council on the Status of Women"（女性の地位委員会）という審議会機構、"Office of the Status of Women"（女性の地位局）という行政組織のモデルが、英語圏を中心に、世界の女性政策、女性行政、女性運動に普及したことである。また、国連女性の地位委員会は、1970年代頃から加盟国に対して女性差別撤廃のために国内政策の「本部機構（ナショナル・マシナリー）」（national machinery）を創設する必要があることを勧告し、この設置は各国の女性政策の課題となった（Stetson and Mazur 1995：254）。

(2) アメリカ合衆国「女性の地位に関する大統領委員会」(1961〜1963年)

　国連女性の地位委員会の影響を受け、「女性の地位」という政策概念に早い段階で対応し、その影響を他国に与えたのがアメリカ合衆国である。1961年12月14日、第35代大統領J・F・ケネディ政権のもと、「大統領行政命令10980号」によって「女性の地位に関する大統領委員会」が創設された[12]。この決定の背景には、当時、労働省女性局次官補であったピーターソン（Esther Peterson, 1906-1997）の働きが大きかったといわれる。ピーターソンは、教員やYMCAボランティアを経て、アメリカ教員連盟（American Federation of Teachers, AFT）、アメリカ労働総同盟・産業別組合会議（AFL-CIO）のロビイストとして活躍した。ケネディ大統領は、ピーターソンに代表される民主党派の女性エリートと、女性運動団体からの圧力を受けていたといわれる（More 2013：2）。

　委員会は、行政命令によって大統領から任命される20名の委員と、労働省長官、司法長官、保健・教育・福祉省長官、商務省長官、農務省長官、行政サービス委員会委員長から形成されることになった[13]。事務局は労働省におかれ、その任務は次の事項を検討することであった。①連邦政府と契約

を結ぶ事業者の雇用方針・実践、②連邦社会保険と税法、③連邦と州の労働法制、④政治権利、市民権、財産権、家族関係における男女の平等、⑤社会・教育サービス、⑥アファーマティブ・アクションを含む連邦政府自身の雇用方針と実践である。アメリカの女性の総合的な調査を行う一方、連邦政府の力の及ぶ権限分野に焦点があてられている（Mead and Kaplan 1965：207-209）。

委員長に任命されたのは、国連人権委員、国連女性の地位委員を務めたエレノア・ローズベルトである。委員会の下には、7つの作業部会が設置された。①市民・政治的権利、②教育、③連邦政府雇用、④家庭と地域、⑤民間雇用、⑥労働関係の保護、⑦社会保障と税である（Mead and Kaplan 1965：207-209）。

委員会は、1963年10月11日に報告書「アメリカの女性」(*American Woman*)を発表した。報告書は2部構成になっており、前半部「アメリカの女性」は、①教育とカウンセリング、②家庭と地域、③雇用、④労働基準、⑤基本的所得の補償、⑥法と女性、⑦市民としての女性、⑧リーダーシップの継続、⑨現代のアメリカの女性という項目別に提言が行われている。報告書後半部には、各作業部会の報告書がそのまま掲載されている。委員会は、報告書の作成にあたって、作業部会の報告書のすべてを採用したわけではなかった。そのため、委員会による総論的提言と作業部会の各論的提言を併記する形になっている（Mead and Kaplan 1965：99）。

報告書によれば、アメリカの女性は次のようなライフステージを辿っていた。①10代の終わりから20代の初期に短期間の労働もしくは高等教育を経験する、②子どもが小さい間、約10年間フルタイムで育児を行う、③育児の責任が軽減もしくは終わると30年以上健康な日々を送る。このような女性の状況を踏まえて、報告書は今後とるべき方策について提言を行っている（More 2013：3）。

教育については、20代以上の女性（mature woman）に対する高等教育機会の拡大について提言が行われている。また、女性がそれまで社会から期待されてきた以上のことに挑戦できるよう、キャリアカウンセリングの機会を拡充することも求めている。その一方で、家庭の責任をもち運営すること(home management、preparation for family life) を幼少期から女性に教えることも提言

している（Mead and Kaplan 1965：25-34）。

　報告書の分析や提言は現代からみると革新的なものではない。この時代のアメリカ社会の女性像、特に、成人女性に対して社会が期待するイメージは、フルタイム専業主婦と労働者という二つの間で揺れ動いていた。報告書は、非伝統的な分野に女性が挑戦することを薦める一方、家庭生活のための準備を学校で行うことも求めている。これは、委員会の総括部分だけでなく、教育に関する作業部会の報告書においても同じである（Mead and Kaplan 1965：101-110）

　「女性の地位に関する大統領委員会」の成果は、最終的な報告書の内容よりも、その政治力学的な影響にあると思われる。同報告書は市販版が刊行されており、著名な人類学者であるマーガレット・ミード（Margaret Mead, 1901-1978）が序論と総括を執筆している。ミードの指摘によれば、委員会の活動は、その後、二つの段階的進歩を遂げたとされる。活動の成果の第一段階として、委員会の活動を継承するために、1963年11月、「女性の地位に関する省庁間委員会」（Interdepartmental Committee on the Status of Women）と、「女性の地位に関する市民諮問委員会」（Citizens' Advisory Council on the Status of Women）が設置された。連邦政府における女性の登用も進み、ケネディ政権を引き継いだジョンソン政権によって、1964年6月までに56名の女性が上位行政職に任命された。

　第二段階の影響としては、州レベルや市民団体での活動が促進された。全米の各州、都市などでも「女性の地位」という名称を冠した委員会や行政機構を設置する動きが始まった。報告書の付録には、各州の女性の状況や制度を比較した一覧とともに、各州の「女性の地位」に関する委員会や作業部会のリストも掲載されている。これによると全米38州において委員会もしくは報告書が存在している（Mead and Kaplan 1965：172 -177）。1964年6月に、首都ワシントンDCで開かれた「女性の地位」についての全国会議には、そのうち32州の代表が参集している。この動きは、都市部地域、女性団体にも波及した（Mead and Kaplan 1965：5）。

　大学においても、女性の地位委員会が組織された。現代に至る過程で、そ

れらの多くは、ジェンダーやダイバーシティに関する委員会に再編されたが、ハワイ大学「女性の地位委員会」(University of Hawaii Commission on the Status of women, 1972 年～) や、ニューハンプシャー大学「女性の地位に関する学長委員会」(President's Commission on the Status of Women, 1972 年～) のように、現在も「女性の地位」という用語で委員会を継続している大学もある。また、地域においても、ケネディの出身校であるハーバード大学のあるケンブリッジ市などは、現在も「ケンブリッジ女性の地位委員会」(Cambridge Commission on the Status of Women) という名称の組織によって推進活動を行っている。

(3)「女性の地位に関する政府調査委員会」(1967～1970 年)

　国連、アメリカ合衆国の動きは、カナダの特に英語系の女性運動家・政策形成者たちに影響を与えた。歴史的にみれば、ケネディ政権の「女性の地位に関する大統領委員会報告書」や「女性の地位」(Status of Women) という政策用語は、アメリカ合衆国内よりも隣国のカナダの政策・行政・運動においてより広く定着していく。同報告書に刺激を受けて、民間団体「カナダ女性の平等委員会」など 32 の女性団体が、アメリカと同じような委員会を設置することを求めて、カナダ政府に対し半年間にわたりロビー活動を行った[14]。「カナダ女性の平等委員会」は、女性の地位に関する政府調査委員会が設置されない場合、首都オタワの議会前で、数百万人の女性を動員してデモ行進を行うとの声明を発表した (Geller-Schwartz 1995：43)。

　一方、1967 年 11 月には、国連第 22 回総会において「女子差別撤廃宣言」が全会一致で採択された (総会決議 2263)。この動きに先立ち、ピアソン首相は (Lester Bowles Pearson, 第 14 代首相、1963.4.22-1968.4.20)、1967 年 2 月 3 日、議会において「女性の地位に関する政府調査委員会」(Royal Commission on the Status of Women) を設置し、7 名の委員を任命することを発表した。

　「政府調査委員会」(Royal Commission) は「ロイヤル・コミッション」「政策調査委員会」といった訳語で紹介されることがある。イギリス連合王国における立法委員会を起源とするこの制度と用語は旧英領諸国にも移植された。

カナダでは幅広い政策領域で用いられてきた政治的ツールである。その特徴は、委員会が各地で開催する多数の公聴会にある。岡田（2010）によれば、この制度は、通常の政治過程から外れているマイノリティを包摂し、カナダの国民統合における政治参加を推し進める役割を果たしてきた。

　ピアソン首相により、委員長にはアメリカ出身であるフローレンス・バード（Florence Bird, 1908-1998）が任命された[15]。カナダ政治史において女性を長とする初の公的委員会である。この委員会は、後に「バード委員会」（Bird Commission）と通称されるようになる。バードは、アン・フランシス（Ann Francis）というペン・ネームで、「ウィニペグ・トリビューン」紙、「カナダ国営放送（CBC）」などを活躍舞台として広く知られたジャーナリストであった（Bird 1974）。1948年の「国連女性の地位委員会」にも記者として参加している。傍聴した国連会議については、人権問題と切り離して、女性の権利についての議論が行われることに失望したと語っている[16]。

　委員会の構成は、**図表 1-17** の通りで、男性は 2 名であった。枢密院委員会の議事録の「委任事項」（P.C.1967-312）では、委員長のバードは「ミセス・ジョン・バード」（Mrs. John Bird）、委員で弁護士のオグリビーは「ミセス・ロバート・オグリビー」（Mrs. Robert Oglivie）と記載されている。夫のフルネームにミセスをつける形である。当時の議会文書では、既婚女性については、日本でいえば「鈴木一郎夫人」というような表記が行われていたことがわかる。

　委員会による公聴会開催の前に約半年の準備期間がもたれた。委員は女性に関する基本的文献や最先端の調査について検討した。4カ月間に、ミル『女性の解放』、ボーボワール『第二の性』（*The Second Sex*）、フリーダン『女らしさの神話』（*Feminine Mystique*）など、女性に関する古典的名著・最先端の書籍50冊を委員は読破したという。また、市民に対して、委員会に報告書（Brief）と手紙を送るよう、テレビやラジオで呼び掛けた。図書館や商店にちらしも配布された[17]。

　委員会の役割は国内の女性の地位について調査し、男性と平等な機会を保障するために連邦政府がとるべき手段について勧告を行うことであった。1年以上をかけて、全国10州の14地域で公聴会が開催され、890名が証言を

図表 1-17　女性の地位に関する政府調査委員会と事務局メンバー

政府調査委員会		
氏名	所属等	出身
Florence Bird（委員長）	（女性）ジャーナリスト	オンタリオ州オタワ市
Lola Lange	（女性）農場経営者の妻、農場組合の女性	アルバータ州クラレスホルム市
Jeanne Lapointe	（女性）ラバル大学のフランス文学教授	ケベック州ケベックシティ市
Doris Oglivie	（女性）ニューブランズウィック州フレデリクトン少年裁判所判事・法律家	ニュー・ブランズウィック州フレデリクトン州
Jacques Henripin	（男性）モントリオール大学人口統計学科長	ケベック州モントリオール市
Elsie MacGill	（女性）カナダ初の女性宇宙工学エンジニア	オンタリオ州トロント市
Donald Gordon, Jr.	（男性）ブロードキャスター、著述家、政治学講師（8ヵ月で退任）	オンタリオ州ウォータールー市
John Humphrey *	（男性）ゴードンの後任として着任。法学部教授。国連人権委員会の元事務総長	ケベック州ケベックシティ市

出典：Bird 1974：265 より筆者作成。

委員会事務局		
氏名	所属等	担当等
Monique Bégin（事務局長）	（女性）モントリオールの企業の若手管理職。社会学者。後に国会議員	多様な分野の女性のプロファイリング
Dorothy Cadwell	（女性）「公共サービス委員会」（Public Service Commission）の前事務局員、退職後、長年の業績に対して「カナダ勲章」を受賞	経済と労働
Monique Coupal（副事務局長）	（女性）モントリオールの法律事務所の若手弁護士、後に、カナダラジオ・テレビ委員会の事務局長	法と政治
Grace Maynard	（女性）マニトバ大学教授、カールトン大学理事	教育と貧困

出典：RCSW 1970：453 より筆者作成。

行ない、468の団体・個人からの報告書、約千通の手紙が送られた。

大学関係者も、報告書の作成や証言者として公聴会に出席することで、委員会の調査プロセスに参画した。「カナダ大学協会」（AUCC）も調査報告書を作成することを決め、カールトン大学のポーリーン・ジュウェット（Pauline Jewett, 1922-1992）他3名の女性教員に提言を含む報告書の作成を依頼した[18]。4名は、加盟校の女性教員に焦点をあててデータを収集し、教員に占める女性比率の低さ、給与における男女格差などを明らかにした。そして、採用・給与・昇進を公平に行うための連邦政府のイニシアティブや、出産休業制度などの11の提言と、各大学の女性教員数のデータからなる14頁の報告書を協会に提出した（Graduate Students' Union 1969）。

しかし、提言のための事実的裏づけが足らないとの理由で、カナダ大学協会は報告書を政府調査委員会に提出することを見送った。了承できなかった作成者たちは、「カナダ大学教員協会」（CAUT）にこれを依頼したが、同連盟も最終的に提出を見合わせた。そのため、作成者4名は個人として政府委員会に報告書を提出した。**図表1-18**は、同報告書に添付された各校のデータである。1969年における女性のフルタイム・アカデミックスタッフに占める女性の数と比率は共に低い（Graduate Students' Union 1969）。

政府調査委員会には、大学だけでなく教育関係者や様々な団体、個人が、貧困、差別、中絶、離婚、チャイルドケアなどについて証言を行った。当初は辛らつなコメントも多かったメディアは、日を重ねるごとに支援的な論調に変わっていったという。しかし、委員会の調査結果に対する政策実現性については懐疑的な声が多かった。

1967年には「カナダ連邦結成100周年祭」が行われ、エリザベス女王がカナダを訪問した。晩さん会に招かれた委員長のバードは、同席したフィリップ公に「報告書が出されても、実現は棚上げされるのではないか」と指摘を受けた。公は、高等教育を受けた女性たちの「頭脳流失」（braindrain）を憂慮し「結婚して子どもをもった明晰な女性学者たちに対して、あなた方は何ができるのか。子どもの産湯とともに、博士号という子どもも排水溝（drain）に流してしまうのではないか」と述べたという（Bird 1974：303）。

図表1-18　フルタイム大学教員に占める女性の数と比率（1969年）

大学名	フルタイム・アカデミックスタッフ（人）				教授（人）			
	男女	男性	女性	女性比率	男女	男性	女性	女性比率
Acadia	105	87	18	17.1%	29	29	0	0.0%
Alberta	914	776	138	15.1%	180	176	4	2.2%
Bishop's	68	64	4	5.9%	19	19	0	0.0%
BC	1,267	1,065	202	15.9%	275	268	7	2.5%
Brock	82	72	10	12.2%	13	12	1	7.7%
Calgary	381	339	42	11.0%	50	49	1	2.0%
Carleton	282	255	27	9.6%	54	52	2	3.7%
Dalhousie	365	328	37	10.1%	82	82	0	0.0%
Guelph	551	477	74	13.4%	109	104	5	4.6%
Lakehead	124	106	18	14.5%	10	9	1	10.0%
Laurentian	113	102	11	9.7%	12	12	0	0.0%
Laval	856	780	76	8.9%	191	185	6	3.1%
Manitoba	677	560	117	17.3%	118	111	7	5.9%
McGill	1,093	904	189	17.3%	227	217	10	4.4%
McMaster	376	343	33	8.8%	93	90	3	3.2%
Moncton	110	93	17	15.5%	12	12	0	0.0%
Montreal	804	655	149	18.5%	112	110	2	1.8%
Mount Allison	105	90	15	14.3%	23	22	1	4.3%
New Brunswick	311	254	57	18.3%	47	47	0	0.0%
Ottawa	448	391	57	12.7%	89	87	2	2.2%
Queen's	536	473	63	11.8%	119	119	0	0.0%
Saskatchewan	—	—	—	—	—	—	—	—
Sherbrooke	445	428	17	3.8%	303	292	11	3.6%
Simon Fraser	320	285	35	10.9%	32	30	2	6.3%
Sir George Williams	—	—	—	—	—	—	—	—
Toronto	—	—	—	—	—	—	—	—
Trent	98	87	11	11.2%	14	14	0	0.0%
Victoria	270	230	40	14.8%	27	25	2	7.4%
Waterloo	462	433	29	6.3%	86	86	0	0.0%
Waterloo Luteran	97	77	20	20.6%	7	6	1	14.3%
Western	705	647	58	8.2%	317	309	8	2.5%
Windsor	245	221	24	9.8%	38	38	0	0.0%
Winnipeg	109	88	21	19.3%	13	13	0	0.0%
Total	12,319	10,710	1,609	13.1%	2,701	2,625	76	2.8%

出典：Graduate Students' Union 1969：付録資料より筆者作成。
（＊出典に基づき University 等の語は省略、ABC 順）

(4) 政府調査委員会による提言（1970 年）

　委員会の設置から 1 年後、各地で公聴会が開催される中、政権ではピアソン首相が引退を表明し、「正義の社会」をスローガンに掲げるトルドー（Pierre Elliott Trudeau, 第 15 代首相, 1968.4.20-1979.6.3）が党首と首相の座に就いた。トルドーは、ピアソン政権では政務補佐官、司法大臣を務め、離婚法の改正、中絶や同性愛に関する規制を緩める刑法改正に取り組んだ経歴をもつ。「女性の地位に関する政府調査委員会」の活動と足並みを揃え、トルドーは女性の登用も進めていく[19]。

　政権の強い支えのもと、約 4 年の月日と 190 万ドルが費やされ、1970 年 9 月 28 日、政府調査委員会による「女性の地位に関する政府調査委員会報告書」（Report of the Royal Commission on the Status of Women in Canada）が発表された。488 頁から構成される同文書は、冒頭で、ミル、ボーボワール、フリーダン、ミード、ロジャーズ（Carl Rogers, 1902-1987）らの見解を引用し、女性の地位の改善と調査をさらに進めることを求めている。報告書の枠組みについては次のように説明している。

　委員会は、国連総会で採択された世界人権宣言に依拠すると共に、国の利益のために人的資源を最大限活用することを基本と考える。そして、特権や権限のみならず、社会に対する責任を分かち合うため機会の平等が必要であるとの認識のもとに調査を行い、次の四つの指針について合意した。

① 家庭の外で働くか否かということについて女性は選択権をもつ
② 子どものケアは、母、父、社会によってその責任を分担する
③ 妊娠や出産する女性には社会が責任をもつ
④ いくつかの分野において、一定の期間、差別的な実践がもたらす悪影響を打破するために、特別な取り扱いを要求できる。

　女性の労働権、子どものケアの社会化、母性の社会的保護、差別是正措置という四つの指針に加えて、報告書は、女性政策の行政機構の設立を求めて

第1章 「女性の地位に関する政府調査委員会」による政策形成　67

図表 1-19　大学生に占める女性比率と大学就学率

	フルタイム在学生			大学就学率	
学年度	女性	男性	女性比率	女性	男性
1951-52	13,247 人	46,602 人	22.1 %	1.7%	6.7%
1965-66	61,845 人	126,847 人	32.7%	6.5%	13.7%

出典：RCSW 1970：169 より筆者作成。

図表 1-20　女性が取得した学位の数並びに全体に占める比率（1940年〜1965年）

	学士号			修士号			博士号（名誉博士を除く）		
学年度	男女合計	女性	女性比率 (%)	男女合計	女性	女性比率 (%)	男女合計	女性	女性比率 (%)
1940-41	6,576	1,582	24.1	673	71	10.5	75	5	6.7
1945-46	8,192	2,200	26.9	877	99	11.3	104	12	11.5
1950-51	15,754	3,200	20.3	1,632	227	13.9	202	11	5.4
1955-56	13,770	3,151	22.9	1,459	303	20.8	266	17	6.4
1960-61	20,240	5,211	25.7	2,447	466	19.0	305	26	8.5
1965-66	38,470	12,660	32.9	5,233	996	19.0	697	76	10.9

出典：RCSW 1970：170 より筆者作成。

いる。また、「女性と経済」「税制」「入国管理と市民権」「教育」など10領域について分析と提言を行った。「教育」分野は226パラグラフからなる分析から構成されている。女性の教育の問題点としては、家庭生活、学校教育現場、教材、メディアなどにおける「性別役割」（stereotypes）意識の再生産が指摘されている。女性の進路選択や社会の発展を狭めている固定観念をなくすためには、各州・準州政府は、女性が多様な役割や仕事を担っていることを示す教材を開発するべきであると述べている（RCSW 1970：161-223）。

　大学教育については、男性に比べて女性の進学者が少ないことが指摘された。**図表1-19**は、報告書に掲載された当時の在学生数と大学就学率（participation rate）である。1951-52年度と1965-66年度を比較すると、男性の就学率が倍増しているのに対し、女性は4倍になっている。しかし、在学生に占める女性比率は10%上がっただけで、全体の3分の1程度である。

　図表1-20は、1940〜1965年度において、女性が取得した学位に関す

図表 1-21　「カナダ学生ローン」の利用者数と女性比率

年	合計（人）	男性（人）	女性（人）	女性比率
1964-65	41,571	30,888	10,683	25.7%
1965-66	53,702	38,621	15,081	28.1%
1966-67	67,401	46,907	20,494	30.4%
1967-68	94,758	64,945	29,813	31.4%

出典：RCSW 1970：179, 471 より筆者作成。

る統計である。学士課程では、女性は全体の3分の1、修士課程では20％、博士課程では10％弱である。専攻分野における偏りも指摘された。女性の多くは人文科学・教育学に集中し、化学、数学、科学技術分野は少ない。委員会に提出された文書には「女性の入学者数に制限（quota）を設けている」「医学部入学選抜にあたって、女性の受験者に男性より10％高い学力水準を求めている」という内部通報的なものもあった。委員会は、全大学に対して質問状を送ったが、ノバスコシア大学農学部を除き、すべての学長から「女性を差別していない」という回答が寄せられたという。

　1964年に、連邦政府と州政府が連携して「カナダ学生ローン」事業が始まったが、当初、女性は返済への不安感などから利用を躊躇する傾向があったといわれる。学生は1学年につき1,000ドルまで、総額で5,000ドルまで借りることができた。卒業後半年まで利子は発生せず、9年半以内に返済する。制度開始直後、女性の利用率は25.7％であったが、3年後の1967-68年度には、女性在学生の比率とほぼ近い31.4％になっている（**図表1-21**）。

　このような現状分析の他に、最終的に、教育について33の提言が行われた。教科書やキャリア・カウンセリングにおける性差別をなくすこと、女子生徒がもっとスポーツ活動に参加できるようにすること、家庭と性についての教育を早い段階から開始することなどが求められた。また、移民や先住民の女性に対する教育の推進並びに文化的配慮が要請された。

　大学教育については、女性の進出が遅れている分野を中心に、軍事大学校の男性学生が受けているような経済援助を実施するよう連邦政府に求めた。

また、連邦・州・地方政府に対して、女性に対して多様な職業やキャリア選択を提示する手引書を刊行することを勧告した。また家庭生活の責務を担っている女性のために、中等後教育機関における継続教育の機会を拡大することを求めた（RCSW 1970：404-409）。

(5)「女性の地位」という政策・運動概念の広がり

政府調査委員会の報告書では167の勧告が行われた。勧告のうちほとんどが、1980年代前半に実現されたといわれる。行政組織については、女性の地位に関する政府調査委員会を恒常的な機関にすること、女性の地位向上のための中央行政機構（ナショナル・マシナリー）を設置することが勧告された。そして、翌1971年、連邦政府内に、女性の地位に関する調整局（Office of the Coordinator of Status of Women）が設立された。また、連邦政府にとってはじめての女性の地位担当大臣（Minister responsible for the Status of Women）が任命された。その後、政府調査委員会は、1973年に「カナダ女性の地位に関する諮問審議会」（Canadian Advisory Council on the Status of Women）に発展解消された。この年には、ケベック州政府にも「女性の地位委員会」（Conseil du statut de la femme）が設置されて現在に至っている。男女平等に取り組む女性や団体に対して、連邦政府や州政府による財政・技術的支援も開始されるようになる（Geller-Schuwartz 1995：43）。

1974年には「国連国際女性年」のプレセレモニーとして、首都オタワにおいて国連主催による会議が開催された。各国代表間で女性の地位向上のために国家的な機構が必要であることが確認された。国連女性の地位委員会カナダ代表は、社会のすべての局面に女性を参加させ、差別をなくすために国家的組織が必要であるということを強く求めた（Geller-Schuwartz 1995：47）。

そして、1976年、「女性の地位に関する調整局」は「カナダ女性の地位庁」（Status of Women Canada）という名称の連邦の庁に格上げされた。女性の地位庁は、女性が経済的、社会的、文化的及び政治的生活において正当かつ平等な地位を得ていくことを促進する。主要な任務は、立法、政策及びプログラムの分析及び勧告、連邦政府の全省庁を横断する女性政策の分析、実施、女

性の地位の進展についてのモニタリングなどである。また、女性団体に対する財政的及び技術支援、並びに州政府、準州政府、国際組織や女性組織等との協力等を行うこともその任務とされた（榎澤 2000：89-90）。

図表1-22は、国連、カナダ政府等における「女性の地位」をキーワードとする政策展開である。政府調査委員会報告書の公表後、勧告の実現を政府に働きかけるために女性団体の活動も一層高まった。1971年には民間団体「オンタリオ女性の地位委員会」（Ontario Committee on the Status of Women）が設立された。また前述した民間団体「カナダ女性の平等委員会」は、その名称を「女性の地位に関する特別委員会」（Ad Hoc Committee on the Status of Women）に変えた。1972年には、これらの31団体が集まり、トロント市において「変革のための戦略」会議を開き、「女性の地位に関する全国行動委員会」（National Action Committee on the Status of Women, 通称NAC）を形成するに至った[20]。この会議には、連邦政府から経済的支援も行われた（Vickers, Rankin and Appelle 1993：12-22）。

「女性の地位に関する全国行動委員会（NAC）」は、様々な政治志向・分野をもつ女性団体の合同組織である。アメリカ合衆国で当時活動が活発であった「全米女性機構」（National Organization of Women, NOW）と同種の団体として論じられることがある。NOWが裁判訴訟や選挙運動など多方面で活動する政治的団体であるのに対し、カナダのNACは、女性運動全体を代表して連邦政府と交渉を行うことに主眼を置いていたといわれる（Wine and Ristock 1991：8）

1973年に、連邦政府は国務省管轄によって国内の女性研究団体、運動団体に対する助成金事業「女性プログラム」（Women's Program）を開始した。これは1993年まで国務大臣の下で継続され、現在は「女性の地位庁」が管理している。同プログラムは、発展段階にあった国内の女性運動を経済的に支え、NACや「女性の地位向上のためのカナダ研究センター」（Canadian Research Institute for the Advancement of Women, 通称CRIAW, 1976年～）の発展を促した。

NACを中心とする女性運動のNGOは、女性解放を政治的なアリーナ

第1章 「女性の地位に関する政府調査委員会」による政策形成　71

図表1-22　「女性の地位」に関する国連とカナダ政府等の歩み（1946〜1999年）

1946年	・国連「女性の地位委員会」設置
1958年	・国連「女性の地位委員会」の委員にカナダから代表派遣
1961年	・米国「女性の地位に関する大統領委員会」創設
1963年	・米国「女性の地位に関する大統領委員会」の報告書「アメリカの女性」公表
1964年	・米国ワシントンDCにて、女性の地位に関する各州代表会議開催
1966年	・（カナダ団体）「カナダ女性の平等委員会」設立
1967年	・国連「女子差別撤廃宣言」採択 ・連邦政府「女性の地位に関する政府調査委員会」設置
1970年	・連邦政府「女性の地位に関する政府調査委員会」の報告書公表
1971年	・連邦政府「女性の地位に関する調整局」設置。 ・連邦政府「女性の地位担当大臣」の任命
1972年	・（カナダ団体）全国女性の地位協会（NAC）設立
1973年	・連邦政府「カナダ女性の地位に関する諮問審議会」創設 ・連邦政府国務省「女性プログラム」開始 ・ケベック州政府「女性の地位に関する委員会」設置
1974年	・（カナダ団体）カナダ教員連盟「女性の地位プログラム」開始
1975年	・国連「国際女性年」（国連女性の10年開始） ・国連「第1回世界女性会議」（メキシコ・シティ） ・（カナダ団体）「女性の地位向上のためのカナダ研究所」（CRIAW/ICREF）設立 ・（カナダ団体）「女性と法全国協会」（NAWL）設立
1976年	・「女性の地位に関する調整局」が、「カナダ女性の地位庁」に昇格
1979年	・国連「女子差別撤廃条約」採択
1980年	・国連「第2回世界女性会議」（コペンハーゲン）
1982年	・1982年憲法（人権憲章）の成立（同第15条、第28条によって，男女に等しく憲法上の権利が保障される）
1984年	・連邦政府国務省「女性プログラム」により、全国5地域に5つの「女性学講座」開設のための資金交付
1985年	・国連「第3回世界女性会議」（ナイロビ） 　（カナダ団体）「女性の法律教育と活動基金」（LEAF）設立
1995年	・国連「第4回世界女性会議」（北京） ・カナダ女性の地位庁「次世紀に備えた舞台づくり；ジェンダー平等のための政府計画」公表
1999年	・カナダ女性の地位庁「ジェンダー主流化におけるカナダの経験」公表

に上げていく一方、大学関係者とも交流を結んでいった（Gaskell and Taylor 2003：154）。一方、地域と学術界をつなぐ研究所として創立された CRIAW は、女性政策や運動を研究するアクション・リサーチの開発や国際研究者会議の開催などを行い現在に至っている（Wine and Ristock 1991：9）。

　国務省「女性プログラム」が、カナダの女性団体・研究者の共同体形成に与えた経済的影響力は大きかったといわれる。アメリカ合衆国、イギリスなどと比べると、カナダの女性運動は、国家機構やその政策に希望を寄せ、政府からの経済的支援に対して警戒的ではなく権利の一部とみなしているといわれる[21]。大学関係者も、国務省や州政府などの支援を受け、ネットワーキング活動を行うようになった。

　1972 年 5 月には、ケベック州モントリオール市のロヨラ大学（1974 年にコンコーディア大学に再編）において、「大学・カレッジ女性会議」が開催された。これは、モントリオールの大学関係者が発案したもので、全国的な組織作りをめざして半日の意見交換会が行われた。各大学における「女性学」講座の発展と「女性の地位」の向上が参加者の主な関心であった（National Conference on Women in Colleges and Universities 1975：35）。

　1973 年 5 月には、オンタリオ州のクィーンズ大学女性部長（Dean of Women）の調整によって、第 2 回会議が 2 日間開催された。第 1 回よりも組織化され、前回と同じく女性学と女性の地位問題についてワークショップや全体会が実施された[22]。会議の最後には、女性に対して採用、昇進、テニュア審査、給与等で差別的行為を行う大学に財政支援を行わないよう、州・連邦政府、学術助成機関に働きかけていくことが決議された。また、研究機関に対しては、性差別が行われている可能性がある領域のデータ収集と分析を求めていくこととなった。

　1974 年 5 月の第 3 回会議は、オンタリオ州のヨーク大学で開催された。全国的な会議として、国の全地域から参加できるよう会議参加旅費の支援を含めて資金を確保すること、大学の三つのセクター（教員・職員・学生）から参加者を集めること、「活動を始めよう」（Begin Action）を標語として活動を重視していくことを今後の柱とすることが決議された。広報、メディア対

応、保育などの小委員会も設置された。

　第4回会議は、1975年11月にトロント大学で3日間開催された。開催費17,981ドルのうち、枢密院が5,000ドル、国務省（女性プログラム）が4,250ドル、オンタリオ州（大学・カレッジ省）が2,500ドルを提供している。開催費の6割強が行政機関からの経済支援であった[23]。四つのワークショップが開催され、テーマは①中等後教育機関の財政、②「女性の地位報告書」の作成方法（How to do a Status of Women Report）、③「女性センター」（Women's Centre）の始め方、④女性学である。②の「女性の地位報告書」作成ワークショップの講師は、オンタリオ州労働省女性局調査担当官が務めている。教材として、同省が作成した州の公立短期大学22校の「女性の地位」に関する報告書が用いられている[24]。作成委員会の構成、予算、指針、教職員・学生の視点、常勤・非常勤職の視点、提言のまとめ方などについての学習会であった。ワークショップの総括では、モデル的な報告書を各校が踏襲することで、大学間の比較が可能になることが学習会の成果として確認されている（National Conference on Women in Colleges and Universities 1975：18-20）。

第3節　教育へのアクセスを求めて──「女性の地位」に関する大学の対応

（1）各大学に設置された「女性の地位」委員会

　国際社会また連邦政府による「女性の地位」の向上を推進する調査や提言活動は、1970年代に大学の管理・運営、教育改革に反映されていくことになる。前述した国連の活動、アメリカ合衆国ケネディ政権の政策、カナダの政府調査委員会の動きに促されるように、各大学の中に「女性の地位」に関する委員会が設置されていく。

　1970年代以降、学生の教育、教職員の雇用等について各大学で報告書等が作成された。**図表1-23**は、1975～1980年の5年間に発表されたカナダの大学の「女性の地位」に関する報告書の一部である。カナダの主要大学のほとんどが、学内の女性についての調査委員会を設置して報告書を作成していることがわかる。また、委員会や報告書の多くが、「女性の地位」

(status of women、フランス語圏の大学においては le statut de la femme、la condition de femmes) という語を用いており、「女性の地位」という政策概念が全国的に広まっていることがわかる。

　カナダの教育・大学政策の権限は州政府にあるため、国家による女性政策を、教育機関である大学に直接的に実施することは難しい。しかし、「女性の地位」

図表 1-23　各大学における女性の地位に関する報告書リスト（1975 〜 1980 年）

	大学名（abc 順）	発行年	発行元（編者等）・報告書名
1	Acadia University	1978	Committee on the Status of Women. *Report on the status of women at Acadia University.*
2	University of Alberta	1975	Senate. Task Force on the Status of Women. *Report on academic women.*
3	British Columbia University	1974	President's Ad Hoc Committee to Study the Report on the Status of Women at UBC. *A comparative study of the success rates of male and female applicants for admission to graduate studies at UBC, 1973-74.*
4	University of Brunswick	1979	Task Force on the Status of Women at U.N.B. *The status of women at U.N.B.:task force report to the president.*
5	University of Calgary	1977	Presidential Advisory Committee on the Status of Women. *Report : Part 2: student.*
6	Carleton University	1975	Patricia A.Finn. *Report on the status of women at Carleton University (students and support staff).*
7	Dalhousie University	1979	Committee on the Status of Women. *Report.Phase 1:full-time faculty.*
8	University of Guelph	1975	President's Task Force on the Status of Women. *Report.*
9	Lakehead University	1976	Personnel Department. *Report of the status of non-academic (Schedule2) women employees at Lakehead University.*
10	Université Laval	1980	Comité d'étude sur la condition féminine à l'Université Laval. *L'Univerté Laval au féminin.*
11	University of Mannitoba	1974	Faculty Association. *Status of Women Committee. Report no.1.*
12	McGill University	1970	Senate Committee on Discrimination as to Sex in the University. *Report.*
13	McMaster University	1973	Equal Rights Review and Coordinating Committee. *Report to Senate.*
14	Université de Montréal	1979	Comité permanent sur le statut de la femme à l'Université/ (par Marie-Andrée Bertrand). *Y-a-t-il discrimination à l'endroit des femmes professeurs à l'Université de Montréal.*

第1章　「女性の地位に関する政府調査委員会」による政策形成　75

問題は、雇用問題でもあるため、大学教職員の問題としての対応は可能であったと思われる。いずれにせよ、短期間に大学側でこのような対応がとられたことは注目に値する。報告書の多くは、女性の教員が、採用、昇進、給与において差別的待遇を受けていることを報告している。また、女性の学生からは教育環境の改善を求める声が上がっている。

15	University of Ottawa	1976	Rector's Committee on the Status of Women Professors. *Report*.
16	University of Prince Edward Island	1976	President's Advisory Committee on the Status of Women in the University. *Interim report*.
17	Université du Québec à Montréal.	1978	Group interdisciplinaire pour l'enseignement et la recherche sur la condition des femmes. *La situation des femmes à l'Université du Québec à Montréal*.
18	Queen's University	1975	Office of the Principal. *Report on actions taken on recommendations of the report of the Principals Committee on the Status of Women at Queen's University*.
19	University of Regina	1977	President's Committee on the Status of Women. Sample Survey and Data Bank Unit. *Matched pairs study*.
20	University of Saskatchewan	1976	University Studies Group. *University of Saskatchewan full-time faculty matched pair study*
21	Seneca College of Applied Arts and Technology	1978	President's Task Force on Affirmative Action. *Report on equality of opportunity*. (Part 2:students).
22	Simon Fraser University	1977	President's Continuing Committee on the Status of Women at Simon Fraser University. *Progress report*.
23	University of Toronto	1975	Task Force to Study the Status of Non-Academic Women at the University of Toronto. *Preliminary & Final & report*.
24	Trent University	1975	Presidential Advisory Committee on the Status of Women. *Faculty and librarians' salaries*.
25	University of Victoria	1975	*Status of women report*.
26	University of Western Ontario	1975	President's Advisory Committee on the Status of Women. *Report*.
27	University of Waterloo	1973	President's Advisory Committee on Equal Rights for Women and Men. *Report*.
28	University of Windsor	1976	President's Committee on Equal Rights. *Report*.
29	University of Winnipeg	1977	*Report on the status of women*.
30	York University	1975	Senate Task Force on the Status of Women at York University. *Report to the Senate at its meeting on Feb. 27, 1975*.

出典：Mazur 1984：264-267 より筆者作成。

大学協会や学会においても、女性の地位に関する調査やイニシアティブがとられるようになる。学会活動では、「カナダ社会学・人類学協会」（Canadian Sociology and Anthropology Association）などを中心に、大学界に改善を求める動きが進んでいく（Drakich and Maticka-Tyndale 1991：284）。

「女性の地位」という政策概念に基づき大学改革を進めた例として、トロント大学の活動を概観してみる。政府調査委員会以降、各大学で女性の地位委員会が作られ、様々な活動が行われた。それらの多くは、1990年代後半から、ダイバーシティや公平性という概念に基づく取組に包括されていく傾向がある。その中でも、トロント大学は、現在も「女性の地位」という概念を保持し、これに基づくプログラムを実施している。

第1節でみたように、トロント大学が、学士課程に女性の入学を初めて認めたのは1884年である。教員については、1907年に2名の女性が准教授に任命され、この二人が1920年に教授に昇任しているが、変化の歩みは遅かった。女性の地位、また、女性についての学問の発展が進むのは、政府調査委員会以降の1970年代である。1971年、文理学部の「学際研究コース」（Department of Interdisciplinary Studies）において、初めて「女性学」（Women's Studies）の講義（「女性の歴史」）が開講されている。

1973年には、学長の統括する「女性専任教員の雇用状況についての委員会」（Committee on Employment Conditions of Full Time Women Faculty）が設置され、翌年から女性教員の雇用条件についての評価状況がモニターされるようになった。また、大学評議会の統括によって「非アカデミック職の女性の地位に関する調査タスクフォース」が作られた。この結果、500〜5,000ドルまで差があった52件の給与格差が是正された。1975年には、タスクフォースのメンバーが『大学の女性』誌の発行を始める。1976年には、大学評議会が、すべての職位における雇用機会均等方策の推進を承認した（Ford 1985：80-88）。

1984年には、女性の入学100周年の記念事業が行われ、「女性の地位に関する検討委員会」（Ad Hoc Committee on the Status of Women）が設置され、学生、教職員を含む全学の問題について調査が行われた。**図表1-24**は、この委員

**図表 1-24　トロント大学「女性の地位に関する検討委員会」報告書
『トロント大学の女性の将来』（1986 年）の内容**

1. 全学的問題
   (1) 女性を侮辱する性差別的偏見・行動
   (2) 大学の業務における性差別的な言葉遣い
   (3) 保育施設
   (4) セクシュアル・ハラスメント、安全、女性センター
   (5) モニタリングによる改革
2. 学生に関する問題
   2.1. キャリア形成
      (6) 女性が伝統的に進学しにくかった学問領域への奨励
      (7) 大学院
      (8) 進路指導
   2.2. キャリア教育の中断
      (9) 社会人女性の入学奨励
      (10) 在宅女性のための学位プログラム
      (11) キャリアの中断に対する橋渡し
   2.3. 教室とカリキュラム
      (12) 教室の雰囲気
      (13) カリキュラムにおけるジェンダー・バイアスの解消
      (14) 体育・スポーツ活動
      (15) 学生へのカウンセリング事業
3. 事務職員等に関する問題
   (16) 採用、選抜、昇進のための機会
   (17) 職務の分類と評価
   (18) 労働環境
4. 教員に関する問題
   4.1. 教員の採用
      (19) 目標
      (20) 採用のモニタリング、昇進と終身在職権取得プロセス
      (21) 財政問題への示唆
   4.2. 任期付きポスト
   4.3. シニア・チューター
   4.4. 女性と研究活動

出典：University of Toronto, Ad Hoc Committee on the Status of Women 1986 より筆者作成。

会による報告書「トロント大学の女性の将来」の目次である。性差別的な偏見、行動、言葉使いを撤廃すること、子育て支援事業に力を入れること、セクシュアル・ハラスメントの防止、学内の安全性の確保、女性センターの設置などの提言が行われた。

　以上の改革をモニタリングするために、学長補佐機関として「女性の地位オフィス」(Office of the Status of Women) を設置し、「女性の地位オフィサー」(Status of Women Officer) を置くことも提案された。これは評議会で承認され、同年に「女性の地位オフィス」の設置と「女性の地位オフィサー」の任命が行われた。女性の地位オフィス部門と事業は現在まで活動を続けている。現在、女性の地位オフィスは、同校の三つのキャンパスの学生、教職員における「ジェンダーの公正」(full gender equality) に取り組み、学内の政策推進を行なっている。一般の教員がオフィサーを兼務することが多いが、2004年の設置20周年の際には、女性学、ユニバーサル・デザインを専門とするコニー・グーバーマン教授が5年間の任期で専任の「女性の地位オフィサー」に任命されている[25]。オフィサーは、専門的知識を提供し、大学の政策と実践において女性の地位を向上させる触媒的活動を行うことを職務とする。女性問題一般の可視性 (visibility) を高め、大学内の女性個人・団体を支援し教育的活動も行う。2004年には、設置20周年を記念して「トロント大学の偉大な女性たちの120周年」事業が実施された (Guberman 2004：1-8)。

　オフィサーは、三つのキャンパスにそれぞれ設置されている「女性の地位諮問委員会」(Status of Women Advisory Councils) からの報告や依頼を受ける。諮問委員会は、新しい議題を設定し、議論やイニシアティブを行い優先事項を決定する。委員会には、学生、職員、教員を代表する約40名の代表が出席する。委員は個人的に任命される者、キャンパスの諸集団や各オフィスの代表などで構成される。各キャンパスで年2、3回の会議が開催される。

　図表1-25は、2003/2004学年度に行われた主要な事業である。③の「メンタリング・プログラム」は2000年に開始した事業で、メンターの助言を求める女性の学生に教員を紹介するものである。この年には48組のメンタリング活動が実施されている。⑫の紛争の処理については、ハラスメントな

図表 1-25　トロント大学女性の地位オフィサーの業務（2003/2004 年度）

①　トロント大学への女性入学 120 周年記念、女性の地位オフィスの 20 周年記念事業
②　大学周辺地域における「女性の地位諮問委員会（local Status of Women Advisory Councils）設立の支援、連携によるアウトリーチ活動の拡大
③　「メンタリング・プログラム」（Mentoring Program）のコーディネート
④　トロント市地域安全課との共催により国際キャンペーンの一環「暴力防止活動」を実施
⑤　ファミリー・ケア・オフィスと連携し、母親または母親になる予定の女性教員にメンターを紹介
⑥　健康・福祉サービス部とともに、女性職員に対してフォーカス・グループ調査を実施
⑦　女性大学院生を対象にフォーラム「アカデミック・キャリアへの準備」を開催
⑧　物理学部のジェンダー問題委員会（Gender Issues Committee）委員長への助言
⑨　各キャンパスの寮長、オリエンテーション・リーダーに、ジェンダー問題についての研修
⑩　学部のジェンダー問題委員会代表との会議を運営
⑪　トロント大学教員組合の女性の地位委員会との会議
⑫　学内の 13 人の女性から提出された個人的な紛争の処理
⑬　「人材・公正」部（Human Resources and Equity）の責任者会議におけるキャンパスの公平性問題についての討議
⑭　雇用に関する公平性についてのレポートの作成等
⑮　ガバナンスとその透明性についての学部長主催タスク・フォースに参加

出典：Guberman 2004.

ど他の事務局では処理できない複合的な問題を扱う。

　学内の女性・ジェンダー問題の中心的監督・調整機関に「女性の地位委員会」や「女性の地位オフィス」という名称を用いているトロント大学の選択は、現在ではカナダの大学の主流ではない。最近ではオタワ大学「ジェンダー・公正問題オフィス」（Office of Gender and Equality Issues）やゲルフ大学「ジェンダー・公正委員会」（Gender Equity Committee）のように、ジェンダー、公正（equity）、多様性（diversity）という概念を用いて事業を行うところが多い。

(2)「女性学」講座の発展

　学内の「女性の地位」に関する調査研究などによって、女性のための環境改善が行われる一方、それらを支える思想的・理論的枠組みの形成に大学関係者は寄与した。初等・中等教育に関しては、「カナダ教員連盟」（Canadian

Teachers' Federation）が大学の研究者に、母親や教員、思春期の少女、科学技術についての調査や研究を委託した。教育と女性についての理論・思想は、大学、会議、書籍等を通じて広がりネットワークも発展した（Gaskell and Taylor 2003：154）。

　教育分野での女性運動と思想の展開についてカナダとオーストラリアを比較した Gaskell and Taylor（2003）の研究によれば、1970 ～ 1980 年代におけるカナダの女性運動と大学研究者・教育者との関係は密接であった。カナダでは、連邦政府は教育行政の権限をもたない。またケベックなどフランス語圏は異なる流れの社会運動があるため、全国的に統一された女性の教育運動は発展しにくかった。そういったなかで、トロント大学の「オンタリオ州立教育研究所」（Ontario Institute for Studies in Education, OISE）は、女性学と地域とを結ぶ全国的な拠点となった。

　同研究所は、1847 年に設立された州の師範学校（Provincial Normal School）を前身とし、1965 年にオンタリオ州法によって設立された。1972 年からはトロント大学教育学部に統合されている。同研究所は、地域社会への社会連携活動も行う教育大学院でもあり、当時の女性運動を担う指導的研究者が教鞭をとっていた。この講義や関連するイベントに、オンタリオ州の初等・中等学校教員が参加するようになった。そして、女性運動の理論に基づいてカリキュラムやテキストの改善を行おうとする全国の教員や教育行政官にとってハブ的役割を果たすようになっていった（Gaskell and Taylor 2003：157）。

　研究所は、教育現場における性差別の調査を行う関係者に対して、研究者とその成果を供給する機能を果たした。一方、所属する女性学研究者たちは、研究所での活動と交流によって自らの役割と正統性とを確保していった。1971 年に「女性史」講座が開講された後、1974 年には「女性学」（Women's Studies）が副専攻として認められている。1980 年には「女性学」主専攻と専門学位が設置された。1984 年には、研究所に付属して「教育と女性研究センター」（Centre for Women's Studies in Education）が設立されている。

　そして、文理学部の教員を中心に、1994 年には全学的なプロジェクトとして「女性学連携大学院プログラム」（Graduate Collaborative Program in

Women's Studies）が開始された。同大学の 26 の連携する大学院プログラムの専攻と女性学との複合学位を修了者に授与するものである。このプログラムは順調に発展し、1999 年には「女性学・ジェンダー学研究所」（Institute for Women's Studies and Gender Studies）が設立された。

図表 1-26 は、「女性の地位に関するカナダ諮問会議」（Canadian Advisory Council on the Status of Women, CACSW）によって形成されたネットワーキング「PAR−L」（Policy, Action, Research List）が行ったカナダの各大学における女性学の開講についての調査からの抜粋である。「女性」という言葉を名称に含む講義は、1970 年代前半に開講され始め、最も早かったのはマギル大学、トロント大学といわれる。その後、80〜90 年代にかけて、各大学において副専攻として「女性学」が設置されている。1982 年には、「カナダ女性学会」（Canadian Women's Studies Association, CWS）が結成された。カナダの女性問題についての歴史資料集を編集した Pierson によれば、1988 年の調査では、対象 59 大学中 45 校で女性学の講義が実施されていた。この時、担当者の内訳はフルタイム教員 892 名、非常勤教員 107 名であった（Pierson 1995：175-177）。

前項において、1973 年より国務省管轄によって国内の女性学研究団体、運動団体に対する助成金事業「女性プログラム」が始まったことについて述べた。1983/84 年度には、大学の女性学講座に支援が行われることになった。国内を 5 つの地域に分けて、基幹となる大学に「女性学講座開設資金」(Endowment Assistance Program for Chairs in Women's Studies) として、それぞれ 50 万ドルが交付された。**図表 1-27** は、各地域の採択校である。

先に述べたように、国務省「女性プログラム」は、大学だけでなく、民間の研究活動にも助成を行ってきた。それらと連動し、1970 年代から 80 年代にかけて、フェミニズム思想や運動と結びついた新しい教育理論やプログラムの発展が促され、大学院やニュースレターを通じて間接的に社会に影響を与えていった。「女性の地位に関する政府調査委員会」によって形成された革新的な政治的女性運動や言論活動は、国家や州の政策を越えて、組合、女性グループ、大学に広がっていったといわれる（Gaskell and Taylor 2003：154）。

図表 1-26　各大学における女性学講義の開始（1970 〜 1999 年）

	大学名	年	女性学、ジェンダー学に関する動き
ニューファンドランドラブラドール州			
1	Memorial University of Newfoundland	1993	学際プログラム「女性学」開設
プリンスエドワードアイランド州			
2	University of Prince Edward Island	1994	「女性学」副専攻開設
ノバスコシア州			
3	Acadia University	1973	「現代社会における女性」開講
4	**Mount Saint Vincent University**	1973	「女性学」科目開講
ニューブランズウィック州			
5	Mount Allison University	1999	「女性学」副専攻開設
6	University of New Brunswick	1986	「女性学」副専攻開設
7	St. Thomas University	1973	「社会における女性：社会経済学的視点から」開講
ケベック州			
8	Bishop's University	1981	女性学副専攻（24 単位）開設
9	Concordia University	1970	前身の Sir George Williams 大学で、カナダで最初の科目「女性学」開講（英文科と哲学科の連携講義）
10	**Université Laval**	1973	女性学プログラム開始
11	McGill University	1970	最初の「女性学」科目が開講
12	Université de Montréal	1970	「女性の犯罪と女性のイメージ」開講（大学院修士・博士課程犯罪学科）
13	University du Québec à Montréal	1971	「女性の地位の歴史」開講
オンタリオ州			
14	Brock University	1990	「女性学センター」設置
15	**Carleton University**	1971	前身の St.Patrick College で「イギリスと北米の女性と社会―1750 年から現在まで」開講
16	University of Guelph	1970	「女性心理学」開講
17	Laurentian University of Sudbury	1971	「女性と文学」開講（英文学科）、「社会における女性」開講（社会学科）
18	McMaster University	1971	「性役割と社会構造」開講（社会科学科）
19	**University of Ottawa**	1983	学際プログラム「女性学」開設
20	Queen's University	1985	「女性学概論」開講
21	University of Toronto	1970	「女性：抑圧と解放」の開講
22	Trent University	1978	「女性、男性、社会」開講（社会学部）

23	University of Waterloo	1970	「性役割」開講
24	University of Western Ontario	1987	「女性学・フェミニスト研究センター」設置
25	Wilfrid Laurier University	1983	女性学に関する2科目を開講
26	University of Windsor	1973	「女性の社会学」開講
27	York University	1971	「西洋における男性と女性の概念」開講
マニトバ州			
28	Brandon University	1971	「社会における女性」開講（社会学部）
29	**University of Manitoba**	1971	「女性学」開講
サスカチュワン州			
30	University of Saskatchewan	1991	「女性学概論」開講
アルバータ州			
31	University of Alberta	1971	「女性社会学」開講
32	Athabasca University	1993	「女性学」主専攻開設
ブリティッシュ・コロンビア州			
33	The University of British Columbia	1973	女性学に関する5つの科目が開講
34	University of Northern British Columbia	1993	「女性学概論（1）（2）」開講
35	**Simon Fraser University**	1971	「ジェンダーの地理学」開講
36	University of Victoria	1979	「女性学入門（I,II）」開講

出典：PAR-L 2002 より筆者作成。
（太字は、国務省女性プログラムによる「女性学講座開設資金」交付大学）

図表1-27　国務省女性プログラムによる「女性学講座開設資金」交付大学（1983/84年度）

	地域（Region）	大学（3と4地域は二校の連携講座）	座長
1	大西洋（Atrantic）	Mount Saint Vincent University	Marguerite Andersen
2	ケベック	Université Laval	Maria De Koninck
3	オンタリオ	Carleton University University of Ottawa	Monique Bégin
4	大平原（Prairie）	Universities of Winnipeg University of Manitoba	Keith Louise Fulton
5	太平洋（Pacific）	Simon Fraser University	Rosemary Brown

出典：Dagg and Thompson 1988：115-116 より筆者作成[26]。

(3) 学生における女性比率の向上

　女性の地位に関する政府調査委員会以降、大学においても、女性の地位に関する委員会設置や調査が行われ改革が進んだ。政府調査委員会の委員長バードの自伝によれば、報告書公表以降、カナダの大学では、女性史についての講義の開講などカリキュラムの改革も目覚ましく行われた。また、多くの大学が在学期間の延長を認め、家庭をもつ女性のために授業時間の調整が行われた。第3章で詳しく考察するが、教職員・学生の子どものために、保育施設も設置された[27]。

　図表1-28は、カナダ統計局の報告書によるフルタイム学生に占める女性の数と比率についての動向である。1992/93年度において、学士課程における女性比率は50％を超えている。2001/02年度では、学士課程在籍者に占める女性比率は57.7％、修士課程でも51.4％で女性が多数派になっている。

　図表1-29は、カナダの15歳以上人口に占める教育課程修了者の比率である。1971～2001年にかけて、15歳以上人口が増えているが、学位取得者の比率も増加している。2001年では、教育課程修了についての男女の分布はほとんど同じに近づいている。

　「女性の地位に関する政府調査委員会」以降、各州政府も、女性の地位に関する政策を実施してきた。オンタリオ州は、1983年に、州の政策のすべてに係る女性政策部局として「オンタリオ女性総局」(Ontario Women's Directorate) を設置した。この行政組織は現在も継続して女性に関する事業を担っている。また、高等教育行政を所管する「カレッジ・大学省」(Ministry of Colleges and Universities) と「オンタリオ大学協議会」(Council of Ontario Universities, COU) も、大学の女性に関するデータ収集、分析、報告書の作成、会議の開催などを行ってきた。

　オンタリオ大学協議会（COU）の内部組織「女性の地位委員会」は、2000年に『オンタリオの大学における女性の地位報告書（1998/99）』を公表している。**図表1-30**は、同州の学士課程における当該年度の在学者数（フルタイム）と学士号取得者数および各女性比率である。学士課程在籍者の女性比率は1987年に50％を超えている。学士号取得者に占める女性比率は、

第1章 「女性の地位に関する政府調査委員会」による政策形成　85

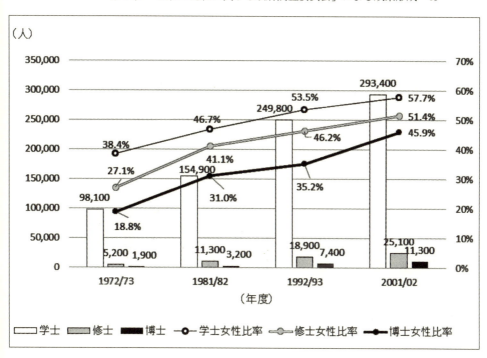

図表 1-28　フルタイム学生数（女性）と女性比率（1972/73 年〜 2001/02 年）
出典：Statistics Canada 2006：100 より作成（＊専門職学位含む）。

図表 1-29　カナダ 15 歳以上人口における教育修了歴

	女性				男性			
	1971	1981	1991	2001	1971	1981	1991	2001
①9 学年未満	31.4%	20.6%	14.3%	10.2%	33.2%	20.8%	14.3%	9.4%
②9〜13 学年	48.2%	45.4%	43.3%	36.0%	43.5%	41.8%	41.8%	35.1%
③中等後教育 *	17.5%	27.8%	32.4%	39.0%	16.7%	27.5%	31.0%	39.4%
④大学学位取得 **	3.0%	6.2%	10.0%	14.9%	6.6%	9.9%	12.8%	16.0%
合計	100.0%	100.0%	100.0%	100.0%	100.0%	100.0%	100.0%	100.0%
人口（千人）	7,578.7	9,457.7	10,882.6	12,274.6	7,473.9	9,151.6	10,422.1	11,626.8

（* ④の学位取得者を除く。** 学士、専門職学位、修士、博士）
出典：Statistics Canada 1995：57、2006：99 より筆者作成。

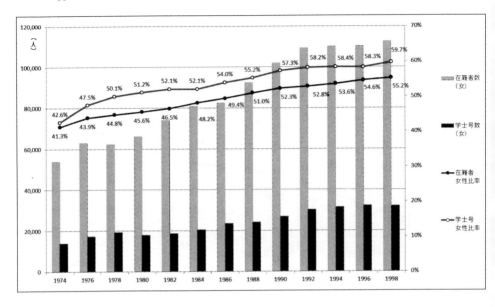

図表 1-30　オンタリオ州の大学学士課程における在学者数、学士号取得者数及び各女性比率（1974 ～ 1998 年）

出典：Council of Ontario Universities 2000：131, 138-140 より筆者作成。

これより早く伸び図表のように 1978 年に 50％に達成している。

　この傾向はカナダ全体の統計にも反映され、近年の調査報告では、学士課程在籍者の女性比率が 50％を超えたのは 1988 年とされている（Council of Canadian Academics 2012：10）。一方、学士号取得者に占める女性比率が 50％を超えたのは、これより早く 1981 年である（Symons and Page 1984：131）。

　このように、学士課程における量的な男女平等は 1980 年代には達成されているが、大学院博士課程や大学教員に占める女性比率の伸びは遅い。**図表 1-31** は、オンタリオ州における当該年度の学位取得者並びにフルタイム大学教員の数と女性比率の推移である。1980 年では、学位取得者に占める女性比率は、学士号 51.2％、修士号 37.8％、博士号 23.7％であるが、フルタイム教員の比率は 14.7％と低い。大学における女性の地位の改善問題は、次項で示すように学生から教員へと重点が移っていく。

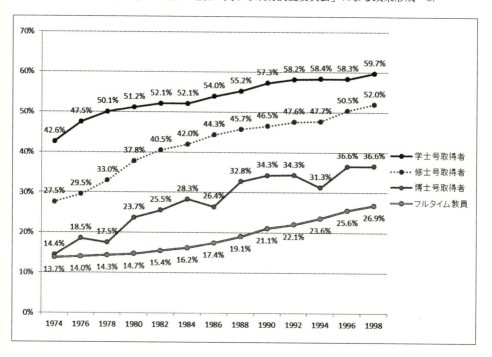

図表1-31　オンタリオ州の大学における学位取得者とフルタイム大学教員に占める女性比率

出典：Council of Ontario Universities 2000：138-149より筆者作成。

（4）学術研究における女性の地位―『サイモンズ報告（第3巻）』

　1970年に「女性の地位に関する政府調査委員会」報告書が公表されてから2年後の1972年、カナダ大学協会（AUCC）は、トレント大学の初代学長トマス・サイモンズ教授（T.H.B.Symons, 1929-）を委員長として、「カナダ研究に関する委員会」（Commission on Canadian Studies）を1972年に立ち上げた。3年後の1975年に、報告書『私たちを知る―カナダ研究委員会報告（1・2巻）』（*To Know Ourselve : The Report of the Commission on Canadaian Studies*）が公表されている。これはカナダの研究・教育におけるナショナル・アイデンティティを模索し「カナダ学」の構築をめざすもので、『サイモンズ報告』（Symons Report）と

通称されている（竹中 2008）。

　それから約 10 年経った 1984 年に、『サイモンズ報告』の第 3 巻として『バランスに関するいくつかの課題』（*Some Questions of Balance : Human Resources, Higher Education and Canadian Studies*）が公表されている。カナダ学の確立をめざす中で、それを担う大学における研究者の状況について分析する調査報告である。この第 9 章は「カナダの学術研究における女性の地位」（The Status of Women in Canadian Academic Life）について検証している。**図表 1-32** は報告書に掲載されたデータであり、1981/82 年度の学士課程フルタイム学生における男女数と女性比率を分野ごとに表している。女性の地位に関する調査委員会後、学生に占める女性比率は増え、在籍者数で女性の数はほぼ半数に近づいている（経年変化については図表 1-28 を参照）。

　また、**図表 1-33** は『サイモンズ報告』における学位取得者の男女数と女性比率のデータの抜粋である。1981 年には、学士号取得者に占める女性の比率がすでに 50％を超えている。修士号では 39.2％、博士号では 24.2％である。一方、フルタイム大学教員に占める女性比率を示したものが**図表 1-34** である。女性教員の比率は、数％しか増えておらず、1980/81 年度で 15.5％である。博士号取得者が 24.2％いることを勘案すると、研究者の養成段階から雇用段階の過程で目減りが起きていることが考えられる。

　このような事実を踏まえて、報告書は、カナダの学術研究における女性の地位の向上のために 20 の提言を行っている（Symons and Page 1984：211）。全体的な方向性としては、女性への不公平な処遇を改めるには、負の影響を直接被っている人だけに対応するのではなく、組織全体の問題として中央で問題解決を図ることを求めている。そのためには、カナダ大学協会（AUCC）、カナダ大学教員協会（CAUT）がイニシアティブをとる必要があることも述べられている。具体的な取組としては、これまで女性が少なかった分野への進路選択の奨励、ガイダンスやカウンセリング、「女性学」講義とプログラムの発展、また、カリキュラムの全分野における女性への配慮が必要であることが指摘されている。

　教員層における女性の参画が進むには、1980 年代における憲法・人権法

図表 1-32 『サイモンズ報告』における学士課程フルタイム学生数と女性比率（1981/82 年）

分野		男（人）	女（人）	女性比率	合計（人）
教育		11,514	25,907	69.2 %	37,421
美術・応用芸術		4,799	7,915	62.3 %	12,714
人文科学		9,862	13,993	58.7 %	23,855
社会科学		54,841	44,647	44.9 %	99,488
	商業・経営・管理	28,829	17,084	37.2 %	45,913
	法律	5,837	3,881	39.9 %	9,718
	その他	20,175	23,682	54.0 %	43,857
農業・生物		9,346	10,405	52.7 %	19,751
	農業	2,972	1,716	36.6 %	4,688
	家政	93	3,180	97.2 %	3,273
	獣医学	533	509	48.8 %	1,042
	その他生命	5,748	5,000	46.5 %	10,748
工業・応用科学		35,641	4,234	10.6 %	39,875
	工学	32,160	2,966	8.4 %	35,126
	応用科学	3,481	1,268	26.7 %	4,749
健康科学		8,366	14,335	63.1 %	22,701
	歯学	1,540	451	22.7 %	1,991
	医学	5,106	3,199	38.5 %	8,305
	看護	162	6,155	97.4 %	6,317
	薬学	974	1,744	64.2 %	2,718
	その他健康	584	2,786	82.7 %	3,370
数学・物理		16,270	6,358	28.1 %	22,628
	数学・コンピュータ	10,298	4,709	31.4 %	15,007
	その他物理	5,972	1,649	21.6 %	7,621
その他		38,592	37,727	49.4 %	76,319
合計		189,231	165,521	46.7 %	354,752

出典：Symons and Page 1984：220.

図表 1-33 『サイモンズ報告』における学位取得者数と女性比率（1966 〜 1981 年）

年	学士（人）			修士（人）			博士（人）		
	男	女	合計	男	女	合計	男	女	合計
1966/67	28,498	14,729	43,227	4,214	1,051	5,265	716	63	779
	(65.9%)	(34.1%)		(80.0%)	(20.0%)		(91.9%)	(8.1%)	
1971/72	43,873	28,543	72,416	7,725	2,552	10,277	1,564	160	1,724
	(60.6%)	(39.4%)		(75.2%)	(24.8%)		(90.7%)	(9.3%)	
1976	44,746	38,546	83,292	8,030	3,525	11,555	1,375	318	1,693
	(53.7%)	(46.3%)		(69.5%)	(30.5%)		(81.2%)	(18.8%)	
1981	42,112	42,815	84,927	7,848	5,055	12,903	1,377	439	1,816
	(49.6%)	(50.4%)		(60.8%)	(39.2%)		(75.8%)	(24.2%)	

出典：Symons and Page 1984：192 より筆者作成。

図表 1-34 『サイモンズ報告』における大学教員女性比率（1960 〜 1981 年）

分野	1960/61	1965/66	1970/71	1975/76	1976/77	1977/78	1978/79	1979/80	1980/81
教育	28.7	25.9	20.1	23.5	23.1	23.3	23.6	24.0	24.0
美術・応用芸術	15.2	14.0	14.6	19.3	20.5	20.6	19.0	19.5	21.4
人文	10.7	16.0	16.9	16.4	17.1	18.1	18.1	18.1	18.7
社会科学	8.4	8.6	9.3	11.9	12.4	13.1	13.3	13.5	14.1
農業・生物	19.0	17.0	15.9	15.7	16.2	16.2	15.4	15.6	16.3
工業・応用	0.9	0.7	0.6	0.9	1.0	1.2	1.3	1.3	1.3
健康科学	23.4	27.2	20.9	22.3	22.8	23.3	22.9	22.9	23.4
数学・物理	3.9	4.7	4.4	3.6	3.7	3.9	4.2	4.5	4.7
合計	11.4	12.7	12.8	14.0	14.4	14.9	14.9	15.0	15.5

出典：Symons and Page 1984：207 より筆者作成。

の整備と「雇用公平法」による1980年代から1990年代の施策を待たねばならない。次章では、教員の雇用問題と関係する公共政策に焦点をあて、これによる大学の改革について考察する。

注

1 新しく設置された教育機関に宗教性がないことを危惧したストラチャンは、1852年に、トロント大学から少し離れた場所に、「トリニティ・カレッジ」(University of Trinity College) を創設した。同校は、その後、トロント大学の提携校となる（Ford 1985：7）。

2 最初の女性学監（Lady Superintendent）として、Letitia Catherine Salter が採用された。彼女は1916年まで約30年間勤務することになる。1905年まで、彼女の給与年間500ドルは、州政府が負担した。それ以降は、大学の経費になっている（Ford 1985：14）。

3 ブラウンは、*Toronto Globe* 紙（現在は、*The Globe and Mail* に統合）の創立者でウィルソン学長と親しかった。姉妹（Margaret Nelson Brown と Catherine Edith Brown）は、入学前は、ウィルソン学長から個人教授を受けていた。入学後は、他の学生が学ぶ教室には入らず続き部屋で講義を聴講した。姉妹は他の3人の女性と異なり卒業式には出席していない。トロント大学設立175周年の記念冊子は、共学化の最初の卒業生としては、姉妹を除く3人のみ紹介している（University ot Toronto 2002：14）。

4 Donalda Course for Women、Donald Special Course in Arts、と称されていた（Harris 1976：116）。スミスの名にちなんで、マギル大学の女子学生はその後 Donaldas と呼ばれるようになる。

5 男性にも役立つ情報であるとの理由から第2版以降のタイトルから「女性に開放された」という文言はなくなっている。

6 1881年に創設された組織の名称は Association of Collegiate Alumnae である。

7 同協会は、1992年に British Federation of Women Graduates, BFWG に名称を変更した。

8 住所は West side of Acadia Road であり、現在は「UBC アカディア家族寮」が設置されている。

9 ECOSOC, resolution establishing the Commission on Human Rights and the Subcommission on the Status of Women, E/RES/5 (I), 16, February 1946)(United Nations 1995：99)．

10 ECOSOC resolution establishing the Commission on the Status of Women, (CSW), E/RES/2/11,21 June 1946)(United Nations 1995：102-103)

11 これらの実定国際法規範は、基本的に母性の保護など、最低限の人権の保護を目的としたものにとどまったといわれる（植木 2007：14）。

12 Establishing the President's Commission on the Status of Women, Executive Order

10980、December 14, 1961.
13 当時の司法長官は、Robert F. Kennedy、保健・教育・福祉省長官は Abraham A. Ribicoff、続いて、Anthony L.Celebrezze.
14 同団体は、1966年に創設され、当時の名称は、Committee for Equality of Women in Canada（CEW）であった。
15 バードは、フィラデルフィア市生まれ、ブリン・マー大学卒業である。
16 バードは、1978年には、上院議員に選出された。
17 政府調査委員会やバードによる回顧を特集したプログラム「まず平等を：女性の地位に関する政府調査委員会」（*Equality First : The Royal Commission on the Status of Women,*）を、CBCのインターネット・サイト（http://archives.cbc.ca）において視聴することが可能である。このプログラムには「教員向け」ページもあり、「導入・女性が望んでいるものは何か」（6年生から8年生）、「課題・フェミニズムを定義する」（9年生から10年生）など活動の例、教材、参考資料が掲載されている。政府調査委員会を中心とする国家フェミニズムの流れが、カナダ現代史の一部として受容されていることが理解できる。
18 ジュウェットは、1962〜65年に連邦政府下院議員を務め、1973年にはBC州のサイモン・フレイザー大学の学長になった（カナダ女性として初めての共学大学の学長）。その他の3人は、カールトン大学の Madeleine Gobeil、ブロック大学の Marion B. Smith、UBC の Helen McCrae。
19 1974年1月には、Pauline Mills McGibbon（1910.10.21-2001.12.14）をイギリス連邦で女性初の副総督（Lieutenant Governor of Ontario）に任命した。また、1980年4月から下院議長をつとめていた Jeanne Sauvé を、1984年5月に女性初のカナダ総督に任命した。（吉田 1999：216-220）。
20 カナダ女性の地位委員会の代表であったモントリオール出身の女性運動家サビア（Laura Sabia, 1916-1996）が、NACの初代代表も務めた。
21 NACやCRIAWの発展における国家助成金の大きさは強みである一方、政府の志向によって打撃を受ける可能性があるため、弱点ともなる。1990年代には、大幅な予算削減が実施され、一部の女性センターなどは、機関紙の継続ができなくなったほどであった（Wine and Ristock 1991：9）
22 182名の参加者の多くはオンタリオ州、ケベック州からで、それ以外からは22名である。
23 この年は、国連国際女性年であり、これを記念した国務省の予算も交付されるはずであったが、ブリティッシュ・コロンビア州女性連盟がこれを拒否したこと受け、受領を見送っている。参加者内訳は207名中、学生は119名、教員は37名、職員は35名、その他18名である。地域の内訳ではオンタリオ州157名、ケベック州14名、BC州8名、ノバスコシア州8名である。
24 公立短期大学の当時の総括的名称は Community College であった。現在はColleges of Applied Arts and Technology と総称され、George Brown College など24

校である。
25 グーバーマン教授は、2002年8月から5年間着任した。その後は、一般の専任教員がオフィサーに任命されている。
26 5地域に含まれる州は次の通りである。大西洋地域：NL、PE、NS、NB州、大平原地域：MB、SK、AB州、太平洋地域：BC州。
27 このような取組の結果、パートタイム学生として在籍する女性の学生が、年々、増加した。ただし、委員会報告書が提言した連邦政府による学生経済支援をパートタイム学生にも利用可能にすることについては実現しなかった。

第2章 「雇用公平法」と大学
― 研究職へのアクセスを求めて

　第1章で確認したように「女性の地位に関する政府調査委員会」以降、「女性の地位」という政策概念に基づき、様々な取組が行われた。各大学においても「女性の地位」委員会が設置されて学内の改革が行われた。また、女性学の振興や女性運動の高まりによって意識改革も進んだ。学生、特に学士課程在籍者数と学士号取得者数についての数値的な男女平等は、1980年代後半にほぼ達成された。しかしながら、教員の女性比率は「サイモンズ報告」で確認したように、1980年代前半で15％代であった。
　企業や行政機関などと異なり、大学は、将来の構成員・労働者となる研究者の育成を直接行っている。その養成プロセスで、女性が不均衡に目減りする「パイプラインの漏れ」が起きており、大学・大学院教育において何らかの阻害因があることが推測される。大学教授職における男女格差の解消と、その原因と想定される大学風土の改善が次の政策課題となる。
　1986年にカナダ連邦議会で制定された「雇用公平法（Employment Equity Act）」は、女性、先住民、障がい者、「ヴィジブル・マイノリティ」（後述）という四つの指定グループに対する特別な措置を行おうとするものである。同法ならびにこれによって実施されている「連邦契約事業者プログラム（FCP）」は、大学における教職員の雇用に影響を与えてきた。
　ここでいう「先住民」（aboriginal peoples）は、カナダの文脈ではインディアン（Indian）、イヌイット（Inuit）、メティソ（Métis）を示している。「障がい者」は、「長期的または周期的に、肉体的、心理的、感覚的、精神的、学習上の不全（impairment）をもつ者、また、その不全を理由として不利をこうむる人々を指している。「ヴィジブル・マイノリティ」（visible minority）は、「人

種的に白人種でない者（non-Caucasian）、または肌の色が白くない者で（non-white in colour）で先住民以外の者を示している[1]。

　ここで、雇用公平法成立の要因として、おおよそ三つの政治的背景があることを指摘しておきたい。第一の背景は、カナダ国家の方向性を定める連邦レベルの法整備問題である。1982年までのカナダの憲法には人権規定がなかった。1960年には「カナダ権利章典」が成立しているが、憲法のような最高法規ではなかった。一方、第二次大戦後は、労働力を求める政府の方針によって移民が増え、カナダ社会の「モザイク化」が進んだといわれる。1970年代中頃には、第二次大戦中の日系市民に対する差別政策についての補償運動が始まり、移民と人権の問題がクローズアップされるようになる。最高規範としての憲法に人権規定を導入することを求める声が高まっていく。そして、1980年前後には、人権憲章を含む「1982年憲法」の他に、人権法（1977年）、本章で考察する雇用公平法（1986年）が成立し、また、移民法、統計法も再編された。

　第二の背景は、隣国アメリカ合衆国における人種差別問題、憲法修正を求める男女平等権問題の影響である。アメリカでは、1964年に公民権法が成立し人種差別が禁止された。これを受けた大統領行政命令によってアファーマティブ・アクション（積極的差別是正措置）も行われるようになった。女性運動も活発になり、1972年には男女平等規定を憲法に加える修正条項法案が連邦議会を通過した。これらの動きは、カナダの女性運動またヴィジブル・マイノリティを刺激し、カナダ連邦政府もこのような動向への対応に迫られるようになった。

　第三の背景としては、1979年に国連総会において「女子差別撤廃条約」が採択されたことの意義が大きい。同条約第4条は、差別撤廃のために、締約国が男女の「事実上の平等」を促進することを目的とする「暫定的な特別措置」（temporary special measure aimed at accelerating de facto equality）をとることを認めている。カナダはこれを1981年に批准した。

　以上のような背景のもと1980年〜1990年代にかけて雇用公平法と「連邦契約事業者プログラム（FCP）」が整備され、女性を含むマイノリティの

雇用促進が行われるようになる。ここでは、まず、カナダにおける大学と連邦政府、州政府との法的・財政的関係について整理した後、当時の女性政策の背景と改革について論じていく。

第1節　雇用公平法成立までの背景

(1) カナダ連邦政府と大学

　カナダは立憲君主制のもとに、連邦制と議会制民主主義の政治的制度、二つの法体系——コモンローと民法（ケベック州）と——を有している。カナダの憲法は英国による「1867年英領北アメリカ法」(The British North America Act, 1867) を起源とする。同法の制定によって、オンタリオ、ケベック、ノバスコシア、ニューブランズウィックが「カナダ自治領」として統一された。同法は、多くの改正を重ねながら、他のいくつかの法律とともに憲法の役割を演じてきた。1982年にイギリス議会によるカナダへの最後の立法として「カナダ法」が制定され、その付則において「1982年憲法」が制定された。これによって「1867年英領北アメリカ法」は「1867年憲法」(The Constitution Act, 1867) と改称されるが、今日までカナダ連邦の基本法の一部として機能している。

　長内 (2008a) は、カナダの「英領北アメリカ法」とアメリカ合衆国憲法 (1787年) とを比較し、三つの特徴があるとしている。第一に、合衆国憲法がアメリカ人自らによって制定されたのに対して、「1867年英領北アメリカ法」は、イギリス議会制定法として成立した。第二に、合衆国憲法は、連邦の権限を憲法上列挙された事項に限定し、残余の権限を州政府のものとする「州権中心型」の連邦制度を構想している。一方、カナダの憲法は、第91条に連邦議会の権限、第92条に州の立法者の排他的権限を列挙し、「残余権限」を連邦のものとする「連邦権中心型」である。第三に、合衆国憲法には「基本的人権の保障」を定める規定（修正10カ条、1791年）があるのに対し、カナダの憲法にはこれが欠如していた（長内 2008a：58-59）。

　連邦の権限を憲法上列挙した事項に限定するアメリカ合衆国憲法には、教

育についての直接的規定はない。留保事項として教育行政の権限が州にあると解釈されている[2]。一方、カナダの憲法は、第93条において、州立法者が教育に関して「独占的に」(exclusively) 法律を制定することができると定めている。カナダの憲法は、教育は州の管轄事項であると明記しており、教育行政に連邦が関与することに、アメリカよりも強い制約がある。その結果、教育制度は州によって異なる発展を遂げた。現在においても、初等・中等教育における義務教育年限、大学入学者選抜方法など州において異なっている。

次に、カナダの大学財政についての連邦・州関係の特徴を整理しておきたい。序章で植民地時代に設立されたカナダの大学が宗教的基盤をもつことについて述べた。しかし、財政的な理由から、1960年頃までに、ほとんどすべての大学が州財政を基盤とする公費運営大学となっている[3]。1868年に、オンタリオ州政府は宗教団体が直接経営する大学に対して財政援助を停止した。カナダの主要部であるオンタリオ州の政策は他州にも波及し、各州は20世紀前半に州財政による大学運営のための法整備を行った（新保2003：256-260）。

先述したように、大学を含む教育行政は州の管轄であり、大学と連邦政府との結び付きは法的には弱かった。しかし、二度の世界大戦を通じて、連邦政府は大学政策に関わるようになる。第一次大戦時には、「国家研究会議」(National Research Council, NRC) が設立された。これは、カナダの研究活動を統括する最高位の機関であり、現在では国内に18の研究センターを有している。第二次大戦後は、第1章でみたように、連邦政府と大学は退役軍人への支援法を通して結びついた。州の違いにかかわらず、退役軍人が平等に大学教育を受けられるように連邦政府がイニシアティブをとった。教育機関に登録した退役軍人に、月々の手当と授業料免除の恩典を与えた。一方、大学に対しては退役軍人学生一人につき年額約150ドルと関連する建設助成金を交付した（犬塚2006c：37、岩崎2002：134）。

この頃から、教育は州の責務であるという法的根拠に反して、連邦政府は、科学研究開発を目的として、大学と学生に財政支援をするようになっていった。また、学術分野における国家的アイデンティティの構築にも取り組みだ

した。1951年には「人文・科学における国家の発展に関する委員会報告書」が公表された[4]。委員長マッセイ（Vincent Charles Massey, 1887-1967, カナダ最初のカナダ出身総督）の名前をとり、その後「マッセイ報告書」と通称されるこの報告書は、カナダ・アイデンティティと文化の振興とともに、連邦政府が、大学・カレッジに使途を定めない補助金を直接交付することを提言した（溝上 2003：49-67, Cameron 2004：206-207）。

　提言の後押しもあり、連邦政府は、1951年から大学に助成金を直接交付するようになったが、ケベック州を先鋒に各州政府は反発した。そのため、連邦政府は、1966年から研究助成と学生経済支援を除いて、大学への直接支援を停止した。かわりに州政府に税額調整の形で大学運営費を助成することになった（岩崎 2002：134）。1977年からは、「定着プログラム助成法（EPF法）」（Established Program Financial Act）によって、州政府に対して、医療・病院・高等教育を対象とするブロック補助金事業を開始した（岩崎 2002：149）。一方、連邦政府は、学術助成金機構を再編し、研究プログラム助成の形で大学に財政支援を行うようになった。1978年には「社会・人文科学研究会議」（Social Sciences and Humanities Research Council of Canada, SSHRC）など3つの公的研究助成金交付機関が創設された[5]。

　以上のように、憲法上、教育は州の事項と明記されているが、連邦政府は州の大学運営費のための資金移転や、大学に対する研究助成、学生経済支援を行っている。その正当性の論理としては、大学教育は州を越えた「波及効果」（spillover benefits）をもつという主張がなされている。ある州の大学で行われた研究は、その州だけでなく国民全体に役立つ知識を生み出す可能性が高い。また、学生は他の州の大学に進学したり、卒業後に他の州で働くこともある（Beach, Boadway, and McInnis 2004：15）。

　また、後述する「1982年憲法」の制定によって「カナダ人権自由憲章」（Canadian Charter of Rights and Freedoms）が整備された。憲章第15条は、法の下での平等と、法による平等な保護と恩典について規定している。この条項の論理に従えば、州の政策によって大学教育の条件が著しく異なることは望ましくない。以上のような州を越えた波及効果や憲法に記された平等権から、

連邦政府が大学教育を経済的に支援することは実態として認められている。

このような法的解釈と、国の経済発展や大学の財政安定という政治経済的な力学から、連邦政府と大学の関係も密接になっている。1990年代以降、連邦政府は、財政改革と平行して「イノベーション」「エクセレンス」をキーワードに、産業経済と結びついた科学技術政策への支援に積極的に取り組んでいる。1993年に成立した保守党のクレティエン政権は、財政改革を積極的に進め、1995年に州との権限関係並びに交付金の見直しを行った。先述した「定着プログラム助成法」による保健・医療・高等教育を対象とする補助金と、福祉補助金である「カナダ社会扶助プラン」(Canada Assistance Plan, CAP) とを統合し、1996年から「カナダ保健・社会福祉交付金」(Canada Health Social Transfer, CHST) というブロック補助金へと一本化した。このとき、連邦から州への財政移転を大幅に削減するとともに、その使途について州の自由裁量範囲を拡大した。州は連邦助成金の使途を社会保障などに向け、高等教育費用を削減するようになった。

州の高等教育費の削減によって痛手を受けた大学界は、連邦政府のイノベーション政策へと活路を見つけていく。1994年から議会での事前予算相談プロセス (Pre-Budget Consultation Process) が導入されたが、この公聴会で、カナダ大学協会 (AUCC) 代表が、たびたび証言を行うようになった。1997年には、産業省 (Industry Canada) によって、連邦政府の独立法人「カナダ・イノベーション基金」(Canada Foundation for Innovation, CFI) が設立されて学術研究助成が活発になった。カナダ・イノベーション基金は、大学、研究病院、その他の非営利研究機関が世界的水準の研究と技術開発を行えるように、インフラ整備のための財政支援を行うものである。図表2-1にみるように、2007年度では、連邦政府からの資金は、カナダの大学における研究活動の財源内訳のうち、約26.7％の27億8,700万ドルを占めている。

2002年には、連邦政府による研究政策への関与拡大について、産業省とカナダ大学協会との間で合意文書がかわされた[6]。大学の基幹講座の開発と研究者支援のために「カナダ研究座長制度」(Canada Research Chairs, CRC) が始まった。また、研究開発プログラム支援として、センター・オブ・エクセ

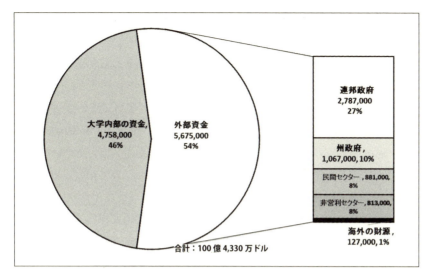

図表 2-1　大学の研究活動の資金源（2007 年度）単位：カナダドル
出典：AUCC 2008：13 より筆者作成。

レンス・ネットワーク事業（NCE, National Networks of Centres of Excellence）も始まるなど、研究とインフラに対する支援が増大している。一方、学生に対しても「カナダ・ミレニアム・スカラーシップ」、貸与型支援、教育費に対する税優遇策が行われている（Beach, Boadway, and McInnis 2004：15）。

　以上のように、カナダの大学は州からの交付金を最大の財源とする公費運営大学であるが、研究費やイノベーション政策などを通じて連邦政府との関係が強くなっている。本章で考察する雇用公平法の「連邦契約事業者プログラム（Federal Contracor Program, FCP）」は、連邦政府と 1 契約につき 20 万ドル以上の契約を行う法人に対して課せられるものである。連邦政府から 20 万ドル以上の研究費を交付されている大学は、FCP の対象となっている。現在、AUCC に加盟する約 90 大学のうち、3 分の 1 程度が FCP の契約事業者である。

(2) アメリカにおけるアファーマティブ・アクション政策の展開

　カナダの雇用公平法の成立と内容、またその思想的基盤である1977年人権法や1982年憲法の制定には、アメリカの社会運動と政策が影響を与えている。特に、雇用公平法の名称や「連邦契約事業者プログラム（FCP）」の内容については、アメリカの「アファーマティブ・アクション」（積極的差別是正措置、Affirmative Action）と「連邦契約遵守プログラム（Federal Contract Compliance, FCC）」の影響が強いため、ここで詳しく述べておきたい。**図表2-2**は、アメリカのアファーマティブ・アクションと、カナダの雇用公平法に関わる政策の歴史を記したものである。

　性別による事実上の格差を解消して、実質的な平等を確保するための措置は、日本においても実施されている。男女共同参画社会基本法（1999年制定）は、第2条第2項において、「男女間の格差を改善するため必要な範囲内において男女のいずれか一方に対し、当該機会を積極的に提供すること」として「積極的改善措置」を定義している。そして、これを実施する男女共同参画推進計画において、「積極的改善措置（ポジティブ・アクション）」と括弧書きで「ポジティブ・アクション」の用語を多用し推進している。一方、このような取組について、国連女子差別撤廃条約第4条は「暫定的な特別措置」（temporary special measure）と定義し、アメリカ合衆国は「アファーマティブ・アクション」という呼称を用いている（辻村2011：i）。

　ここで、この分野の理論的研究で一般的に用いられている「ポジティブ・アクション」（positive action）という概念を総括的に用いて、以上述べた取り組みを整理しておく。ポジティブ・アクションは、その法的根拠や、実施形態、強制力の有無、措置の態様、適用領域などによって、いくつかの類型に分けられる。辻村（2011）は、手段や措置の強弱から次の三つの理念型モデルを立てている（辻村2011：80-96）。

① 厳格な格差是正措置：「逆差別」（reverse discrimination）が問題となりえるような「割当制」（quota）や「優先枠」など
② 中庸な格差是正措置：「ゴール・アンド・タイムテーブル方式」の

ような目標値設定方式や、二者の条件が同等なときに一方にプラス要素として属性等を考慮する「プラス・ファクター方式」など
③　一般的な施策を含めた緩やかな支援策：格差是正のための両立支援、環境整備や研修制度などの基盤整備など

適用領域においても、①政治分野（選挙など）、②行政分野（行政職の任命など）、③公契約・補助金分野、④雇用分野（採用、昇進、昇格、配転など）、⑤教育・学術分野（入学、奨学金など）と多様である。
　このような理論的包括性に基づき、中里見（2004）はアメリカで実施されているアファーマティブ・アクションを「社会的弱者集団（人種マイノリティや女性など）の支援に向けられた政策の一群」と定義している。そこには、情報提供、意識改革、職業訓練などに加えて、雇用・公共事業の受注、大学入学、優先的住宅供給といった様々なプログラムが含まれる。また、法的根拠も、①裁判所の命令に基づくもの、②大統領行政命令に基づくもの、③連邦法や州法に義務づけられたもの、④自発的に行われるものなどがある。以上のような多様な形態をとりつつも、アメリカにおけるアファーマティブ・アクションを貫く特徴は次の諸点である（中里見 2004：292）。

①　公的な施策及び私人による行為に明白にみられた社会的偏向(bias)を標的とし、差別を行う個々人を標的としない。
②　差別を行う具体的な意図の有無にかかわりなく、社会的差別の結果、もしくは要保護集団に対して生じる均衡を欠いた不利な効果（いわゆる「差別的効果」disparate impact）の救済をめざす。
③　人種・性別などを考慮に入れた（color-conscious, gender-concscious）救済策によって、それらが統合された諸機関・制度の実現をめざす。

プログラムを実施する根拠として「差別的意図および被害者の指定」は特に必要とされないのが特徴といえよう。社会的偏向の被害を示す統計的事実があれば、それによって「差別的効果」があったと立証され、その救済のた

図表 2-2　カナダの「雇用公平」政策とアメリカの「アファーマティブ・アクション」の展開

	カナダ	アメリカ合衆国および国連の動き
1935年 7月5日		「ワグナー法」(「労働関連法」)に、アファーマティブ・アクションという文言が用いられる。
1941年 6月25日		ローズベルト政権「大統領行政命令8802号」(国防産業における差別禁止令)
1948年 12月10日		国連「世界人権宣言」
1953年 8月18日		アイゼンハワー政権「大統領行政命令10479号」(連邦政府事業契約委員会設立令)
1960年 8月10日	「カナダ権利章典」制定（性別による差別の禁止、男女の平等権を規定）	
1961年 3月6日		ケネディ政権「大統領行政命令10925号」(雇用平等機会に関する大統領委員会設立令)
1964年 7月2日		「公民権法」制定（人種・性別等による雇用差別を禁止）
1965年 9月24日		ジョンソン政権「大統領行政命令11246号」(雇用機会平等令。連邦契約遵守局（OFCC）の設置)
1967年 10月13日		ジョンソン政権「大統領行政命令11375号」(11246号に、性別による差別禁止を含める改正)
1970年代	各州行政に、人権委員会が設置される。	
1970年 2月5日		労働省／労働長官命令4（契約事業者に対する行政命令の遵守命令）
1971年 12月4日		労働省／労働長官命令4の改正令（命令4の差別禁止対象に女性を含める改正）
1972年 3月22日		男女平等憲法修正条項（ERA）が、連邦議会で可決され、批准のために各州に送付される
1975年		国連・世界女性年
1977年 7月14日	「カナダ人権法」制定（差別的雇用慣行の禁止、男女の平等、特別プログラムを承認）	
1978年	連邦政府（CEIC）が、民間企業に自主的なアファーマティブ・アクションを要請	
1978年 6月28日		最高裁「バッキ判決」(カリフォルニア大学ディヴィス校入学者選抜におけるマイノリティ優先枠に対する違憲判決。選抜における人種考慮は容認)
1979年 12月18日		国連「女子差別撤廃条約」採択（締約国に、男女の権利の平等、雇用差別撤廃のための措置の実行を求め、暫定的な特別措置を規定）
1979年	連邦政府CEICが、「国営企業体」と連邦政府契約事業者に対して、自発的なアファーマティブ・アクションを要請	

第2章 「雇用公平法」と大学　105

1979年9月28-29日	雇用公平に関する関係者会議（マクマスター大学）	
1981年12月	国連女性差別撤廃条約を、カナダ政府が批准	
1980年	連邦政府3機関、CEIC、国務省、国家財政委員会事務局における試験的なアファーマティブ・アクション	
1982年3月29日	人権憲章を含む「1982年憲法」の制定	
1982年6月30日		男女平等憲法修正条項（ERA）が、規定数の州で採択されず、期限切れで失効
1982年	公共サービス委員会、環境省を加えた連邦政府5機関で、試験的なアファーマティブ・アクション	
1983年6月	連邦政府全省における試験的なアファーマティブ・アクション（女性、先住民、障がい者を対象）	
1983年6月24日	雇用の平等に関する政府調査委員会の設置	
1984年10月30日	雇用の平等に関する政府調査委員会報告書の公表	
1986年8月13日	雇用公平法制定	
1986年6月1日	「連邦契約者プログラム（FCP）」事業の開始	
1987年3月25日		最高裁「ジョンソン判決」（性差別に関するアファーマティブ・アクションの合憲判決）
1988年	FCPの最初の年次報告書が公表される	
1988年7月12日	カナダ多文化主義法が成立	
1991年	雇用公平法による取組みの成果について議会調査委員会による公聴会が開催される	
1994年12月12日	雇用公平法改正法案が上程される	
1995年12月15日	第二次雇用公平法制定	
1996年10月24日	第二次雇用公平法施行	
2001年5月	第二次雇用公平法施行後、初の国勢調査	
2006年5月	同二度目の国勢調査	
2011年5月	同三度目の国勢調査	

出典：EDD 2011などから筆者作成。

めに実施されるのがアメリカのアファーマティブ・アクションであるといえる。これはプログラム自体で自己完結するものではなく、当該社会における資源の公正な配分を保証するための手段と解されている（中里見 2004：295）。

アメリカにおいて、アファーマティブ・アクションという用語が初めて法文で用いられたのは、ローズベルト（Franklin D. Roosevelt）政権下で、ニューディール政策の一つとし成立した 1935 年の「全国労働関係法」(通称：ワグナー法)である[7]。不公正な労働行為を行っている違反事業者に対して、支払措置も含めて差別の「是正措置」（affirmative action）をとることを求める規定であった（Peters 1999：31）。

また、ローズベルト政権は、第二次世界大戦が始まると、1941 年に「大統領行政命令 8802 号」（国防産業における差別の禁止令）を発令し、連邦政府との契約事業者に対し雇用差別を禁止した[8]。同命令の第 2 項は「連邦政府の契約にかかわる機関は、今後、交渉されるすべての国防関連契約において、人種、信条（creed）、肌の色、生まれ（national origin）を理由に、いかなる労働者も差別しないことを、すべての契約事業者に義務づける規定を含めるものとする」と定めた（Tarnopolsky 1980：72-98）。

同命令は、連邦政府との契約事業者に雇用差別を禁止するものであるが、その後 10 年以上、めざましい取組は行われなかった。具体的な変化は、1953 年のアイゼンハワー政権の「大統領行政命令 10479 号」（連邦政府契約事業委員会設置令）によって進むことになる[9]。同命令は、連邦契約事業における公平な雇用を保証する組織として、「連邦政府契約事業委員会」（Government Contract Committee）を設立した（Tarnopolsky 1980：72-98）。

1961 年 3 月には、ケネディ政権が「大統領行政命令 10925 号」（雇用平等機会に関する大統領委員会設立令）を発令した[10]。同命令は、受注事業者と連邦政府の契約書の中に「人種・信条・皮膚の色・出身国にかかわりなく、応募者が雇用され、被用者が雇用期間中処遇されることを保障するために、連邦政府の公共事業の受注事業者は、アファーマティブ・アクションを実施する」という文言を付加することを命ずるものであった（Tarnopolsky 1980：72-98）。これは、差別を「積極的に是正する」という意味で「アファーマティブ・

アクション」という言葉が用いられた初めての例である。前述した「ワグナー法」は、差別の事例があった場合に、後からそれを補償することを求めていた。一方、ケネディ政権の大統領命令は、単なる「差別禁止」から、積極的に差別を是正する措置としてアファーマティブ・アクションを実施するよう事業者に課す「積極的な方策」(proactive aproach) となっている。その一方、アファーマティブ・アクションの具体的内容については明示していない (中里見 2004：297)。

　この頃、アフリカ系アメリカ人に対する差別の撤廃を求める運動は激しさを増し、1964年7月、マイノリティの権利を保障する「公民権法」(Civil Rights Act of 1964) が成立した。同法案は、前年6月にケネディ大統領が議会に提出し、ジョンソン政権が引き継いで原案よりも体系化された形で制定されたものである。公共施設や連邦資金を用いる教育プログラムにおける差別禁止など大綱的なものであった。第7編「雇用機会平等」(Title 7, Equal Employment Opportunity) の内容は、日本でいえば「労働法」に整理される実質的な雇用機会均等法である。第7編は、①人種、性別による差別を禁止し、②裁判所が被告にアファーマティブ・アクションを命じることができること、③法の執行を監督する機関として「雇用機会均等委員会」(Equal Employment Opportunity Commission) を設置することなどを定めた。同法は、その延長上における一連の大統領行政命令や労働長官令の発令を促進した（藤本 2007）。

アメリカ合衆国：公民権法（1964年）

第7編　平等な雇用の機会
（人種、皮膚の色、宗教、性、あるいは出身国を理由とする差別）
703条（a）　雇用者が以下の行為をすることは、不法雇用行為である。
　　　　　（1）　その個人の人種、皮膚の色、宗教、性あるいは出身国を理由に、個人の雇用を怠りあるいは拒否し、解雇し、その他、個人を、報酬、雇用期間、雇用条件、雇用上の特権に関して差別をすること。
　　　　　（2）　人種、皮膚の色、宗教、性、あるいは出身国を理由に、個人の雇用の機会を奪うかまたは奪う傾向があるような、またその他、彼の被用者としての地位に不利な影響を与えるような方法で、被用者を制限し、分離し、分類すること。
703条（g）　被告が意図的に違法な雇用慣行を行っていたと裁判所が認めた場合には、裁判

> 所は、被告のそのような慣行を禁止すること、および適切と思われるアファーマティブ・アクションを命じることができる。アファーマティブ・アクションには、未払い賃金の支払いの可否に関わらず、被雇用者を復職させ、または雇い入れることが含まれる。

　公民権法第7編の制定と雇用機会均等委員会（EEOC）の創設を経た1965年9月、ジョンソン大統領は、ケネディ政権の「大統領行政命令10925号」の文言を引き継ぎつつ、それをより具体化した「大統領行政命令11246号」（雇用機会平等令）を発令した[11]。これは、現在まで続くアファーマティブ・アクションの法的根拠となっている。雇用機会の平等確保のための「積極的なプログラム（positive program）」の策定を省庁に義務づけている。また、連邦政府と取引をする企業のうち年間1万ドル以上の契約を締結する事業者に対して、募集、採用、昇進、昇格、賃金等において、人種、性別等による差別を禁止した（片岡2001：20）。

　また、同命令は、「連邦契約遵守監督局」（Office of Federal Contract Compliance、以下OFCC）を設置し、それまで労働長官にあった執行権限をに移し、政府と請負契約を結ぶ事業者に対して差別の禁止を徹底しようとした。OFCCは、その後10年の活動を経て、1975年に、正式に労働省の所轄に入り「連邦契約遵守プログラム」局（Office of Federal Contract Compliance Programs、以下OFCCP）と改称された（片岡2001：20）。OFCCPは、雇用機会均等委員会（EEOC）と並んで、アファーマティブ・アクションを具体化し実行に移す最も重要な機関となった（中里見2004：298）。「連邦契約遵守プログラム」は現在までアメリカで継続するとともに、後述するカナダの雇用公平法による「連邦契約事業者プログラム」（Federal Contractor Program, FCP）の策定にあたりモデルとされた。

　なお、「大統領行政命令11246号」は、1967年10月には「大統領行政命令11375号」（11246号の改正令）によって改正された。これによって、11246号が対象とする種々の差別のなかに「性差別」が加えられた[12]。一方、アファーマティブ・アクションの具体的内容は、「1971年改正労働長官命令4」によってより明確にされた[13]。同命令は、連邦政府と5万ドル以上の契

約を結び、50人以上の従業員を有する受注事業者に対して、人種や性別による差別の禁止を命ずるとともに、アファーマティブ・アクション年次計画（Affirmative Action Program）を書面で提出することを義務づけた。

　この年次計画には、当該地域の労働人口における「人種的マイノリティと女性の構成比」と、事業所における同構成比の分析が含まれなければならない。そして人種的マイノリティまた女性の「過少活用（underutilization）」がみられる場合は、アファーマティブ・アクション・プランに、不均衡を是正する採用等を迅速に行うための目標と予定表を含めなければならない（Peters 1999：33）。

　連邦契約事業者は、計画の実施状況をOFCCPに定期的に報告する義務を負う。職務ごとにマイノリティの活用度を分析し、計画目標と時期を決め、計画達成度合いを測るデータ収集法を定め、達成度合いを文書で報告する（片岡2001：20）。事業者が計画を遵守しているかどうかは、目標の達成によってではなく、事業者の努力によって測られる。計画に欠陥があると認められた場合は、OFCCPは変更を勧告できる。事業者が計画を繰り返し違反したり、計画に繰り返し欠陥がみられたりした場合には、事業者は受注契約の打ち切りや保留、将来の契約締結資格の喪失などの制裁を受ける可能性がある（中里見2004：299-300）。

　公民権法の成立とアファーマティブ・アクションの実施によって、アメリカでは人種的マイノリティや女性の採用・昇進が進むようになった。1970年代から現在まで、アファーマティブ・アクションの合憲性をめぐって、15件の最高裁判決が下されている。後述するが、そのうち性差別に関する事件としては、1987年の「ジョンソン判決」が唯一のものである[14]。これは、サンタ・クララ郡交通局の人種的マイノリティと女性に対する自発的アファーマティブ・アクションが公民権法第7編違反に問われた事件であった。最高裁は、女性の過少活用が顕著な発車係の採用に、成績において劣る女性を優先して採用しても第7編に違反しないとした（中里見2004：309）。

　以上のようなアメリカの動向は、カナダの労働政策担当者また経営者、労働組合にも理論的・実践的影響を与えるようになる。

(3) カナダ人権法（1977年）と1982年憲法
―アファーマティブ・アクションの導入

　カナダは1867年の連邦形成以来、「議会主権の原理」を前提とするイギリス型の人権保障システムを採用し、合衆国憲法のような最高規範としての人権規定をもたなかった。アメリカでの公民権法制定とアファーマティブ・アクション政策は、人種的マイノリティや女性の権利をめぐるカナダの市民運動に刺激を与えた。1960年には、裁判所が連邦法を運用する場合の「解釈基準」として「法の下の平等及び法の平等保護に関する権利」を保障する「カナダ権利章典」が制定された。しかし、これは、一般の制定法であり、通常の立法手続きで改廃が可能であった。法規範としては下位のものである一方、具体的な内容に乏しく、これに基づき差別是正策を進めていくには実効性を欠くものであった（長内 2008b：86）。

カナダ権利章典　（The Canadian Bill of Rights, 1960, 8-9 Eliz. II, c.44.）

　第1条　カナダには、次の各号に掲げる人権及び基本的自由が人種、出身国籍、体色、信仰又は性別を理由として差別されることなく現に存在し、かつ将来にわたって存在することをここに確認し宣言する。
　1．生命、自由、身体の安全、財産の享有に関する権利及びこれらの権利を適法手続きによらず剥奪されない権利
　2．法の下の平等及び法の平等保護に関する権利
　3．信仰の自由
　4．言論の自由
　5．集会及び結社の自由
　6．出版の自由

出典：長内 2008b：86.

　1970年代中頃には、第二次大戦中の日系市民に対する差別政策についての補償運動が始まり、人権保障法制の整備を求める動きが高まった。そして、「カナダ権利章典」より具体的に人権保障を行うことを目的として、1977年

には、「カナダ人権法」(Canadian Human Rights Act) が制定された[15]。同法は、積極的改善措置としての「特別プログラム」(special programs) についての規定をもつカナダで初めての連邦の法律である[16]。

> カナダ人権法 (Canadian Human Rights Act、1977年)
>
> 第2条
> 　(a) あらゆる個人は、社会の一員としての彼又は彼女の義務と両立する限り、人種、民族的出身 (national or ethnic origin)、皮膚の色、宗教、年齢、性、婚姻上の地位、家庭上の地位、若しくは、違反に反する有罪判決であってすでに赦免が与えられているものに基づく差別行為によって、又は身体障害に基づく差別的雇用慣行によって妨げられることなく、彼または彼女が送ることができかつ送ることを望む人生を自ら形成する機会を、他の個人と平等に有する。
>
> 「特別プログラム」(special program)
> 　第15条① 人種、民族的出身、皮膚の色、宗教、年齢、性、婚姻上の地位、又は身体障害に直接又は間接に起因して不利益を被り又は被る恐れのある個人の集団について、財貨、役務、便宜、宿泊手段若しくは雇用に関する機会を改善することにより、その集団の上記の不利益を防止、除去又は削減することを目的とした実行計画、計画又は措置を採択若しくは実施することは、差別行為ではない。

　同法第2条では、人種、民族、性、障がいなどに基づく差別が禁止された。また、第15条の「特別プログラム」において、「不利益を被り又は被る恐れのある個人の集団」に対する機会是正のための「特別プログラム」は差別に該当しないということが規定された。そして、第21条では、同法の監督機関として「カナダ人権委員会」(The Canadian Human Rights Commission, CHRC) の設置が定められた。第39条では、カナダ人権委員会の下に「人権審判所」(Human Rights Tribunal) を設置されることを規定している。同法を契機に、カナダ連邦政府の人権政策、雇用公平政策は、1980年代に進展することとなった（福井1995：8-11）。
　一方、移民問題を含む経済政策においても、1977年に「雇用移民委員会」(Canada Employment and Immigration Commission, CEIC) と「雇用移民省」(Minister of Employment and Immigration) が設立されている。アメリカの公民権法とアファーマティブ・アクション政策は、1970年代後半、人権問題と

してだけでなく、カナダの雇用問題の関係者にも強い影響を与えていた。この時期、雇用移民委員会と雇用移民省が中心となって、「アファーマティブ・アクション」という用語を用いて、連邦政府と関係する部門で「数値的目標を含む実施計画」による緩やかな差別是正政策が実施されるようになった（福井 1995：8-11）。

　1978 年、雇用移民委員会の地方支局は、連邦政府と取引のある民間企業に、自発的にアファーマティブ・アクションを実施するよう働きかけた。委員会は、アファーマティブ・アクションを実施・モニターするためのデータや分析ツールを各事業所に提供した。そこには、「雇用可能人口比率」の測定法（availability estimates：資格をもつ候補者数を測定するための統計的な手法）、空席率、対象集団が組織構成員の比率に与える影響などが含まれていた（EDD 2011：17）。翌 1979 年には、民間企業に加えて、連邦政府との契約事業者、国営企業体にも対象が拡大された。この活動は、後述する雇用公平法及び「連邦契約者プログラム（FCP）」のスタート地点であったといわれる。（福井 1995：8-11）

　しかし、このイニシアティブは成功しなかった。雇用公平法成立までのカナダにおけるアファーマティブ・アクションの試行について詳しい Timpson の研究に基づき、その経緯を整理してみる。1979 年〜 1984 年にかけて、雇用移民委員会は、自発的なアファーマティブ・アクションの実施を求めて、企業 1,400 社に働きかけた。しかし、これに合意したのは 71 社だけであった。企業は、アファーマティブ・アクションを、経常コストがかかり生産性を低減させる「アメリカからの輸出品」とみなし、連邦政府が人事採用方針に介入することに反発したという（Timpson 2001：100）。

　一方、1980 年 4 月 14 日、2 期目に入ろうとするトルドー首相の自由党政権は、議会開会の式辞において、経済成長を目的として、雇用における構造的な不平等を取り除くために、連邦行政機関においてアファーマティブ・アクションを実施すると宣言した（Timpson 2001：75）。1980 年 8 月には、連邦政府の雇用移民委員会、国務省、国家財政委員会事務局の 3 機関で、女性、先住民、障がい者の割合を改善する試験的なアファーマティブ・アクションを開始した。1982 年には、公共サービス委員会と環境省が加わり 5 機関

になった。そして、1983年6月には、すべての連邦行政機関に拡大された（Timpson 2001：83）。

　連邦政府でのアファーマティブ・アクションは3つの柱から構成されていた。①雇用行為の中立性を保障すること、②連邦行政機関の全レベルで、マイノリティの割合を改善する目標とタイムテーブルを設定すること、③その実施報告である。各省の事務次官は、職員に占める女性、先住民、障がい者の状況を分析し、これらのグループに属する被雇用者の雇用と昇進の可能性について毎年の目標を立てることが求められた（Timpson 2001：83）。

　連邦行政機関におけるアファーマティブ・アクションは、二つの機能を果たす予定であった。一つは行政機構内に柔軟な雇用平等戦略を打ち立てること、もう一つは、民間セクターのモデルケースとなることであった（Timpson 2001：83）。

　雇用移民委員会と雇用移民省が、アファーマティブ・アクションのモデル作りに苦戦する一方、カナダ人権委員会は、女性を含むマイノリティの雇用状況についてのデータ収集を制度化することをめざしていた。①労働力に占めるマイノリティの割合を統計的に示し、②構造的な差別の実態を明らかにし、③目標と改善方法を検討するための基礎データを提供することで、アファーマティブ・アクションを進めようとした。これは、最終的に1986年の雇用公平法に結実することになる。（Timpson 2001：76）。

　また、カナダ人権委員会は、起草が行われている憲法改正案の人権憲章に、「アファーマティブ・アクション」の概念を盛り込ませようとロビー活動を行なっていた[17]。1978年9月7日、委員会は、憲法改正法案（Constitutional Amendement Bill）を検討する議会両院協議会に対し、「カナダ人権法に基づき、差別を被ってきたもしくは被る可能性をもつグループを指定して優遇する特別なプログラム（special programs）を可能にするために憲章を修正すること」を求める提言を送った。最終的に、「アファーマティブ・アクション」（Affirmative Action）という注釈をもち、「特別プログラム」（special programs）を認める憲法案が策定される（Timpson 2001：77）。

　前項でも確認したように、政府組織や権限を定めた「1867年英領北ア

メリカ法」によって、カナダの自治権はこの時すでに確立していた。しかし、カナダ憲法の改廃権はイギリス議会に残ったままであった。1982年3月、ケベック州を除く各州の合意によって、カナダ議会は「カナダ人権憲章」を含む新しい憲法法を可決した。そして、イギリス議会に、憲法の改廃権をカナダに完全に移管することを求めた。イギリス議会は、カナダへの最後の立法として「カナダ法」(The Canada Act, 1982) を制定し、カナダの憲法の改廃権をカナダに完全に移管した。そして、同法第1条において「カナダ法別表B」として「カナダ人権憲章」(Canadian Charter of Rights and Freedoms) を含む「1982年憲法」(Constitution Act, 1982) を制定した。

1982年憲法は、第1章（1条〜34条）を「カナダ人権憲章」にあてている。第15条の平等権条項は、第1項で差別行為の禁止を規定する一方、第2項ではカナダ人権法と同じく特別プログラムが、差別行為とならないことを規定した。この第15条には「アファーマティブ・アクション」(affirmative action) という注釈が付けられた。また、第24条によって、裁判所による救済を認めた。第15条における女性の平等権と、第15条第2項の「アファーマティブ・アクション」と「特別プログラム」条項によって、カナダの憲法は、アメリカ合衆国とは大きく異なるものとなった[18]。

1982年憲法

権利及び自由の保障
カナダにおける権利及び自由
第1条　権利及び自由に関するカナダ憲章は、自由かつ民主的な社会において明白に正当化できるものとして法律が定める合理的な制限に服する場合を除き、ここに掲げる権利及び自由を保障する。

平等権
法の前及び法のもとの平等、法の平等な保護及び法の平等な恩恵を受ける権利
第15条　第1項　すべて個人は、法の下に平等であり、一切の差別、とくに人種、出身国籍もしくは出身民族、体色、宗教、性別、年齢又は精神的もしくは身体的障がいを理由として差別を受けることなく、法の平等な保護と利益を享受する権利を有する。
アファーマティブ・アクション・プログラム
2　前項の規定は、人種、出身国籍もしくは出身民族、体色、宗教、性別、年齢又は精神的

障がい等を理由として不利益を被っている個人又は団体の救済を目的とする法律、事業又は活動を妨げるものではない。
（：イタリック体表記は、各条文の注釈）

　カナダ人権法、1982年憲法の成立以降、カナダ人権委員会関係者は、雇用差別の構造的な原因を明らかにして、マイノリティに対する雇用差別を廃止するよう活動した。一方、雇用移民委員会関係者は、有能な労働者の過少活用を改善して、カナダの経済的生産性を高めることを目指していた。前者が人権法制の理念に基づく活動を行う一方、後者は、カナダ経済の発展を求め、連邦政府の関係セクターにおける女性を含むマイノリティの過少代表という状況を問題視していた[19]。

　1977年の「カナダ人権法」、「1982年憲法」の第15条で定める平等権に基づき、雇用の平等性についての調査、政策策定が行われるようになる。この頃、カナダでは労働力構成の多様化が急速に進んだが、先住民、障がいをもつ人々、女性、ヴィジブル・マイノリティは、意図的な直接差別や、制度的な間接差別によって低賃金で昇進の可能性が低い職域に集中していた。彼らの能力を活用することは、グローバルな経済競争における国益のために重大問題であると認識されていた（木村1997：22-28）。

　カナダ人権法も人権憲章も、差別を正すためのツールとしてアファーマティブ・アクションを認めたが、連邦政府によるイニシアティブは後れをとった。連邦行政機関でアファーマティブ・アクションが試行されたが、民間セクターは協調しなかった。財政的抑制の必要もあり、自由党政権も政策を推進するのに及び腰であったという（Timpson 2001：87-88）。

（4）国際法とアメリカの動向

　この頃、カナダの政策動向に影響を与える二つの対照的な国外の動きがあった。一つは国連における「女子差別撤廃条約」（CEDAW）の採択（1979年）とカナダの批准（1980年）である。もう一つは、アメリカ合衆国最高裁「カリフォルニア大学v.バッキ」判決である。カナダにおけるアファーマティブ・

アクションの動きに、アクセルとブレーキが相前後してかかったのである。
　ここで、国際人権規範に関するカナダ政府の対応を整理しておきたい。カナダは、雇用・職業における性差別を撤廃する国連やILOの人権保障規範を重視し、これらの組織に加盟する一員として国の内外で高く評価されてきた（木村2011：139）。
　女性労働者の人権保障に関するILOの基本条約に関しては、カナダは、まず1964年に第111号条約「雇用及び職業についての差別待遇に関する条約」（1958年6月25日採択、1960年6月15日発効、日本は未批准）の批准を果たしている。この条約は、第1条の「差別待遇」に「性」によるものを含め、第2条において「加盟国は、雇用及び職業についての差別待遇を除去するために、国内の事情及び慣行に適した方法により雇用又は職業についての機会及び待遇の均等を促進すること」を規定している（木村2011：139）
　1979年12月18日には、「女子差別撤廃条約」が採択され1981年に発効した。カナダも1980年7月17日に署名、1981年12月10日に批准した。同条約第2条は、締約国の「差別撤廃義務」として、「女子に対するあらゆる形態の差別を非難し、女子に対する差別を撤廃する政策をすべての適当な手段（appropriate means）により、かつ、遅滞なく追求する」ために、締約国が「個人、団体又は企業による女子に対する差別を撤廃するためのすべての適当な措置（appropriate measures）をとること」を定めている。同時に、第4条は「事実上の平等を促進するための暫定的な特別措置」は、条約にいう差別にあたらないことを規定している（斎藤1995：1-3）。

女子差別撤廃条約第4条「差別とならない特別措置」（special measures）

1）締約国が男女の事実上の平等を促進することを目的とする暫定的な特別措置（temporary special measures）をとることは、この条約に定義する差別と解してはならない。ただし、その結果としていかなる意味においても不平等な又は別個の基準を維持し続けることとなってはならず、これらの措置は、機会及び待遇の平等の目的が達成された時に廃止されなければならない。

（カナダ：1981年批准）

国連の動きが、各国の女性政策に影響を与えたことは第 1 章で述べたが、1970 年代後半に入ると、欧米諸国において従来の「法的平等 (de jure equality)」を超えて、「事実上の平等 (de facto equality)」の保障に向かう動きが強まっていた。差別行為を禁止し、法律上の扱いを男女平等にし、個人としての女性に平等な機会を保障しても、男女格差が解決しないという状況が世界で続いていたからである (斎藤 1995：1-3)。

本章第 2 節で、アメリカ合衆国が雇用差別撤廃に取り組むためにとった方策、アファーマティブ・アクションと連邦契約遵守プログラムについて述べた。この政策動向と議論は、カナダの取り組みに影響を与えることになる。アメリカでは、結果の平等を保障するアファーマティブ・アクションの方策の一つとして、しばしば「優先枠」(quota, クオータ制) が導入されていた。

アメリカの動きを視野に入れ、カナダでも、先述したように 1970 年代から「アファーマティブ・アクション」という用語を使った政策が始まっている。この時の議論の一つは、結果の平等のために、「優先枠」を導入するか、それとも「平等な機会」提供を追及するべきかという問題であった。業績に基づく人員配置は、政府の雇用指針の基本的原則であり、これと対立する可能性のある差別撤廃方針と実践は常に論争の元となっていた。とりわけ財政抑制によって人事が停滞している時期には反発が強かった (EDD 2011：14)。

1980 年前後に、カナダの連邦政府行政機関を中心に行われたアファーマティブ・アクションは、アメリカのような「優先枠」措置ではなく、「雇用可能人口比率」(availability estimates) の統計収集に基づいて数値目標の設定を求めるものであった。現代のポジティブ・アクション理論でいう「ゴール・アンド・タイムテーブル方式」の中庸な格差是正プログラムである。

1978 年には、アメリカで、雇用問題ではなく、大学入学者選別におけるマイノリティの優先枠をめぐって連邦最高裁で新たな展開があった。カリフォルニア大学ディヴィス校医学大学院の入学選考についての裁判「バッキ判決」である[20]。同判決では、選考において人種を考慮に入れることは容認されたが、入学定員 100 人中 16 人を人種的マイノリティに割り当てる

当該制度は違憲とされた（中里見 2004：299-300）。この「バッキ判決」以後、アメリカでは入学選考における優先枠を否認する判決が続いていく。この展開は、カナダにおけるアファーマティブ・アクションの形成に影響を与えることになる（EDD 2011：15）。

以上述べた国連やアメリカの動向を背景に、カナダ政府、民間セクター、人権問題の専門家が一同に会し、政策の方向性を議論する会議が開催された。1979 年 9 月に、カナダ人権委員会コミッショナーであるタルノポルスキー教授（Walter S. Tarnopolsky）が所属するマクマスター大学と「カナダ労使関係協会（Canadian Industrial Relations Association）」との共催会議「労働の場における人種と性の平等」が開かれた[21]。

会議の目的は、人権法制と、連邦政府が試行している雇用平等政策、アファーマティブ・アクションについての理解を深め、より実効性のある政策を検討することであった。①平等賃金（equal pay）、②アファーマティブ・アクション、③年功、昇進、一時解雇制度の三つのテーマについて討論が行われた。

会議は、当時の労働大臣リンカーン・アレグザンダー（Lincoln M. Alexander, 進歩自由党）の挨拶から始まっている。移民の流入と活躍、女性の労働市場への参入を評価し、これらの人々への取組みを検討することを会議に求めている。出席者は、カナダ公務員組合、カナダ銀行、BC 州労働者組合、オンタリオ州人権委員会、オンタリオ州公務員組合、カナダ銀行、ベル・カナダ社など、政府・民間企業・組合の幹部などであった。また、マイノリティ集団、女性団体、学界のエキスパートに加え、アメリカから全米鉄鋼労働組合（USWA）幹部もパネリストとして参加している。

労働省女性局（Women's Bureau, Labour Canada）が 1980 年に公刊した同会議の報告書によれば、その内容は次のように総括される。経済界の代表は、自主的な取り組み（voluntarism）を提唱し、アファーマティブ・アクションによる政府の介入に制約を課す必要があると主張した。一方、労働界の代表は、女性とマイノリティは組合活動に積極的でなく、団体交渉や苦情手続きによる改善は期待できないとして政府の介入を求めた（Harish and Carroll 1980：

225)。政府が差別事件を処理することには全体的に支持があったが、調停制度（conciliation）については懐疑的な意見があった。調停よりも裁判所によって強制執行が可能な強い法律を求める声が多かった（Harish and Carroll 1980：225）。また、人権問題の専門家は、連邦政府で試行されているアファーマティブ・アクションは合憲・合法であると論じ、すでに各州で成立しているアファーマティブ・アクション法制を紹介している[22]。

　優先枠をめぐって表面化したアメリカのアファーマティブ・アクションが直面している社会的反発をどのように回避するかということも会議の焦点となった。アメリカでは、インフレ、税制、政府の支出に対する社会のいらだちが政治的反動を生み出しており、アメリカ的な政策の導入には慎重になるべきであるという意見が強かった。最終的に、カナダ社会に適した独自の方策を検討していくことが今後の方向性であるということが会議での合意となったという（Harish and Carroll 1980：225）。

第2節　雇用公平法の成立と改正──連邦契約事業者プログラム（FCP）

(1)「雇用平等に関する政府調査委員会」（1983年～1984年）

　前節で確認したように、1970年代後半より、カナダ連邦政府は民間セクターに自主的なアファーマティブ・アクションを求め、行政機構内部でもこれを開始した。しかし、成果は出ず、政府が何らかの義務付けをするプログラムを求める声が強くなった。1982年憲法の「人権憲章」第15条2項は、従来、不利益を被ってきた人々の救済を目的とする活動としてアファーマティブ・アクションの実施を法的に認めた。争点となったのは、その方策として、アメリカ的な「優先枠」的なプログラムを導入するか、それとも「平等な機会」提供を徹底するべきか、ということであった。前項で述べたマクマスター大学での「労働の場における人種と性の平等」会議の報告書が示したように、マイノリティに対して優先枠を設けることには企業から懸念の声が上がっていた。そのため、当時の雇用移民大臣は、アファーマティブ・アクション政策について、よりしっかりとしたコンセンサスを形成するために

政府調査委員会（Royal Commission）を設置するよう政権と議会関係者に働きかけた（Timpson 2001：100）。

このような動きによって、1983年6月24日、枢密院委員会は、すべての個人が、平等な基盤の下で雇用機会を求めて競えるよう支援するために、「女性、先住民、障がい者、ヴィジブル・マイノリティ」という四つのグループにおける「構造的差別」(systemic discrimination) をなくす方法を調査するよう雇用移民省に求めた。そして、アファーマティブ・アクションに関する勧告を行うことを目的に「雇用の平等に関する政府調査委員会」(Royal Commission on Equality in Employment) が設置された。

最終報告書に記載された委員会への「委任事項」(P.C. 1983-1924) によれば、調査の趣旨は次の通りであった。カナダ政府は、労働世界における平等の原則を保障するために、1977年にカナダ人権法を制定した。一方、1980年代のカナダの新規労働力の多数派を形成するのは、女性、先住民、障がい者、ヴィジブル・マイノリティの4グループと予想される。カナダ国家は、人権政策と経済政策上、彼らの「雇用可能性」(employability) と生産性を高める必要に迫られている。しかし、カナダの使用者は、意図的ではないとしても、採用と昇進の機会において、彼らを不平等な割合で振り分ける結果を改善していない。そのため、カナダ政府は、人的資源の公平で合理的な配分をこれらの組織の中に保障するために、リーダーシップをとる義務があると認識した。そして、11の国営企業体において、四つの指定グループの雇用機会に対する調査を行うことを決定したのである。

雇用移民大臣の推薦により、ロザリー・シルバーマン・アベラ判事（Judge Rasalie Silberman Abella, 1946, オンタリオ州裁判所・家庭部門）が、本調査の委員長に任命された。報告書の提出期限は、1984年10月31日までであり、調査において、次のことに特に注意を払うこととされた。(a)カナダ石油、エア・カナダ、カナダ国有鉄道会社、カナダ郵便、カナダ公共放送、カナダ原子力など11企業を調査する。(b) 雇用行為を改善する方法の調査をする。現行の自発的なプログラムのような手段に限定せず、強制的な報告義務(mandatory reporting requirements) や強制的なアファーマティブ・アクション（mandatory affirmative action program）の可能性も考慮する。

　さらに、委員長に対して、①政府が取りうる多様な選択肢の影響と結果、また、それらの選択肢に伴う社会経済的な利益と費用、②それに対する事業者、被雇用者とその団体、また、③女性、先住民、障がい者、ヴィジブル・マイノリティの視点を考慮するよう求めた。委員長に任命されたアベラは、第二次世界大戦後の 1946 年に、ドイツ・シュッツガルトのユダヤ系難民キャンプで生まれ、2004 年には最高裁初の女性判事となる人物である。オンタリオ州の法律サービスに対する障がい者のアクセスについての調査において有能な調整力を発揮し高い評価を受けていた。この委員会は「たった一人の一年間の予算 100 万ドルの委員会」(one person, one year, one million commission) と、後にアベラが語るように、実際の委員は彼女一人であった。

　委員会設置後、アベラ委員長から約 1,000 件の関係諸団体・個人にあてて、政府からの委託調査事項を付した意見募集文書が送付された。意見を求める公告は新聞・雑誌にも掲載された。一カ月後、さらに特に必要とされる資料・情報として、①アファーマティブ・アクション、②柔軟な勤務制度と保育サービス、③訓練、採用、昇進、平等な機会、賃金などの調査項目を記した依頼状が、2,000 件の個人と組織に送られた（Timpson 2001：103）。

　第 1 章で考察した「女性の地位に関する政府調査委員会」は 7 名の委員からなり、多数の公聴会が開催された。一方、「雇用の平等に関する政府調査委員会」は、唯一の委員であるアベラが事務局員一名とともに、非公開のインタビューを中心にカナダ各地で訪問調査を行なうスタイルをとった。この調査委員会とその報告書は、その後「アベラ委員会」「アベラ報告書」と称され、現在も頻繁に引用される歴史的記録となっている（Timpson 2001：101）。

　委員会設置から 7 カ月の間に、女性団体、先住民団体、政府公務員、人権担当職員、経済界・組合の代表らとアベラ委員長との間で 137 回の面接会議が実施された。また、6 週間にわたり 17 の都市で、92 回の聴聞会も開催され、1,000 人以上が出席した。

　最終的に、政府調査委員会に 274 件の回答文書（Submission）、数百の手紙

が送られている。そのうち、女性の雇用問題についての意見・報告文書（ブリーフィング）は62件であった。うち、55件は団体・組織によるもの、7件は個人からである。これらのブリーフィングの内容を分析したTimpsonの研究によれば、女性に関する文書のうち79％は何らかの形のアファーマティブ・アクションを求めていた。その内容としては、女性の「優先枠」を導入するよりも、柔軟な目標と予定表を設定する中庸な格差是正策を支持する傾向があった。文書のうち27.4％は、アファーマティブ・アクションを義務づける場合、柔軟なゴール・アンド・タイムテーブル方式が望ましいとしていた。一方、優先枠を支持したのは6.5％であった。優先枠を導入する案については女性団体からも支持は低かったという。一方、企業セクターでの遵守義務を保障する契約事業者コンプライアンス制度を求めるものは12文書（19.4％）、報告義務とモニタリングを求めるものは18文書（29％）であった（Timpson 2001：10, 105）。

　聴聞会、個別の聴き取り、ブリーフィング文書などを通じて、カナダでそれまで実施されてきたアファーマティブ・アクションやアメリカの法制等の実施状況について多岐にわたる検討が行われた。そして、アメリカのアファーマティブ・アクションに関する論争パターンに嵌まることを避けるために、アベラ委員長によって「雇用公平（Employment Equity）」という用語が提唱されることになる。1984年に公表された委員会報告書の目次は次の通りである。

『雇用平等に関する政府調査委員会報告書』目次
　第1部　平等性のための議論
　　第1章　雇用における平等性の定義
　　　・雇用公平（Employment Equity）とアファーマティブ・アクション
　　　・雇用公平の目的
　　　・1982年憲法（人権憲章）における平等性
　　　・経済的な考慮事項
　　第2章　指定グループ
　　　・4つの指定グループ
　　　・労働力のプロフィール分析
　　　（職業の趨勢、産業別の分布、男女の所得格差、教育レベルなど）
　　第3章　指定企業

・労働力の分布（職務、採用、昇進、退職、所得、パートタイムなど）
　　　・雇用方針と実践
　第2部　平等性の実行
　　第4章　教育・訓練
　　　・子ども期の教育
　　　・中等後教育
　　　・成人基礎教育：識字力と語学訓練
　　　・訓練
　　第5章　チャイルドケア
　　　・チャイルドケアとデイケアの概念
　　　・働く親たちの状況
　　　・チャイルドケアシステムの構成要素
　　第6章　雇用公平：職場での障壁を取り除く
　　　・ボランタリーな方法と強制的な方法
　　　・実施のための方法
　　　・労働と年功制度
　　　・民間セクター
　　　・契約遵守
　　　・平等賃金

　第1章の「雇用における平等性の定義」の冒頭では、不公平な現実を是正する方法を考える時、差別的な意図の有無を問うことは無意味であると述べられている。その趣旨は次の通りである。雇用統計において、ある人口集団に関して不均等な実態がある場合は、それは、個人の機会を不均等に妨げる障壁がある指標・証拠とみなすべきである。個人やある集団の行動に、負の結果を生み出しているという現実は、その行為の意図に関わらず、「構造的差別」の結果と判断するべきである（Abella 1984：2, 4）。

　このことを論じるために、1971年のアメリカ最高裁「グリッグス判決」が引用されている[23]。同判決は、差別が起きたか否かの決定は、動機ではなくむしろ結果（impact）を考慮するべきあると判断している。このアプローチは、以後、アメリカの裁判所でも採用されてきたし、カナダでも従うべきであるとする（Abella 1984：9）。

　報告書は、構造的差別の解消のためには、構造的な解決策が必要とされるとし、その方策について次のように述べている。構造的なアプローチは、一

人の加害者と一人の被害者についての視点から差別に取り組むのではなく、慣習的に無意識に採用している制度や実践が、社会のある集団にネガティブな影響を与えている可能性を考慮するものである。

「構造的差別」の解決策について考える際には、二つの差別のパターンに着目する必要がある。一つは、単一的な構成員のために設計されたシステムの構造から発生する負の影響である。もう一つは、ある個人の属性集団に帰する特徴を、個人にまで当てはめるステレオタイプな考え方に基づく行為から発生する負の影響である

一般的に、前者はいわゆる「白人」の健常者男性を第一に据えたシステム設計に由来するものである。一方、後者は彼らの価値観による他の人々への認識に帰着する。どちらにおいても、システムを調整するための介入が重要となる。差別がなければ資格があったはずの人すべてに競争の扉を開き、ある一つの集団に経済的な覇権を与える構造を改革する必要がある。構造的な差別の撤廃は、女性とマイノリティに特権や優遇を与えることではなく、これらの集団を犠牲にして運用されていた西欧の主流派男性を優遇する偏見を取り除くことである（Abella 1984：10）。

差別的な結果への注目と、構造的な差別に構造的な取組を行うことの重要性を論じる一方、報告書は、雇用の平等とは、短絡的にすべての人に同じ結果を与えることではないとする。それは、個人が、能力以外の理由で否定されることなく、最大限、雇用の機会にアクセスでき、その潜在力を行使できることである。そして、機会の平等を保障するには、多様な人々の違いを受け入れ、正当なニーズに対応する必要があるとする。重要なのは、誰をも同じに扱うことではなく、再分配的な正義（justice）を行使することであると報告書は述べている（Abella 1984：4）。

女性については次のような見解が示されている。雇用の平等とは、女性を労働者として正式に処遇することであり、女性の第一の関心が家庭であると決めつけることではない。女性と男性の両方を支援して、親として労働力として力を発揮できるよう、家庭内のケア活動における女性の役割の変化を認める必要がある。女性たちに教育と訓練を提供して、仕事の選択肢において

最大限の幅を得られるよう競争する機会を与えることが重要である。雇用機会の最大限まで女性の求人活動を活発にすること、平等価値の仕事に平等な支払いを行うこと、より責任の大きい高い職位への昇進に関する公正な人事、企業における組織の意思決定への参加、質が保証された保育へのアクセス、男女双方のための有給の親休業、平等な年金と恩給が必要であると述べられている（Abella 1984：4）。

　具体的方法については次のような考え方が展開されている。差別的な行為を廃絶するために、カナダにはすでに人権に関する諸法、労働規範類、人権憲章が存在している。これらの規定は二つの観点で制約がある。第一に、それらは、差別に関する「個人的な申し立て（allegation）」に限定されている。第二に、カナダ人権法を除いて、それらは、潜在的に「意図的な差別」(deliberate acts of discrimination）の場合に制限されている。

　個人的な申し立てに対して人権の執行を行うアプローチは、意図的な差別申し立ての場合に限定される傾向があり、集団的な改善策へと進みにくい。意図的な差別行為に晒された個人が、人権委員会に、救済（redress）の判断や実施を求めるというプロセスは重要であるが、差別問題に取り組む制定法としてはこれだけでは不十分である（Abella 1984：8）。

　アファーマティブ・アクションについては次のような見解が述べられている。雇用における平等を検討する際、雇用前の採用段階と、雇用後の職場における障壁の問題の二つがある。採用段階での取組は、北米ではアファーマティブ・アクションと称されてきた。アメリカ合衆国は、この政策の一つとして人種等による定数割当制（quota）を実施し、公平な雇用機会を作るために政府が介入することを好まない人々からの感情的な反発を招いた（Abella 1984：6）。

　一方、調査委員会を通して明らかになったことは、カナダ社会は割当制の導入を望んでいないということであった。そのため、アメリカの割当制（quota）を想起させるアファーマティブ・アクションという用語は止めて、不必要な抵抗や混乱を避けることが必要とされる。カナダの職場における差別に対する積極的な改善策を、より論理的なレベルで表現するために、調査

委員会は、新しい用語「雇用公平」（employment equity）を採用することを提案している。差別的な障壁を撤廃し、公平な機会を提供するための雇用行為を行っていくという原理を保持する限り、その用語を変えても行動は撤退しないと報告書は述べている（Abella 1984：7）。

　報告書の第2章は、四つの指定グループの労働力プロフィールの分析をしている。障がい者を除く三つのグループは、在職者割合（participation rate）、失業率（unemployment rates）、所得レベル（income level）、職業的な分離（occupational segregation）の四つの統計的指標から、構造的な差別を被っている可能性が引き出される（EDD 2011:21）。男性と女性の年収については、1981年の所得調査の結果から、**図表2-3**のように大きな格差があることが述べられている。大学教員（カテゴリー13）の人数は、男性が22,340名、女性が4,905名で、女性は全体の18％である。また、平均所得は男性35,944ドル、女性26,585ドルであり、女性は男性の約74％である。教育関係の管理職（カテゴリー14）においても同じような結果が出ている。

　図表2-4、**2-5**も報告書に掲載されたデータであり、学位取得者、学士号・専門職学位取得者に占める女性比率を示したものである。学士号取得者は1971年には38％であったが、1981年には50％を超えている。一方、修士号は22％から39％へと増加しているのに対し、博士号は9％から24％までしか伸びていない。

図表 2-3　職業別平均所得の男女差（1980 年）：（男性の平均所得額順）

番号	カテゴリー（職業名）	男性		女性	
		人数	平均所得	人数	平均所得
1	内科医・外科医	18,995	$59,834	3,065	$36,115
2	歯科医	3,875	58,128	295	40,510
3	裁判官・判事	1,335	51,795	--	--
4	外交販売員・投機業者、証券外務員	6,385	46,718	1,575	18,375
5	上級管理職	68,120	46,160	5,205	24,915
6	検眼医	920	42,256	--	--
7	弁護士・行政書士	21,970	40,978	2,835	23,935
8	監督者（鉱山・油田）	2,280	40,506	555	19,303
9	管理職（自然科学・工学）	10,085	38,948	595	23,322
10	整骨医, カイロプラティック	1,385	38,869	--	--
11	パイロット、航海士、航空整備士	5,325	37,125	--	--
12	石油技術者	3,035	36,882	--	--
13	**大学教員**	**22,340**	**35,944**	**4,905**	**26,585**
14	**教育関係の管理職**	**16,345**	**35,434**	**4,450**	**25,772**
15	医療・保健の管理職	4,620	34,339	4,310	23,832
16	鉱山技術者	2,240	33,980	--	--
17	地質学者	4,325	33,728	315	21,207
18	化学技術者	3,945	32,388	--	--
19	建築家・技術者	5,050	32,188	--	--
20	獣医	2,210	32,173	--	--

出典：Abella 1984：74.

図表 2-4　学位取得者に占める女性比率

学位種類	1971 年	1981 年
学士（BA）	38%	50%
修士（MA）	22%	39%
博士（PhD）	9%	24%

出典：Abella 1984：139.

図表 2-5　学士号・専門職学位の卒業生に占める女性比率（分野別）

(%)

		1972/73 年	1981 年	1982 年
農業・生命科学				
	農業	18.1	34.6	38.6
	生物	32.8	45.1	46.4
	家政学	99.0	97.2	97.0
	獣医科学	10.8	43.3	44.6
	動物学	24.9	36.9	41.8
教育学				
	教育学	54.6	73.5	73.5
	体育学	39.3	49.7	52.9
工学・応用科学				
	建築学	9.2	24.4	24.7
	工学	1.2	6.3	7.2
	森林学	39.3	49.7	52.9
芸術学				
	芸術学	60.4	63.1	64.1
健康科学				
	歯学研究	6.8	17.1	20.5
	医学研究	18.3	34.3	36.6
	看護学	96.9	94.9	97.1
	薬学	49.5	65.5	65.1
	リハビリテーション医学	90.8	89.4	90.6
人文科学				
	歴史学	34.4	44.3	46.8
	言語学	65.3	73.3	76.2
数学・物理学				
	数学	30.1	34.0	30.9
	化学	20.8	29.6	29.7
	地質学	9.2	19.6	25.1
	物理学	9.8	11.3	11.5
社会科学				
	商業学	10.3	31.5	34.2
	経済学	11.2	28.1	28.4
	地理学	22.2	37.7	36.4
	法学	13.9	35.8	37.1
	政治学	19.9	36.1	37.1
	心理学	55.2	70.8	72.8
	ソーシャルワーク	70.4	77.6	78.0
	社会学	51.7	67.9	67.8

出典：Abella 1984：140-141.

(2) 政府調査委員会による提言（1984年）

　政府調査委員会報告書の内容と提言は、1986年に成立する「雇用公平法」と「連邦契約事業者プログラム（FCP）」に反映されることになる。同法とFCPに関連する事項について、報告書は次のように述べている。委員会への調査委託事項には、「構造的差別」の撤廃方法として2つの選択肢を検討することが求められていた。一つは自発的な方法（voluntary）、もう一つは義務的な方法（mandatory）である。

　「女性の地位に関する政府調査委員会」の後、1970年代後半から、連邦政府内で雇用公平促進プログラムを自主的に進めることが奨励された。しかし、公務員に占めるマイノリティの割合は変化しなかった。一方、義務的な方法は、カナダではまだあまり実践されていないが、サスカチェワン州の資源開発で先住民を増やす取組、また、連邦政府とケベック州の行政機関で、二言語使用可能者を増やすことについては効果があったといわれる（Abella 1984：197）。

　調査報告書が参考になる例として詳細に分析しているのが、本節第2項で考察したアメリカの「大統領行政命令11246号」による「連邦契約遵守プログラム」（Federal Contract Compliance Program）である。アメリカでは、差別禁止義務についての連邦の法規規定は、1964年の公民権法第7編を根拠とする。差別が発見された場合、第7編に基づいて裁判所はアファーマティブ・アクションを実施するよう使用者に命ずる。第7編の執行は、雇用平等機会委員会（Equal Employment Opportunity Commission, EEOC）によって管理されている（Abella 1984：199）。

　その一方、「大統領令11246号」によって、連邦政府契約上の義務（contractual obligation）を課す「連邦契約遵守プログラム」が「連邦契約遵守局」（Office of Federal Contract Compliance Programs）が管理されている。調査報告書は、行政的な重複を省いて、これを後者に統一し、カナダ連邦政府によって規制を受けるすべての使用者（国営企業体、連邦行政機関、民間業者を含む）に、雇用公平を実施することを命ずる法律を作ることを提言した。そして、次の三つの内容を含めることを求めた（Abella 1984：203）。

① 連邦政府によって規制される使用者が、差別的な雇用慣行を撤廃するための方策の段階的手段についての規定
② 連邦政府によって規制される使用者が、その職場における、指定グループの割合、職務分布、所得レベルについての毎年のデータを集め整備することを求める規定
③ 執行メカニズム（enforcement mechanism）

である。

報告書の最後には、117にわたる提言のリストがまとめられている。提言は大きく分けて、雇用公平に関する法律やプログラム、教育と訓練、子どものケアから構成されている。雇用公平法に取り入れられた提言と、取り入れられなかったが大学における公平性の推進に関係する提言をリストアップしたものが**図表2-6、2-7**である（Abella1984：255, Timpson 2001：134）。

教育に関する提言の56と57は、中等後教育における指定グループのアクセスを高めるよう求めるものである。提言56は、パートタイム履修者には女性が多いこと、提言57は、女性の理系分野への進学問題が該当する。提言91から94は、子どものケアに関するもので、報告書の本文でも1章が割かれている。しかし、後述するが、雇用公平法とFCPの策定、その他の施策においてまったく反映されなかった。

第1章で考察した「女性の地位に関する政府調査委員会」の提言、また「雇用の平等に関する政府調査委員会」の提言でも、子どものケアが女性の社会進出にとって必要であることが述べられたが、この問題は、連邦政府では取り上げられず、21世紀まで持ち越される。なお、提言91は、子どものケアについて「デイケア」ではなく、「チャイルドケア」という用語を用いるよう求めている。これは提言92と結びついており、子どものケアについて、福祉・労働政策としてではなく、教育的な側面に目を向けるものである[24]。

図表 2-6 「雇用平等に関する政府調査委員会」報告書の提言（雇用公平法関係）

提言番号	内容	雇用公平法の条文への反映
1	連邦政府の管轄下にある使用者はすべて、法律によって雇用公平の実施を要求される。雇用における差別的障壁と行為を撤廃する方策は、アファーマティブ・アクションという用語ではなく、雇用公平という語を用いるべきである。	1、3～4条
2	雇用公平に関する法律は、次の三つの内容を含むべきである。 a) 使用者が雇用公平を実施することを求める規定 b) 指定グループごとに、各職場における被雇用者の割合、職務分布、所得レベルについてのデータを収集し、毎年、文書で提出することを求める規定 c) 執行メカニズム	1、4～10条
3	雇用公平を実施する制定法は、差別的な障壁を撤廃し、必要な場合、職場における「指定グループ」の参加を改善するよう計画した雇用行為を発展させて維持するよう、使用者に義務づける。ただし、「割当制」は課せられるべきではない。	1、4条
4	雇用公平法の対象になる使用者が、職場における改善プログラムを導入する時に、カナダ人権委員会の承認を必要とする「カナダ人権法」の第15条と、第15条（1）は改正すべきである。	1、4条
6	雇用行為の見直しにあたって使用者は、柔軟性を与えられるべきである。	5～7条
7	雇用公平の実施について法的義務を課す目的は、職場における差別的な障壁を撤廃することによって、指定グループにおける資格をもつ個人の雇用機会を拡大することであるため、最初に、システムではなく、結果がレビューされるべきである。もし、執行機関によって、その結果が不当に（unreasonably）、低いとみなされた場合は、使用者の求人、それまでの記録、地域の労働力の実情とを照会し、執行機関は、その結果が差別的な雇用慣行でないか決定判断する。そうであると判断された場合は、改善について使用者は指導を受ける。	8～10条
8	差別的でない雇用行為を使用者が計画できるように、執行機関は、経済・労働団体、指定グループと調整し、雇用公平実施ガイドラインを開発する。	11～12条
9	執行機関によるガイドラインの作成、使用者による適切な雇用目標策定のために用いられる適切なデータを、カナダ統計局は、執行機関に提供する。	11～12条
10	機密性について被雇用者に保証して、指定グループの職場での割合について、職務カテゴリー、給与幅についての情報収集を、使用者に課す。このデータは、執行機関によって毎年、文書の形でまとめられるべきである。採用、昇進、退職、解雇、パート職、契約労働、内部作業部会または委員会、訓練・教育のための休暇の機会についても、指定グループの割合データが集められるべきである。	5～10条
13	ジェンダー、人種、エスニシティ、障がいについての分類の決定は、被雇用者の自己認識・申告に基づくべきである。	11～12条
18	執行機関は、使用者のデータ、カナダ統計局による分析、執行機関による評価（assessment）を、毎年、議会に報告書として提出して公開を可能にする。	8～10条
19	雇用公平を実施する規定は、法制定後すぐ実行されるべきであるが、データ収集についての使用者の義務は、標準化された要件が開発されてから生じる。データに関する規定の開発と調整、使用者による情報システムや人事の再編、戦略的な計画システムのために、データを文書で報告する規定は、法発効後に3年間の猶予を与えるべきである。	5～7条
23	雇用公平のための執行機関が必要である。それは、a）独立し、b）労働関係、雇用システム、人権問題に詳しい資質を持つスタッフ、c）その使命を実行するための十分なリソースを持ち、d）雇用公平ガイドラインの開発について、経済・労働界、指定グループの国と地域の代表と継続的に調整を行なう。レビューと調査プロセスを、デュー・プロセスと一致させる。	8～10条
27	連邦と州の統制を受ける使用者に、雇用公平の実施を求める立法がない場合、連邦政府は契約遵守（contract compliance）プログラムを実施する。契約遵守プログラム下で、連邦政府は雇用公平に合意する企業からのみ、商品とサービスを購入する。契約遵守は、法制によって課せられるべきである。	3条
28	連邦政府との契約には、雇用公平の実施についての要件の他に、目標やタイムテーブル、適切な訓練や、カナダの北部や遠隔地では交通もしくは住宅の提供のような、地域のニーズに対応する（accommodate）他の条項を含むことが考えられる。	3条

出典：Timpson 2001 他より筆者作成。

図表 2-7 「雇用平等に関する政府調査委員会」報告書提言（教育関係）

提言番号	内容
56	指定グループの学生によるアクセスを高めるために、中等後教育のパートタイムでの利用可能性を高める便利な時間に行なわれ、幅広い科目を含める。
57	大学は、指定グループの学生を、彼らが過少である科目や職業に、特に引き寄せるよう創造的なリクルート方針を企てる。
91	親の不在時に、代替的に子どものケアをする制度を表現するのには、「デイケア」ではなく、「チャイルドケア」という用語を用いるべきである。
92	理想的なチャイルドケアシステムは、公的資金で実施され、適切な質を保ち、普遍的にアクセスされる。しかし、それを義務づけるべきではない。誕生から、大人の世話を受けずに子どもが家にいることが法的に認められる年齢まで提供されるべきである。これが実現不可能であったとしても、フルタイムで子どものケアができない親の子どもや、障がいによって特別なニーズをもつ子どものためには、チャイルドケアが提供されるべきである。
93	連邦政府は、州・準州政府と協力し、チャイルドケアの適切な財政制度を発展させるべきである。「カナダ社会扶助プラン（CAP）」は、チャイルドケアにとって、不適切な財政制度である。なぜなら、これは、チャイルドケアが福祉システムの一部であるという考え方を永続化させる。
94	一貫した国の基準を保証するために、州・準州、関係者の調整に基づいて、ナショナル・チャイルドケア法を制定する。

(3) 雇用公平法（1986年）と「連邦契約事業者プログラム（FCP）」の成立

　政府調査委員会報告書に基づいた法案（Bill 62）は、1985年に連邦議会に上程され、1986年8月13日に、「雇用公平法」(Employment Equity Act R.S.C.1985 c23) が制定された。同法は全14条から構成されている。第2条は、同法の目的について、雇用機会と利益の平等を達成し、四つの人口集団「女性、先住民、障がい者、「ヴィジブル・マイノリティ」(visible minority) に対して「特別な措置と差異の調整」を行うと定めている。

雇用公平法
第2条（法律の目的）
この法律の目的は、何人も能力とは関係のない理由によって、雇用の機会及び雇用にかかる利益を否定されることのないよう労働の場における平等を成しとげること、並びにその目標を

第2章 「雇用公平法」と大学　133

> 達成するにあたり、女性（women）、先住民（Aboriginal peoples）、障がい者（Persons with disabilities）、及び人種または皮膚の色を理由とするヴィジブル・マイノリティ（Members of visible minorities）に含まれる者が経験する雇用上の不利な状況を、雇用公平性とは単に人を同等に扱うことを意味するにとどまらず特別な措置及び差異の調整（special measures and the accomomodation of differences）を必要とするという原則を実効あるものとすることによって、是正することにある。

第3条（定義）では、四つの人口集団を「指定グループ」（designated group）とすること、また対象となる「使用者」を「カナダ労働法典第2条に定義する連邦の業務、企業もしくは事業において又はこれに関連して、100人以上雇用するもの」としている[25]。カナダの労使関係の規制権限は連邦と州の管轄に分かれており、カナダ労働法典は、州をまたがる公益産業分野（公共企業体及び金融、通信、州にまたがる運輸産業等）を対象としている。各州内の地域的で公益性をもたない産業については、各州の管轄権のもとにあるため、雇用公平法の対象にならない[26]。

第4条は、使用者に対して、指定グループの障壁となっている雇用慣行を精査して除外すること（同条a）と、指定グループの労働者の割合を、全労働者に占める割合もしくは資格、適格性又は地域によって特定でき、かつ使用者が採用や昇進を予定している対象集団に占める割合に比例させるよう、積極的な方策並びに合理的な調整を行うことを義務づけている（同条b）。

そして、雇用公平の実施を確実なものとするために、使用者は毎年、計画を立案し（第5条）また毎年6月までに前年の報告書を大臣に提出することが義務づけられている（第6条）。大臣は報告書をカナダ人権委員会（第8条）、上下両院（第9条）、公共の閲覧（第10条）で利用できるようにする義務を負う（福井 1995：8-11）。

この法律において罰則は、報告書の提出を怠った場合にのみ課せられている（第7条）。雇用公平の実施そのものを怠った場合の直接的な罰則は規定されていないが、報告書が出ることによって、各事業所での雇用の実態が明らかになり、それに基づく関係機関の指導監督が行われる。報告書の最初の提出期限は1988年6月に設定されていたが、カナダ人権委員会は、この報

告書に基づき同年12月に、一部の使用者に対して数値的目標を含む改善指導を行った（福井1995：8-11）。

同法によって、雇用公平に関する三つのプログラムが開始される。一つは、同法第2条に定義された州をまたがる公益産業分野の事業者に向けた「法定雇用公平プログラム」（Legislated Employment Equity Program, LEEP）である。他の二つは、条文には規定はないが、同法を根拠とする行政事業として、連邦政府職員を対象とする「連邦公共サービス雇用公平プログラム」（Employment Equity in the Federal Public Service）と、連邦政府の契約事業者を対象とする「連邦契約事業者プログラム」（FCP）である。ともに1986年6月から開始された。

FCPは、連邦政府と1契約20万ドル以上の契約を締約し100人以上を雇用している使用者に対して、雇用公平法第2条対象の事業者とほぼ同じ実践を自主的に行うことを促すものである。「雇用平等に関する政府調査委員会報告書」でも検討されたアメリカの「連邦契約遵守プログラム」を踏襲するものである。対象となる契約者は800事業所以上であり、その雇用労働者は約70万人と推定された。法的な規定も罰則もないため拘束力は小さい（福井1995：8-11）。

関係者が予想していなかったのは、州の財政支援で運営されている大学がFCPの対象になったことである。雇用公平法の延長で行われるFCPは、当初、一部の公営企業体とカナダ政府が所有する企業を対象とする予定であった。主要な大学を含めることが、当初の意図にあったのかは不明であるが、被雇用者が100人以上いて連邦政府と20万ドル以上の研究プロジェクトなどの契約を締結する大学はFCPの対象となった。これによって、該当するプロジェクトだけでなく、全学における雇用公平について推進・報告しなければならなくなった。一部の大学は、雇用公平法成立以前から、指定グループの雇用促進に取り組んでいたといわれるが、明確な成果を上げられなかったため、大学もFCPの対象に入れられたという（Bond 1987：2）。

(4) 第二次雇用公平法（1995年）

1980年代の各国の男女雇用平等法制について国際調査を行った齋藤

(1995) によれば、この頃の各国の「アファーマティブ・アクション」に関する法規定は二つに整理される。①被差別グループへの優遇措置を「差別禁止の例外」とする規定をおく場合と、これをさらに進めて、②「アファーマティブ・アクションの実施」を求める規定を設けている場合である。①と②の両方の規定を設けている国もある。また、その用語は、アファーマティブ・アクション、ポジティブ・アクション、暫定的特別措置（temporary special program）、合理的配慮（reasonable accommodation）など様々である。

1977年のカナダ人権法（第15条）と1982年憲法（第15条）は、差別されている集団を優遇する措置を「差別禁止の例外」として認める①に分類される内容である。一方、雇用公平法は、アファーマティブ・アクションとして「特別な措置と差異の調整」を雇用者に「義務」づける②に該当するものである。「雇用公平法」によって、カナダは雇用に関する積極的な改善措置について二重の法整備を行う先進的な事例となった（斎藤1995：1-7）。

しかしながら、雇用公平法は、適用範囲が、100人以上を雇用する連邦政府管轄下の民間企業に限られ法の強制力も弱いため、改正を求める声が多かった。人材開発大臣は、1994年12月12日、規定内容を強化する改正案（Bill C-64）を議会に提案した。翌1995年12月15日、連邦議会において可決成立し、1996年10月24日より同法施行規則とともに改正法が施行された。改正の主なポイントは、①法の適用範囲の拡大、②法の実効性を確保するためのカナダ人権委員会の権限強化、③使用者の責務の明確化、④「連邦契約事業者プログラム」（以下、FCP）が同法条文に取り入れられたことであった（木村2011：146）。

「第二次雇用公平法」（Employment Equity Act、1995年12月15日, c.44）は、法の目的や定義について述べた第1条〜第4条、第1編「雇用公平」（第5条〜第21条）、第2編「コンプライアンス」（第22条〜第34条）、第3編「金銭的な処罰の査定」（第35条〜第40条）、第4編「総則」（第41条〜第55条）から構成されている。1986年の法律が全14条で構成されていたのに対し、1995年法は全55条になり、規定もより詳細になっている。

第一次雇用公平法では条文に規定がなかったFCPは、新たに規定された

第 42 条において、プログラムを監督する権限を担当大臣に明示的に委ねる形で法的担保が強められた。**図表 2-8** は、雇用公平法の第 2 条の対象プログラムと第 42 条の FCP とを比較したものである。

FCP 事業者は、数値目標、予定表、計画の策定を義務づけられているが、その内容について政府に提出することは求められていない。数年ごとに、人材開発省（HRDC, 2003 年から人材技能開発庁，その後改組を経て、現在は雇用・

図表 2-8　雇用公平法と FCP 対象事業者とその義務

対象と義務		雇用公平法	FCP
対象	連邦管轄下の企業（第 4 条に規定される事業者）	◆	
	連邦政府の国営企業体	◆	
	連邦政府の行政機関	◆	
	100 名以上の被雇用者がいて、20 万ドル以上の契約を連邦政府と結ぶ民間事業者　（大学も含まれる）		◆
上級管理層の関与			◆
雇用公平を担当する上級管理職の任命			◆
本人の意思による自己認識に基づく労働者のデータを収集し集計する		◇	◇
職種ごとに、指定グループの比率を、国勢調査の「雇用可能人口比率」と比較する		◇	◇
差別的な障壁を識別し撤廃するために、雇用制度を見直す		◇	◇
指定グループの採用、訓練、昇進のための数値目標とタイムテーブルを確立する		◇	◇
目標を達成するための活動計画を作成する		◇	◇
雇用公平について、被使用者に情報を提供する		◇	◇
特別な方策と合理的配慮 (special measures and reasonable accommodation)		◇	◇
雇用公平計画の準備において、被使用者の代表と調整・連携する		◆	
指定グループの統合のために好ましい文化を形成する			◆
結果をモニターし、計画を修正する		◇	◇
人材開発省（HRDC）による現地視察			◆
カナダ人権委員会（CHRC）によるコンプライアンス監査（compliance audit）		◆	
指定の様式を用いて、毎年、大臣に報告する		◆	
報告書を公開する		◆	

◆は、雇用公平法と FCP とで異なる事項。
出典：Agocs 2002：69．

社会開発省）の現地視察の対象になる[27]。

第3節　雇用公平法に対する大学の取組

(1) 連邦契約事業者プログラム (FCP)

　第1章の最後に、1984年の「サイモンズ報告」について述べた。報告書で指摘された大学教員における女性の少なさは、1986年の雇用公平法と連邦契約事業者プログラム（以下、FCP）の導入を背景に徐々に改善されていく。ここで、第二次雇用公平法以降のFCPの具体的な運用について述べておく。連邦政府と20万ドル以上の契約を結ぶためには、事業者はFCP参加資格書（Certificate of Commitment）に署名を行い、担当官庁（当初は人材開発庁、2003年から人材技能開発庁、その後改組を経て、現在は雇用・社会開発省）より「資格番号」（Certificate Number）を入手する。事業契約後、事業者はFCPのガイドラインに基づき、データ収集、労働力分析、雇用公平性計画、計画実施を進めなければならない。FCP事業者は、担当官庁によって数年に一度任意抽出されて、現地調査の対象になり、結果が良好な場合は表彰される。悪い場合は指導を受け1年間を目安として改善を求められる。最終的に「ノン・コンプライアンス」の評価が出された場合、担当大臣は、その事業者を「FCP非資格事業者リスト」（FCP List of Ineligible Contractors）において公開することが認められている。その場合、事業者は、一定期間、連邦政府との契約事業への入札権利を失う。しかし、現実には、この段階に進む事業者はほとんどいない。

　2001年には、約80万人以上の労働者を雇用する約800の事業者がFCPの契約を結んだ。FCPは、結果よりもむしろ経過に焦点をあてるものである。職場における「指定グループ」の割合が、カナダ全体、またその州の労働力の構成に占める指定グループの割合と同じになるように、使用者が自分たちの環境と業務に合わせて作った公平性計画を作成し実施することを促している（HRDC 2002：i）。

　FCP事業者が行う労働者の統計収集・分析にあたっては、二つの系統の

業務が行われている。一つは、雇用公平法に関する年次報告へのデータの提供と分析である。事業者は、雇用公平法職業分類（EEOG）の14カテゴリーに基づき指定グループの分析を行う。11のカテゴリーは、①シニア・マネージャー、②中間管理職、③専門職、④准専門職・技術者、⑤スーパーバイザー、⑥スーパーバイザー（工芸・貿易）、⑦商業に関する管理職、⑧熟練セールス・サービス者、⑨熟練工芸・貿易者、⑩事務職、⑪中間的セールス、サービス職、⑫准技術労働者、⑬その他セールス、サービス職、⑭その他肉体労働者である。この分類では、大学教員・司書は③の専門職に該当する。このデータと分析、アクションプランなどを、FCP事業者は人材開発省（2003年以降はその後続組織）の「労働プログラム」（Labour Program）担当部門に提出する。

もう一つの系統の業務は、5年に一度実施される国勢調査後、同じく労働プログラムの「雇用公平データ報告」（Employment Equity Data Report, 最新版は2006年）によって公開される職業分類別の「雇用可能人口比率」（availability）という数値と照らし合わせた構成員の分析である。

カナダ政府は、国内のすべての職種を、分野と技能によってマトリクス状に記載しコード化した「全国職業分類（NOC）」（National Occupational Classification Matrix）を作成している。横軸に職業の種類（1～10）、縦軸に必要となる能力レベル（O・A・B・C・D）が配置され、約数百種の職種を分類している[28]。大学教員のコード番号は2006年版では4121であった。2011年5月10日実施された2011年国勢調査では、4011である（日本総合研究所 2010：67）。

カナダの国勢調査（Census）は、西暦の末尾の年が1と6の年に、5月3日以降の2週間に実施される[29]。カナダ統計局が国勢調査結果を公表した後、「労働プログラム」担当部局は、全国職業分類の各NOCコードの職業ユニット（Unit）における雇用公平法の指定グループの「雇用可能人口比率」を公表する。この比率は次の国勢調査でデータが更新されるまで、職業ユニットに占める指定グループの比率の比較指標として用いられる。全国、州別、主要都市についてのデータが公開され、これをまとめた資料は900ページに及ぶ。

図表 2-9　大学教員（University Professor）*における指定グループの「雇用可能人口」と比率（2006 年）

	合計		男性		女性		先住民		人種的マイノリティ	
	人	%	人	%	人	%	人	%	人	%
全国	64,220	100	38,815	60.4	25,405	39.6	600	0.9	9,705	15.1
NL 州	1,170	100	665	56.8	500	42.7	-	-	140	12.0
PE 州	225	100	175	77.8	50	22.2	-	-	10	4.4
NS 州	2,915	100	1,615	55.4	1,300	44.6	10	0.3	355	12.2
NB 州	1,790	100	1,045	58.4	745	41.6	-	-	165	9.2
QC 州	15,930	100	9,750	61.2	6,180	38.8	40	0.3	1,820	11.4
ON 州	23,510	100	14,570	62.0	8,940	38.0	180	0.8	4,140	17.6
MB 州	2,720	100	1,635	60.1	1,080	39.7	60	2.2	385	14.2
SK 州	2,210	100	1,170	52.9	1,040	47.1	115	5.2	395	17.9
AB 州	5,340	100	3,180	59.6	2,165	40.5	45	0.8	840	15.7
BC 州	8,405	100	5,010	59.6	3,395	40.4	145	1.7	1,450	17.3

注：＊ 2006 年の Unit Group 4121 University Professor には、名誉教授（professor emeritus）、教員養成カレッジ（teacher's college）の教員（teacher）、大学講師（university instructor）、訪問研究者（visiting scholar）などが含まれている。2011 年の NOC4011 には、新しく Postdoctoral fellow が加えられた。
出典：HRSDC 2006：table 5. 概数表記で公表されるため、合計は一致しない。

　図表 2-9 は、2006 年の国勢調査後に公表された雇用公平データ報告における大学教員についての指定グループの「雇用可能人口」とその比率である。カナダの大学教員は約 64,000 人と推計されている[30]。女性の「雇用可能人口比率」は 39.6％とされている[31]。この比率は、次の 5 年後の国勢調査まで、雇用公平性を推進するための指標とされる。大学の雇用公平担当組織（人事部や統計部門）は、この指標と、教職員に占める雇用公平法の四つの指定グループの比率を比較する。学内における「指定グループ」の比率が、国、州、都市の「雇用可能人口比率」より低い場合は、大学として改善計画を立てなければならない。

(2) 各大学に設置された「公平性」に関する組織

　カナダの大学は州財政に基盤をもつ公費大学であるが、研究活動には、連

邦政府から学術助成金機構を経て資金が交付されている。そのため、20万ドル以上の研究資金を交付されている大学はFCPの対象になった。1980年代、大学はすでに、同一労働同一賃金の検討、年金計画の見直し、定年制度の廃止など、国が推進している政策への対応に追われていた。予算削減、退職数の停滞、新規テニュアトラックポジションの減少によって、大学執行部は厳しい立場に立たされていた。新たに、雇用公平法とFCPの遵守し、雇用公平性を推進するには、人件費やポストを確保する必要がある。団体協約で決められた採用、昇進、一時解雇条項に関する先任者優先制度との調整の困難、指定グループに属する人から個人情報を収集することの難しさなど、執行部や関係者からの抵抗も予想された（Bond 1987：2）。

すでにみたように、1980年代には、大学在籍者と学士号取得者について、人文科学、社会科学、生命科学、心理学、生物学、医学では、女性比率は30％を超えており、いくつかの分野では50％を超えている。大学院でも女性の学生数が増加しているのにもかかわらず、女性教員比率は、約50年間、ほとんど変化していない。カナダ統計局の1984年のデータでは、フルタイムの学術職に任命されている者の内、女性の割合は16％でしかなかった。（Bond 1987：3）。

雇用公平法の成立とFCPの対象になったことを受けて、1987年、高等教育に関する学術研究雑誌『カナダ高等教育研究誌』に、マニトバ大学高等教育オフィス所長のボンドの巻頭言「雇用公平」（Employment Equity）が掲載された。大学が直面する義務について、次のように述べられている（Bond 1987：2）

博士課程の女性比率はどの分野でも、女性教員比率より高い状況であり、この不均衡を正すには、雇用公平法が求める採用目標を、学問領域、地域ごとに、博士号取得者に占める指定集団の比率を確認して柔軟に設定する必要がある。改革を阻害する要因を取り除くためには褒章的な制度を作る必要がある。具体的には次のような実践が提案されている（Bond 1987：3-4）。

① テニュア・トラック採用数の減少、パートタイム教員の構造的な

周縁化、伝統的な男性のキャリアモデルに有利に働く選別基準といった現状の阻害要因の分析
② 応募者の裾野を広げることを目的とした配偶者雇用、親休業の整備、セクシュアル・ハラスメント対策などの間接的支援
③ すでに常勤で雇用されている人々に対する改革のためのインセンティブ
④ 不平等を正す試みに成功した学部（長）や学科（主任）に与えられる財政的な特典⑤指定グループのシニア層を、客員講師、研究フェローに招聘
⑥ 指定グループのメンバーが候補者選定リストになかった場合、上部の人事委員会が、学部が推薦した採用予定者の審査を差し戻す制度

2010年では大学協会に加盟している90校中、36校がFCP事業者である。FCP事業者へのガイドラインでは、11の評価項目が作られている。第5項目は、全労働者の分析（マイノリティの分布の把握）となっている。このガイドラインに沿った業務を実施していくために、FCPの対象大学は、雇用公平に関する委員会、組織を設置して、計画や指針の作成、モニタリングを行うようになった。第二次雇用公平法から約10年後の2005年における各大学の雇用公平オフィスもしくは指針等について、ウェブサイトでの情報公開状況を調査したものが**図表2-10**である[32]。雇用公平に関する組織の有無と名称などについて、カナダ大学協会（AUCC）に所属する全90校をウェブ上で調査した（アクセス日は、2005年12月5日～12月25日）。各大学のホームページの検索エンジン、サイトマップ等において、英語を主たる教授言語とする大学については、*equity, human rights, diversity, harassment*など、フランス語を主たる教授言語とする大学については、*équité, harcèlement*などの検索語によってその動向を調べた。

図表 2-10　カナダの大学における雇用公平に関する組織・指針等（2005 年、州別）

	大学名	FCP 校	雇用公平に関係する組織、役職、指針等
	NL 州		
1	Memorial University of Newfoundland	FCP	・Joint Equity Committee on Employment Equity and the Appointment of Academic Staff Members ・Sexual Harassment Advisor
	PE 州		
2	University of Prince Edward Island		
	NS 州		
3	Acadia University		・Equity Office　（教育・学生含む）
4	Dalhousie University	FCP	・Employment Equity Office
5	Mount Saint Vincent University	FCP	・Sexual Harassment & Fair Treatment Policy Office ・Sexual Harassment and Fair Treatment Advisor
6	Nova Scotia Agricultural College		
7	Nova Scotia College of Art and Design		
8	Saint Mary's University	FCP	
9	St. Francis Xavier University		・Equity Advisory Committee（教育・学生含む） ・Equity Advisor, Equity office（教育・学生含む）
10	Université Sainte-Anne		
11	University College of Cape Breton University		・Human Rights Officer
12	University of King's College		・Equity Liaison Officer（教育・学生含む） ・Racial Equity Committee（教育・学生含む） ・External Equity Consultant（教育・学生含む）
	NB 州		
13	Université de Moncton		・Coordonnatrice de l'équite en matière d'emploi ・Conseillère en matière de harcèlement sexuel et sexiste
14	Mount Allison University		・Sexual Harassment Advisor
15	University of New Brunswick	FCP	・Human Resources Consultant（Employment） ・FCP についての情報
16	St. Thomas University		・Sexual Harassment Policy
	QC 州		
17	Bishop's University		
18	Concordia University	FCP	・Office of Rights and Responsibilities ・Employment and Employee Development Unit ・FCP についての情報
19	HEC Montréal		・Service de placement et de gestion de carrière
20	Université Laval	FCP	

第2章 「雇用公平法」と大学　143

	大学名	FCP校	雇用公平に関係する組織、役職、指針等
21	McGill University	FCP	・Equity Office ・Joint Senate-Board Committee on Equity ・Sexual Harassment Office
22	Université de Montréal	FCP	・Bureau d'intervention en matière de harcèlement ・Comité paritaire sur l'accès à l'égalité en empoi pour les femmes au sein du corps professoral ・Programme d' accès à l'égalité
23	Univ. du Quebéc		＊ケベック大学本部（10校を管理）
24	École Polytechnique de Montréal		・L'ombudsman
25	Univ. du Québec-École nationale d'administration publique		・Politique sur le respect et l'intégrité des personnes
26	Univ. du Québec-École de technologie supérieure		・Politique contre le harcèlement
27	Univ. du Québec-Télé-université		
28	Univ. du Québec-Institut national de la recherche scientifique		・Conseillère juridique,Le Service des affaires juridiques ・Politique sur le respect et l'intégrité des personnes
29	Univ. du Québec en Abitibi-Témiscamingue		
30	Univ. du Québec à Chicoutimi		・Comité institutionnel contre le harcèlement et la violence
31	Univ. du Québec en Outaouais		・Comité d'équité salariale ・Comité santé et prévention
32	Univ. du Québec à Montréal	FCP	・Bureau de l'ombudsman
33	Univ. du Québec à Rimouski		・Politique contre le harcèlement
34	Univ. du Québec à Trois-Rivières		・Comité des plaintes sur le harcèlement psychologique au travail ・Le protecteur universitaire (ombudsman)
35	Université de Sherbrooke		・Bureau de la protectrice des droits
	ON州		
36	Brock University		・Harassment Prevention Services
37	Carleton University	FCP	・Equity Services
38	Collège dominicain de philosophie et de théologie		＊神学校
39	University of Guelph	FCP	・Human Rights & Equity Office（教育・学生含む）
40	Lakehead University	FCP	・Harassment and Discrimination Policy and Procedures ・Anti-Racism and Ethnocultural Equity Policy
41	Laurentian University of Sudbury		・Harassment Officer
42	McMaster University	FCP	・Human Rights and Equity Services（教育・学生含む） ・Sexual Harassment/Anti-Discrimination Office
43	Nipissing University		・Equity Committee ・Personal Harassment Committee

	大学名	FCP校	雇用公平に関係する組織、役職、指針等
44	University of Ottawa	FCP	・Sexual Harassment Office
45	Université Saint-Paul		・Sexual Harassment Prevention Committee
46	Univ.of Sudbury, Univ. de Sudbury		・Resolution of Human Rights Issues, Anti-Harassment
47	Queen's University	FCP	・Human Rights Office ・University Advisor on Equity
48	Redeemer University College		・Sexual and Gender Harassment Policy
49	Royal Military College of Canada		＊国立軍事大学院
50	Ryerson University	FCP	・Office of Discrimination and Harassment Prevention Services ・Office of the Ombudsperson ・Office of Employment and Educational Equity
51	University of Toronto	FCP	・Sexual Harassment Education, Counseling & Complaint Office ・Status of Women Office ・Special Advisor to the Principal on Equity Issues ・Special Advisor to the Principal on Diversity
52	University of St. Michael's College		University of Toronto の HP へ
53	University of Trinity College		
54	Victoria University		University of Toronto の HP へ
55	Trent University	FCP	・Human Rights Advisor
56	University of Waterloo	FCP	・Conflict Management and Human Rights Office
57	St Jerome's University		University of Waterloo の HP へ
58	University of Western Ontario	FCP	Equity & Human Rights Services（教育・学生含む）
59	Brescia University College		・Equity Committee（教育・学生含む） ・Equity Officer（Academic Dean's Administrative Assistant）
60	Huron University College		
61	King's (University) College		・Equity Services ⇒ Univ.of Western Ontario の HP へ
62	Wilfrid Laurier University		・Interim Harassment/Discrimination Coordinator
63	University of Windsor	FCP	・Human Rights Office
64	York University	FCP	・Office of the Ombudsperson and Centre of Human Rights
	MB 州		
65	Brandon University		
66	University of Manitoba	FCP	・Equity Services Office,
67	Collège universitaire de Saint-Boniface		・Conflicts d'intérêt ・Harcèlement discriminatoire et harcèlement sexuel ・Équité en matière d'emploi
68	The University of Winnipeg		・Harassment Officer, Human Rights & Harassment Office
	SK 州		
69	The University of Regina		・Harassment and Discrimination Prevention Office ・Education Equity initiative

第2章 「雇用公平法」と大学　145

	大学名	FCP 校	雇用公平に関係する組織、役職、指針等
70	Campion College		＊神学校
71	Luther College		
72	First Nations University of Canada	FCP	＊すべての人種を対象とするが、First Nations の文化と価値観の環境を尊重する大学
73	University of Saskatchewan	FCP	・Discrimination and Harassment Prevention Services
74	St. Thomas More College		・Human Resources Manager（Coordinator for the Prevention of Discrimination and Harassment）
	AB 州		
75	University of Alberta	FCP	・Office of Human Rights
76	Athabasca University		＊通信制大学
77	University of Calgary	FCP	・Alberta Human Rights Commission ・Sexual Harassment Adviser
78	University of Lethbridge	FCP	・Native Student Advisor
79	The King's University College		
80	Concordia University College of Alberta		・Harassment Advisor
	BC 州		
81	The University of British Columbia	FCP	・Equity Office（教育・学生含む）
82	University College of the Fraser Valley	FCP	・Conflict Resolution & Human Rights Advisor ・Human Rights and Conflict Resolution Office
83	Emily Carr Institute of Art and Design		
84	Malaspina University-College		・Human Rights Advisor ・Human Rights Office
85	University of Northern British Columbia		
86	Royal Roads University		・Royal Road University Policy on Integrity and Misconduct in Research and Scholarship
87	Simon Fraser University	FCP	・SFU Human Rights Office
88	Thompson Rivers University		・Harassment and Discrimination Prevention Committee ・Harassment Advisor
89	Trinity Western University		・Equity of Access Office（教育・学生含む） ・Harassment Contact Person Director of Human Resources
90	University of Victoria	FCP	・Office for the Prevention of Discrimination and Harassment

注：(1) 2005 年の AAUC 加盟の全 90 校を対象に、公平性関係オフィス（人権、ハラスメント関係も含む）の所在を HP 情報から調査した。アクセス日 2005 年 12 月 5 日～25 日。参考として、AAUC2004 年度データから学生数を記した。
　　(2)「公平性」(equity) について、教職員・アルバイト雇用のみでなく教育、学生問題も含められている場合は、それも記した。
＊特別な環境をもつ大学については特記した（通信制大学など）。

全体の傾向として、学生数の多い大学で雇用公平とそのための組織についての情報公開が進んでいる。約半数の大学が、雇用・教育の公平性に関する窓口や担当者の紹介、指針文書などを公開していた。組織として、人事部（Human Resource）の中に公平性担当窓口があり、主に雇用公平のみを扱っている大学も多い。しかし、カナダでは学生が学内で雇用されるケースも多いため、学生も対象となる。教育・学生も含めて公平性部門を組織して管理運営を行なっている大学では、キーワードとして「多様性」（diversity）という言葉もあわせて用いられる傾向があった。公平性と人権問題を共にあつかっている大学も多かった。一方、直接的な窓口や担当者の情報はなく、公平性に関する方針文書のみ公開している大学は、全体の約4分の1であった。公平性についてはまったく情報がなく、人権とハラスメント対策などの情報のみ公開している大学も、約4分の1程度であった。

(3) FCPへの対応事例―残された課題

　FCPは、このプログラムに参加する事業者（Federal Contractor）に対して、11ステップからなる評価事項（Criteria）を提示し、これに取り組むことを促している。11の評価事項を要約したものが**図表2-11**である。①労働者への情報提供、②公平性に関するオフィサーの任命、③四つの指定グループの人々に関するデータの収集、④③のデータの分析、⑤雇用制度の点検、⑥目標値の設定、⑦雇用公平のためのプランの作成、⑧積極的な方策と合理的な配慮の供与、⑨モビリティの高い雇用制度の開発、⑩モニタリング・システムの形成、⑪連邦政府機関による現地調査となっている。

　現地調査は、数年に一度抽出された事業者に対して、準備期間を経て実施される。ここでは、モデルケースとして2004年に訪問調査を受けたカールトン大学の事例をとりあげる。1942年に創設された同大学は、カナダの首都であるオタワ市（オンタリオ州）に位置する。連邦議会・行政機関とは車で15分という至近距離にあり、連邦の政治・行政との結びつきは深く、政治学・行政学・法学研究分野が強い。教職員は約1,750名である。連邦政府によって新しい政策が実施される際には、その地理的条件によって情報交換

が活発に行われる。第一次雇用公平法とFCPの実施においても、先導するモデルとなっている。

　1986年の雇用公平法の制定とFCPの導入に応じて、カールトン大学では、1987年より雇用公平プログラム（Carleton University's Employment Equity Program）を開始した。まず、1987年11月に、当時のベッケル学長主催による雇用公平とFCPについての学内セミナーが主催されている。このセミナーには、学部長、学科長、人事採用委員会の委員長、組合の代表、ジェンダー学・人種・エスニシティ問題を専門とする教員など、採用・人事に影響力をもつ105名の教職員が参加した。セミナーの講師には、連邦政府のFCP担当者、カナダ人権委員会とオンタリオ州大学省の職員が招聘されている（Carleton University 2004b：1-3）。

　セミナー後、学長は、雇用公平に関する学長補佐委員会を設立し強力な支援を行うことを保証した。委員会には、2人の副学長、学務委員でもある2人の学部長、女性の地位に関するコーディネーター、人事部長、企画・統計分析部長、副学長補佐（計画・開発担当）などが任命された。1988年の秋には、雇用公平についての大学の指針が公表され、同時にそのためのコーディネーター職が創設された（Carleton University 2004b：1-3）。

　次に就任したファーカー学長は、1994年に、人権、公平性、合理的な配慮（accommodation）問題を職務に含む新たなポストとして教務担当副学長補佐職を設置している。1996年6月にはファン・ローン学長が就任し、研究・教育と管理運営についての改革が行われ、管理運営部門に「公平サービス部」（Department of Equity Services）が設立された。公平性と人権を保障するために、大学内の公平性に関する様々な部署と人材を統合する試みであった。ファン・ローン学長期には「カールトン大学人権方針と手続き」が策定され、2001年5月には「雇用と公平性」、「障がい者に対する合理的な配慮」、「宗教慣習」、「家庭責任」など大学の12方針が策定・公開された。

　カールトン大学は、1987年7月からFCPの契約事業者であり、これまで3回の現地調査を受けている。最も新しい視察調査は2004年度である。この年度、同大学は、連邦政府と約700万ドルの研究プロジェクトを契約・

図表2-11　連邦契約事業主プログラム（FCP）における評価基準

評価基準①　労働者に対する雇用公平についての情報提供 最高責任者（CEO）または社長を通して、次の情報を労働者に提供すること。 ・4つの指定グループ（女性、先住民、障がいをもつ者、ヴィジブル・マイノリティ）を対象とする雇用公平をめざす組織としての目標。 ・雇用公平プログラムを発展させ、組織の目標を達成するために過去に行った、または今後実施する予定である諸方策。
評価基準②　雇用公平の責務を担う上級管理者の任命 ・この責務を与えられた上級管理者は、十分な権威とリソースを得て、組織の中で認知され尊重されることが重要である。上級管理者の任務は次の通りである。 ・雇用公平に関して上級管理者の間でのコミットメントを明示する。 ・「雇用公平委員会」（Employment Equity Committee）のメンバーを選出する。 ・組合の代表者に対して参加を奨励する。
評価基準③　労働者全体についての情報収集 職務と給与のカテゴリーを用いて、全労働者と指定グループの次のデータを収集する。 ・自己申告（self-identification）調査によって、全体に占める指定グループの割合（representation）を継続的にとる（調査データの回答率を高めること）。 ・契約事業主が雇用公平の進展を追跡するための採用、昇進、退職についてのデータ。
評価基準④　労働者のデータ分析 ・事業主が労働者を採用すると合理的に判断される有資格労働者の供給市場における雇用可能人口比率と、事業所内の指定グループの割合とを比較して、その事業所全体の労働者のデータを分析する。評価基準7の「雇用公平プラン」の中に、このデータ分析と説明的なサマリーを盛り込む。
評価基準⑤　雇用システムのレビュー ・評価基準3で得られた採用、昇進、退職データを分析する。指定グループの割合が低い職場について、公式・非公式な雇用システムを点検する。 ・指定グループのメンバーの雇用機会への応募や、組織の機会や恩典に参加することを阻むような方策や実践を改めて構造的な差別をなくす。

評価基準⑥　目標値の設定 ・労働者分析（評価基準 4）において認識された不備に取り組むための数値的な目標をたてる。 ・雇用システムレビュー（評価基準 5）のフローデータの分析によって、指定グループの割合が低い職場について、採用、訓練, 昇進のためのタイムテーブルと目標を確立する。
評価基準⑦　雇用公平プランの開発 ・次の内容を含むワーキング文書「雇用公平プラン」を作成・実施し、更新すること。実行のための FCP 評価基準のすべての要素、活動と、この任務に従事する個人や部署、タイムテーブルに沿ったスケジュールを作る。 ・積極的な方策の策定と合理的な配慮の供与（評価基準 8）と、積極的な労働環境の確立（評価基準 9）を、プランに含めること。
評価基準⑧　特別な措置と合理的な配慮の供与 ・指定グループの採用、発展、昇進を加速するために、組織の中でより前向きな方策をとる。 ・これらの方策の目標は、過去の不平等をただし、組織の労働力における指定グループの人々の割合を直接高めることである。
評価基準⑨　好ましい労働環境の確立 ・指定グループの人々が、組織の中に統合されていくために好ましい環境（climate）を確立すること。 ・指定グループから新しい人材を採用することを奨励するだけでなく、ある組織の職種レベルから他の職種への移動を誘引するような組織環境を作る。
評価基準⑩　モニタリング手続きの採用 契約事業主は、「雇用公平プラン」の中に、雇用公平プログラムを定期的にモニターし評価し、すべての関連する統計と文書を保管するプランを盛り込むこと。
評価基準⑪　人材技能開発庁による現地レビュー 契約事業主は、FCP の各条件に合致した代表性のとれた労働力の達成について、組織が進歩したかどうかを評価するために、HRDSC の労働局職員によって行われる現地レビューを許可すること。HRDSC の職員が、評価基準 3 のデータにアクセスできるように許可すること。

出典：HRSDC 2005：1-13.

実施している。2004年2月に、人材技能開発庁から、FCP の視察調査に抽出された旨が大学に伝えられた。前回の調査（1993年）以降の活動について評価基準事項に基づき質的・量的報告を行うことが求められた。

これに対して、「公平サービス部」の政策分析官が事前報告書の作成を行なった。学内データの収集と分析に時間を要したため3カ月の延長を申請し、これが認められ、2004年6月に視察調査のための事前報告書を提出している（Carleton University 2004a：4）。

この事前報告書と人材技能開発庁による現地視察調査に基づくフォローアップ報告によって、カールトン大学は次のような指摘を受けた（HRDC 2004：1-18）。以下のマル数字は、図表2-10の評価基準の番号である。カールトン大学が高く評価されたのは、①労働者への情報提供、②学内の公平性についてのマネジメント体制、③指定グループなどに関するデータ収集、回答率の高さ、⑦総合的な人権方策による雇用公平の保証への支援、雇用公平プランの作成、⑩モニタリング・システムの確立である（HRDC 2004：6-18, Carleton University 2005：14-15）。

一方、改善されるべき事項としては、②組合関係者による関与が低いこと、③組合の支援を受けて、指定グループ等に関するデータの回収を一層高めること、④上級管理職、技術部門における監督職、熟練技能者、販売・サービス部門において女性が少ないこと、④上級管理職、監督職、販売・サービス部門においてヴィジブル・マイノリティが少ないこと、⑤上級管理職、熟練技能職、販売・サービス部門、その他の肉体労働職において、障がいをもつ者が少ないこと、などが指摘された（HRDC 2004：6-18, Carleton University 2005：14-15）。

雇用公平に関する全業務は、学長に報告義務をもつ「公平性サービス部長」（Director of Equity Services）が統括している。カールトン大学の特徴は、雇用だけでなく教育についても「公平性」の問題を重視し、公平サービス部がデータ分析や事業を実施していることである[33]。同部には、部長のほか、公平政策・研究分析官（Equity Policy and Research Analyst）1名と公平アドバイザー（Equity Advisors）2名、先住民事業オフィサー（Aboriginal Cultural Liaison Officer）1名

が従事している[34]。

　公平サービス部は、FCPだけでなく、州の雇用・人権政策に対応して、雇用公平性を促進するための統計収集業務を行っている。公平サービス部が準拠する教育・雇用の公平性に関する活動の基本的な枠組みは、「カールトン大学・人権指針と手続き」（Carleton University Human Rights Policies and Procedures）である。これに基づき「ジェンダー公平指針」（Gender Equity Policy）も策定されている[35]。ジェンダー公平指針は、原則、方策、実行、問題解決からなる10条と用語の定義から構成されている[36]。

カールトン大学「ジェンダー公平指針」（Gender Equity Policy）

原則

第1条　カールトン大学は、大学コミュニティのすべての個人の性（sex）とジェンダーの平等（gender equality）を保障する。ファカルティ、学生、職員、協力関係にある専門家たちは、人間の卓越性（human excellence）、文化的なゆたかさ、社会的な強さの源である。本校は、ジェンダーに関する協調的な雰囲気（harmonious climate）が、本校の構成員の知的、専門家的、個人的な発達にとって欠かせないものであると認識する。

第2条　ジェンダーに対して包括的（inclusive）で対応的である（responsive）オープンな環境を育て支援し、反性差別主義、性、ジェンダー、ジェンダー・アイデンティティに基づいた差別と侵害（harassment）から自由な学問、仕事、生活環境を作り出すために、本学は、継続した責任を負うことを認識する。

第3条　1995年の「ジェンダー平等のための連邦プラン」（Federal Plan for Gender Equality）にも述べられているように、「両性の平等を達成するためには、現在の社会的、経済的、文化的、政治的システムが、ジェンダーによって分離されており（gendered）、女性が不平等をこうむっている現状は、構造的なものであり（systemic）、このパターンは、人種、エスニシティ、障がいによってさらに影響を受けており、女性の特殊性（specificity）、優先事項、価値観を、すべての社会的機関に内包させていくこと（incorporate）が必要であるということを認識することが必要である」。本学は、大学コミュニティの性とジェンダーの平等を保障し、性とジェンダーに関する差別とジェンダー・ハラスメントを撤廃するという目標に向かってコミットしていく。女性たちが、過去の構造的差別の対象となっていたことを認識し、性とジェンダーの平等性を達成するために、大学内の女性たちの地位を改善することに、本学は関与する。

第4条～第10条　略

出典：Carleton University, ウェブサイトより（2005年9月7日）

カールトン大学は、連邦機関の所在するオタワ市にあるため、連邦の政策との結びつきが深くその対応も早い。第1章で述べた国務省女性プログラムの「女性学講座」開設資金も1980年代に交付され、オタワ大学と合同の講座を開発してきた。加えて、同校はオンタリオ州の公費大学であるため、州の女性の地位に関する政策の影響も強く受けている。

オンタリオ州では、「オンタリオ大学協議会」（Council of Ontario Universities）に「女性の地位委員会」が設置されており、加盟大学に関する調査も数度行なわれている。1980年代以降は、女性だけでなく、ヴィジブル・マイノリティ、先住民、障がいをもつ者などマイノリティの大学進学や大学院教育へのアクセスの低さが問題視されるようになった。

大学院教育が問題になった背景には、「サイモンズ報告」が示したように、女性を含むマイノリティが学士課程では増えたのに対し、教員・研究者に占める比率が低いままであったことがある。オンタリオ大学協議会は、「雇用の公平性」と「教育の公平性」の問題は結びついているという観点から、四つの指定グループと「経済的にハンディキャップのある集団」を加えた五つの人口集団に焦点をあてて、1990年代に加盟大学の大学院課程の調査を行なった。1992年には「オンタリオ州の大学院教育における教育の公平性」会議を開催している。研究職へのマイノリティのアクセスを加速するために、大学院教育におけるマイノリティについての量的・質的調査、報告、討議が行われた。翌1993年には、各大学がそれぞれのマイノリティに対し、どのような取組を行っているかということを一覧できる資料のついた報告書も公表された。さらに、これを追跡し1996年にも報告書が公開されている（COU 1996）。

図表2-12は、五つのグループに対する15大学の支援事業についての1996年の追跡調査結果から、女性を対象とするものを抽出したものである。大学院への進学促進（attraction）、入学・在籍（enrolment）、学業継続（retention）の三つの段階に分けて活動が分類されている。どの大学も1993年の報告書よりもプログラムに関する記述が増えている。

図表 2-12　オンタリオ州の大学院課程における女性支援（大学名による abc 順）

大学名	進学促進	入学・在籍	学業継続
Brock	・理系女性のためのスカラーシップ ・キャンパス内デイケア ・セクシャルハラスメント対応アドバイザー	・教員に対して、女性の学生の大学院進学を奨励させる非公式指針 ・すべての大学院プログラムにパートタイム履修を認める	・セクシャルハラスメント対応アドバイザー ・キャンパス内デイケア
Carleton	・保育施設スペース提供 ・パートタイム履修に関する学部長タスクフォースの設置 ・修士・博士課程におけるパートタイム履修の許可 ・女性学の開講 ・セクシャルハラスメント対応オフィサー ・オンブズサービス	・女性学の開講 ・修士・博士課程におけるパートタイム履修の許可 ・CUPE2323（院生アルバイト組合）と大学院生についての出産休業規定	・CUPE2323（院生アルバイト）に対する出産休業規定 ・成人・パートタイム学生センターの設置（カウンセリングサービス） ・女性の地位オフィス（Status of Women Office）設置 ・女性センターの設置 ・差別・セクシャルハラスメント方針 ・デイケア施設 ・大学院生寮 ・キャンパス安全プログラム ・カウンセリング、ライフサービス ・ゲイ・レスビアンセンター ・院生アルバイト支援 ・ピアサポートセンター
Guelph	・大学保育センターの利用料補助 ・フェローシップとスカラーシップをパートタイム学生に認める ・「12月6日祈念フェローシップ」（工学研究科の女性大学院生対象）37 ・親学生のためのスカラーシップ（デイケアに子どもを預けている優れた学生が応募できる） ・構内の安全監査を行い、キャンパスの物理的配置を改善 ・女性リソースセンター ・子どもの保育責任を持つ人々に対応するために新たに「パートタイム」というカテゴリーを形成	・子どもの保育責任を持つ学生のために「パートタイム履修」制度を設置	・大学保育センターの利用料補助 ・フェローシップとスカラーシップをパートタイム学生に認める ・休業後の復帰まで、延期もしくは中断を認める ・セクシャルハラスメント対応方針とアドバイザー ・12月6日祈念フェローシップ（工学研究科の女性大学院生対象） ・セクシャル・ジェンダー・ハラスメントオフィサー ・「通学安全プログラム」 ・学長に直結した新たな人権・公平オフィス ・公平問題についてのワークショップを含む大学院生むけイベント（毎年） ・問題を識別するために、卒業時の出口アンケート
Lakehead	・ジェンダー問題センターの設置を検討中 ・パートタイム履修を認める	なし	・CUPE（組合）との母親休業の調整 ・人事・セクシャルハラスメント方針 ・雇用公平・訓練オフィサー

大学名	進学促進	入学・在籍	学業継続
Lakehead	・キャンパス内デイケアセンター		・女性の地位委員会（Status of Women Committee）（情報提供、講演会など、女性に特別な問題を扱う） ・徒歩によるキャンパスパトロール、駐車場に特別緊急電話の設置 ・休業規定に母親・保育を含める
Lauretian	・なし。各部局の努力 ・スカラーシップ ・保育センター ・女性センター ・帰宅エスコート・サービス ・セクシャルハラスメントオフィス	なし	・教育・雇用公平コーディネーター、人事ハラスメントオフィサー ・ハラスメント方針 ・大学院生の代表を含むハラスメント苦情委員会 ・キャンパスデイケア（制約あり、英仏語対応） ・女性の地位委員会（Status of Women Committee） ・年次キャンパス安全監査
McMaster	・二つの保育施設 ・修士・博士課程でパートタイム履修を認める ・学士課程に女性学プログラムを設置	・生命科学、人文・社会科学の大学院で女性の割合が半数以上である。	・新生児の親のための休業（父母ともに） ・母親・親休業について組合と合意 ・Edna Elizabeth Ross Reeves スカラーシップ（英語・歴史専攻の女性博士学生への旅費支援） ・セクシャルハラスメント方針 ・大学生活の質に関するタスクフォース ・人権オフィサー
Nipissing（1996年から）	・パートタイムプログラム ・講義スケジュールの柔軟性 ・学士課程における女性学プログラム ・キャンパス内デイケア		・ハラスメント方針 ・キャンパス安全監査、緊急電話 ・キャンパス・エスコートサービス
Ottawa	・広報物（パンフレットなど）で男性と女性を同数示す（女性に非伝統的な分野でも） ・女性センター ・キャンパス内デイケア ・女性学講座 ・大学院コースで女性学の合同修士プログラム ・出産休業 ・女性に有益な分野における研究プロジェクトと科目数の増加 ・キャンパスの照明と安全の向上、緊急用の電話の設置、徒歩に	・出産休業規定を学位申請時には延長する	・出産休業規定を学位申請時には延長する ・セクシャルハラスメント方針 ・キャンパスの照明と安全の推進、緊急用の電話の設置、徒歩による巡回警備 ・教育公平性委員会への大学院部門の積極的参加 ・休業中も図書館利用を認める ・セクシャルハラスメントオフィサーとガイドラインの公表 ・教育公平コーディネーターとオフィス ・「科学における女性」プログラムにおける女性教員の活躍 ・出産休業によって影響を受ける女性教員が研究

第２章 「雇用公平法」と大学　155

大学名	進学促進	入学・在籍	学業継続
Ottawa	よる巡回警備 ・教育公平性委員会への大学院部門の積極的参加		活動を継続することができるようにするために特別の資金を交付。女性の研究アシスタント院生に対する恩典 ・パートタイム履修を可能にする柔軟化
Queen's	・女性大学院生を対象とするスカラーシップ ・大学保育センター ・パートタイム履修 ・女性学プログラム	・Ph.Dプログラムも含むパートタイム学生の為の方針 ・一部のパートタイム学生のための褒賞 ・出産休業・親休業指針（修了期限の延長、授業料免除） ・照明・セキュリティの向上、緊急電話、帰宅エスコート・サービス ・Ban Righ Centreのキャンペーン（女性の学習を支援）	・出産休業と奨学金 ・セクシャルハラスメント方針 ・出産休業、親休業 ・大学デイケアセンター ・Ban Righ 基金 ・女性の大学復帰支援 ・Ban Righ Centreのキャンペーン（女性の学習を支援） ・照明・セキュリティの向上、緊急電話、帰宅エスコート・サービス
Toronto	・ジェンダー問題委員会報告書の公表予定（1992年春） ・財政支援を検討中 ・パートタイム博士学生制度を検討中 ・女性学合同プログラムを検討中 ・母親・親休業 ・地域保健に関するフレクス制の博士課程コース ・女性の地位オフィス ・家庭ケアアドバイザー ・セクシュアル・ハラスメント教育 ・カウンセリング・苦情オフィス ・保育（パートタイム／フルタイム） ・地域安全コーディネーター ・エスコート・サービス ・緊急時支援電話 ・セクシャルハラスメント方針 ・学生行動指針の「攻撃」の一つに「ストーキング」を加えた	・左に同じ	・ジェンダー問題委員会報告書の公表予定（1992年春） ・財政支援の検討中 ・パートタイム博士学生制度を検討中 ・左に同じ
Trent	・非公式な指針のみ ・女性センター	・入学候補者の選抜にあたって、一部	・女性により公平な環境を形成するための方法を検討中

大学名	進学促進	入学・在籍	学業継続
Trent	・女性の地位に関する大学の方針 ・キャンパス内保育施設 ・家庭責任のための休業	のプログラムでアファーマティブ・アクション	・女性の為の公平な環境の維持 ・カウンセリング・サポートサービス（学内保育センター、特別ニーズ、アカデミック・スキル、学生経済支援、カウンセリング（私生活、アカデミック、キャリア）、安全プログラム、人権アドバイザー ・母親・家庭責任のための休業制度また修業期限の延長
Waterloo	・平等権に関するProvost's Advisory Committee ・倫理的行動と人権に関するコーディネーター ・プロボストによるインセンティブ基金（ファカルティ・スカラーシップ） ・主要なポスドクフェローシップを取得している女性の院生に対する出産補助金 ・大学院生に対する出産・養子・親休業についてのガイドライン ・デイケア補助金と保育サービス ・安全プログラムとセクシャルハラスメント・カウンセラー ・出産・養子休業補助金	なし	・平等権に関するProvost's Advisory Committee ・倫理的行動と人権に関するコーディネーター ・プロボストによるインセンティブ基金（ファカルティ・スカラーシップ） ・主要なポスドクフェローシップを取得している女性の院生に対する出産補助金 ・大学院生に対する出産・養子・親休業についてのガイドライン ・デイケア補助金と保育サービス ・安全プログラムとセクシャルハラスメント・カウンセラー ・出産・養子休業補助金
Western	・保育施設（制約あり） ・苦情に対応し、情報とアドバイスを提供するセクシャルハラスメントオフィス ・セクシャル・ハラスメント、人種関係、その他の人権問題に公平サービス部が苦情対応しアドバイスを提供する ・母親・親休業方針 ・女性学・フェミニスト研究センターによる学士・大学院プログラム ・大学院課程に、より多くの女性をひきつけるための大学としての戦略プランの策定	・人文・社会・生命科学における一般的なパリティ	・出産休業 ・保育施設（制約あり） ・苦情に対応し、情報とアドバイスを提供するセクシャルハラスメントオフィス ・女性のための教育環境をモニターし推進するためのセクシャルハラスメント方針 ・親休業 ・大学内警察とすぐ連絡がとれる緊急ボタンをすべての公衆電話に設置 ・大学の徒歩での巡回警備による無料のエスコート・サービス（同行サービス） ・「キャンパスの女性の安全のための学長委員会」によるキャンパス安全監査の実施 ・公平サービス部と教育開発部が、教室における迷惑行為を処理する教員・TAのための教材を開発中
Wilfried Laurie	・女性センター（デイケア可能） ・女性をリクルートし受け入れるよう学科に奨励	指針なし デイケア可能	・女性センター（デイケア可能） ・保育 ・成人学生団体

第2章 「雇用公平法」と大学　157

大学名	進学促進	入学・在籍	学業継続
Wilfried Laurie	・セクシャル・ハラスメントオフィス ・保育 ・オンブズマン ・成人学生団体		・キャンパスの安全推進（徒歩による警備、照明、非常電話） ・カウンセリング・サービス ・セクシャルハラスメント方針とアドバイザー ・出産に対する休業資格の付与
Windsor	・保育施設（制約あり）、院生アシスタントに対する母親・親休業規定 ・スカラーシップ ・キャンパス安全プログラム、セクシャルハラスメントオフィサー、雇用・教育公平オフィサー ・人権コミッショナー ・女性センター ・パートタイム学生団体 ・ゲイ・レスビアン団体	入学業務のモニター	・指定グループのための大学院フェローシップ ・院生アシスタントのための一般的な休業規定 ・キャンパス安全プログラム、セクシャルハラスメントオフィサー、雇用・教育公平オフィサー ・人権コミッショナー
York	・科学プログラムの女性のためのスカラーシップ ・母親休業 ・女性院生のためのタスクフォース ・セクシャルハラスメント教育・苦情センター（情報提供、共同声明の発表、アドバイス、教育的なコンサルテーション、ワークショップ） ・女性学の修士・博士課程 ・カナダ史、フェミニスト法学における入学スカラーシップ ・二つの保育センター（フルタイム、フレキシビル、パートタイム） ・学生の安全と安全策の改善 ・女性センター ・ジェンダーに中立な言葉使い	なし	・母親休業 ・女性院生のためのタスクフォース ・セクシャルハラスメント教育・苦情センター（情報提供、共同声明の発表） ・奨学金の基準に親責任を含めた ・サポートグループ、学生委員会オリエンテーション、女性問題に関する学生委員会コーディネーター、その他の組織 ・現在の苦情・調査手続きの見直し

出典：COU 1996：付録より（daycare はデイケア、childcare は保育と訳した。大学名は原典に基づき university を省略）。

以上のように雇用の公平性と並行して大学院教育の公平性についての議論や取組も進んだが、他のマイノリティ問題に包摂されることによって、女性の問題がみえにくくなったともいわれている。第1章で「女性の地位」概念や政府調査委員会の活動によって、各大学に「女性の地位」に関する組織やプログラムが誕生したことについて述べた。しかし、雇用公平法の制定やFCPの実施によって、女性の地位に関する組織は、公平性（equity）や多様性（diversity）に関する組織や委員会に吸収される傾向がある。
　また、1980年代初頭、男女平等条項を求めて憲法問題に焦点があたり法律問題への取り組みが増す一方、女性だけの問題になっている家族の再生産（reproductive）問題については焦点があたらなかった。結果として、雇用に関して女性という人口集団が経験する個別の障壁についての連邦政府の認識を狭めてしまった。
　「雇用の平等に関する政府調査委員会」報告書は、指定グループの「差異の調整」や「合理的配慮」を行うことを求めていた。しかし、成立した雇用公平法やFCPは、それぞれの違いに個別に対応するというよりも、指定グループに対し等価的に対応することを基本にしていた。そのため、連邦政府は、採用や昇進における女性差別の撤廃に動く一方、子育て支援政策の発展には消極的であった。女性の労働問題と子育ての問題は別々の領域にとどめられていたといえる（Timpson 2001：95）。
　1980年代の初期、平等に関する人権についての二つの動きが、連邦政府に対して、アファーマティブ・アクションを実施するよう促していた。カナダの女性運動家たちは、アメリカで実現されなかった憲法上の男女平等と、カナダ人権憲章にアファーマティブ・アクションを含めることの両方をめざし、それに成功した。また、カナダ人権委員会も、人権保障を行うべきターゲット集団への構造的差別を撤廃する方法として、アファーマティブ・アクションを実施することをめざし、これに成功した（Timpson 2001：75）。
　しかし、雇用公平法は、四つの集団を等価において雇用の改善を促すものであった。そのため、女性は包括的なアファーマティブ・アクション政策に

含まれるターゲット集団の一つになってしまったといえる。採用や昇進制度に光が当たり、直接的な雇用差別の改善が中心になり、女性たちに必要であった両立支援などのプログラムは発展しにくかった。女性が、大学における学業、研究・教育活動を継続していくには子育てなど家庭の責任を果たすことを支援する体制が必要であり、この問題への取り組みは、次章でみるように21世紀に入ってから進むようになる。

注

1 原語の Visible Minority は、直訳すれば「外見上のマイノリティ」を意味するが、あまり使われない訳語でわかりにくいため、本研究では「ヴィジブル・マイノリティ」の訳語で統一する。なお、Visible Minority という用語については、国連において差別的な用語であるとの指摘もされている。
2 アメリカの連邦レベルの政策が大学に与える影響については、犬塚（2006c）を参照。
3 溝上（2013）は、カナダ国際情報センター（Canadian Information Centre for International Credentials : CICIC）の情報に基づき、州政府が大学として設置認可する大学（recognized）が122校、さらにこのうち92校が公費運営大学であるとしている。カナダでいわゆる「州立大学」（アメリカの state university に相当する provincial university）という表現を用いない理由としては、大学は自らの統治に関して完全な自治権を有しており、州政府機関ではないためといわれる（溝上 2013：55-67）。
4 "Report of the Royal Commission on National Development in the Arts, Letters and Science,1949-1951".
5 「社会・人文科学研究会議」、「国家研究会議」など政府関係機関の訳語は、原則としてカナダ大使館 HP に依拠した。
6 AUCC の HP において、協会代表の議会での証言、声明など読むことができる。http://www.aucc.ca/publications/reports/index_e.html
7 National Labor Relations Act、NLRA または Wagner Act、PL.No.74-198, 49 Stat. 449.
8 Executive Order No.8802, Prohibition of Discrimination in the Defense Industry.
9 Executive Order No.10479, Establishing the Government Contract Committee.
10 Executive Order No.10925, Establishing The President's Committee on Equal Employment Opportunity.
11 Executive Order No.11246, Equal Employment Opportunity.
12 Executive Order No.11375, Amending Executive Order No.11246, Relating to Equal Employment Opportunity.
13 Revised Order No.4 issued by the Department of Labor.

14　Johnson v. Transportation Agency of Santa Clara County.
15　1977年7月10日、カナダ国会で可決成立し、同年7月14日、同国元首エリザベス二世の裁可を得て交付された。
16　正式名称は、「差別の禁止及び個人のプライバシーの保護に関するカナダの現行法を拡張する法律」（An Act to extend the present laws of Canada that prescribe discrimination and that protect the privacy of individuals）。
17　人権憲章に、カナダ人権法と同内容の「特別プログラム」が規定されれば、これを実施するカナダ人権委員会の権限にも、より強い憲法上の支えが得られるという政治的力学も働いていた。
18　アメリカでは、憲法に両性の平等規定がなかったため、男女平等を規定する憲法修正条項（Equal Rights Amendment、憲法修正27条案）が提案され、1972年に連邦議会を通過した。しかし、1982年6月の批准期限までに規定数の州が批准しなかったため失効した。差別禁止規定だけでは、事実上の格差・実態としての不平等が放置される間接差別の可能性が残る。平等権を規定することによって、機会平等・結果の平等という観点が生まれ、事実上の格差是正のために、政府や組織が特別プログラムを行う義務をもつ根拠となる（Westmoreland-Traoré 1999：40）。
19　この頃、カナダ人権委員会と雇用移民委員会との間に官僚的な競争があったという。両者の間にあった政治的な緊張関係が、雇用公平法の成立を推し進めることになったといわれる（Timpson 2001：82, 87）。
20　Regents of the University of California v. Bakke, 438 U.S. 265.
21　会議の名称は、"Race and Sex Equality in the Workplace : A Challenge and an Opportunity"。
22　特別プログラム（Special Programs）、アファーマティブ・アクション（Affirmative Action）についての州の法制として、ノバスコシア州のNova Scotia Human Rights Act（1969年）の19条のapproved programs、ニューブランズウィック州のN.B. Human Rights Act（1971年）の13条のspecial programs、サスカチュワン州のSaskatchewan Human Rights Codeの47条（1979年）、オンタリオ州のOntario Human Rights Code（1972年）の6条のspecial plan or program、マニトバのThe Manitoba Human Rights Act（1977年）の15条のspecial program, plan or arrangementが紹介されている（Tarnopolsky 1980：97）。
23　Griggs v. Duke Power Co.
24　同報告書以降、daycareよりもchildcareという言葉が一般的になってきている。
25　Canadian Labour Code R.S.C.1985.L-2.
26　公共企業体と公益産業分野の民間企業のうちの100人以上雇用している使用者は少なく、法制定時の雇用公平法の適用対象は、380事業所にすぎなかった（福井1995：8-11）。
27　カナダ人材開発省（Human Resources Development Canada, HRDC）は、1993年に設置された。2003年には、社会開発庁（Social Development Canada）と人材・

技能開発庁（Human Resources and Skills Development Canada, HRSDC）に分割され、後者がFCPを含む「労働プログラム」（Labour Programme）を所管した。2006年には、人材・社会開発省（Human Resources and Social Development Canada, HRSDC）に再び統合、2013年には、雇用・社会開発省（Employment and Social Development Canada）に改組され、FCPを含む労働プログラムを所管している。

28　「全国職業分類（NOC）」コードの縦列（分野）は、1、事業家・財務・経営管理職、2、自然科学・応用科学関連、3、医療関係者、4、社会科学・教育・政府・宗教、5、芸術・文化・レクリエーション・スポーツ、6、販売・サービス業、7、貿易・輸送、機械・装置オペレータ関連、8、主要産業特有の職業、9、加工・製造・ユーティリティ特有の職業、である。一方、横列（スキルレベル）は、O、マネジメント職、A、大学卒業程度、B、専門学校卒・技能取得者、C、中学卒業・職業訓練を受けた者、D、特定能力不要、となっている。

29　調査対象者は、調査期日現在、カナダに在住しているすべての人及び世帯、その他、海外に居住する公務員等である。調査項目書式は、ショートフォームとロングフォームと2種類ある。ショートフォームは、10項目で（2006年センサスのショートフォーム8項目に言語に関する2項目を追加）、氏名、性別、生年月日・年齢、婚姻状況、事実婚による配偶者と同居しているか、世帯主との続柄、英語またはフランス語の会話能力レベル、自宅で最もよく話す言語・自宅で日常的に話している原語、子どもの時に初めて家庭で習得し、現在、最も理解しやすい言語について聞かれる。ロングフォームでは、さらに職業、収入、大学在学年数、取得資格・学位など50項目以上の質問がある。

30　国勢調査では、5人に1人の割合で、ロングフォーマットの質問紙が与えられて職業などを自己申告する。雇用公平データレポートの「大学教員」の雇用可能人口比率には、名誉教授、大学講師、訪問研究者などが含まれている。第1章、第2章で考察しているカナダ統計局報告書、カナダ大学協会や教員組合発表の大学教員に関するデータは、学位授与機関の現職者についての統計であるため、雇用公平データ報告よりも数が少ない。また、国勢調査及び雇用公平データ報告は実数ではなく推計値であるため、本研究の別の箇所で用いられている数値や比率とは若干異なっている。

31　大学教員の男女数については、カナダ統計局が大学統計用のシステムを用いて、毎年、大学から自動的に収集している。Tourism and the Centre for Education Statistics Division , Statistics Canadaが、大学にデータの提供を義務付けている。これによって運営されているデータベースが、Full-Time: University and College Academics Staff System (FT-UCASS)である。FT-UCSAAのデータを用いて、CANSIMサイトのTable 477-0017が公表されている。

32　これらの組織は、序章で述べたタイプⅢの機関に該当する。

33　雇用公平サービス部は、学長補佐委員会（Presidential Advisory Committee）、「障がいをもつオンタリオ州民のための法」についてのワーキング・グループ（Working

Group on the Ontarians with Disabilities Act)、ポール・メントン障がい者センター（Paul Menton Center for Persons with Disabilities）、アクセス専門基金（Dedicated Access Fund Committee）、公平性政策委員会（Equity Policy Committee）、教育公平性委員会（Educational Equity Committee）と協力関係にある。

34　カールトン大学についての記述の多くは、公平性サービス部部長カーズウェル氏とのインタビューに基づくものである（2005年9月2日、場所 Tory Building 421, Carleton University）。カーズウェル氏は、MBA取得後、弁護士資格をとり、その後、equity issues を専門とし、公的機関の人権問題コンサルタント、法律顧問などを20年間務めた後、カールトン大学の公平性サービス部部長に着任した。

35　これらの方針は、カナダ人権・自由憲章の第15条、第28条と、オンタリオ州人権規範（Ontario Human Rights Code）と、カールトン大学行動・人権指針（University's Statement on Conduct and Human Rights）に準拠している。

36　用語の定義は、Gender/Sex, Gender Harassment, Sexism, Gender Identity の4項目について行われている。

37　1989年12月6日に、モントリオール理工科大学の教室に20代の男が侵入し、フェミニズム批判を叫びながら、女子学生だけを標的として銃を乱射した。女子学生14人を殺害、男女学生14名を負傷させて男は自殺した。「モントリオール虐殺事件」（Montréal Massacre）または「理工科大学虐殺事件」（École Polytechnique Massacre）と呼ばれるようになったこの事件について、様々な検討と対応が行われた。12月6日は、事件の被害者を祈念する日となっており、同大学以外にもキャンパス内に祈念モニュメントを設置している大学がある（多賀・伊藤・安藤 2015）。

第3章　両立支援政策と大学
―ワーク・ライフ・バランスを求めて

　これまでみてきたように、「女性の地位に関する政府調査委員会」や「雇用公平法」による国からの政策を受けて、大学における女性の学生の教育環境や、教職員の人事採用について改善が行われるようになった。第1章で確認したように、1988/89年度には大学生に占める女性の比率は50％を超えた。2001/02年度の大学院在籍者においては、修士課程では51.4％、博士課程では45.9％となった（図表1-28）。しかし、大学教員とりわけ高い職階における女性比率は、21世紀に入っても低いままであった。2000/01年度では、すべての職位の大学教員に占める女性比率は28.0％、教授では15.1％であった。男女ともに研究・教育を継続していくには、ワーク・ライフ・バランスを保障する「両立支援政策」の充実が重要である[1]。

　女性の仕事の継続における子育て支援の重要性は、「女性の地位に関する政府調査委員会」報告書にも明記されていた。報告書の提言は、10年後にはそのほとんどのものが着手または実行されたが、連邦政府による子育て支援だけは手付かずで残されたといわれる。

　その後の「雇用平等に関する政府調査委員会」報告書も、子育て支援の欠如は、女性の就労継続を妨げる「間接差別」「構造的差別」であると指摘し改善を求めた。しかし、この問題は、20世紀の終わり頃まで進展しなかった。

　仕事と生活の調和のためには、一般的に、保育施設の整備などの子育て支援、出産・育児・介護休業制度や柔軟な勤務体制の整備など、多様なニーズへの対応が必要である。大学においては、さらに学業や研究活動に付随する特殊な条件を加味した支援策が求められる。終身在職権（テニュア）審査期間の考慮、研究者カップルの採用なども含まれる。

カナダの子育て支援政策は、2000年代に入るまで諸国と比べて必ずしも進歩的な状況ではなかった。しかし、この頃より連邦政府による親休業給付事業が拡充され、ケベック州では、2006年より独自の制度も運用されるようになった。本章では「女性の地位に関する政府調査委員会」による基本政策形成、「雇用公平法」による雇用政策に続く、第3段階の公共政策群として、両立支援政策と大学の取組について検証する。はじめに、OECD諸国やアメリカの大学の動向などを確認した後、カナダの大学の両立支援事業、ケベック州の大学の取組について考察していく。

第1節　カナダの両立支援政策

(1) 両立支援政策の枠組みと動向

OECDは、1980年代後半頃から、「仕事と家族生活の両立」(reconciling work and family life) についての体系的な調査・分析を行うようになった。女性の労働市場での活躍が増すにつれて、その能力を最大限に活用して国の経済活動を高めることが産業界からも求められるようになった。**図表3-1**は、OECD加盟国のうちG7における母親の就業率を比較したものである。末子が2歳以下における母親の就業率は、日本（28.5％）を除き、どの国でも50％を超えている。カナダにおいては、末子が2歳以下では58.7％、3～5歳では68.1％であり、G7諸国で最も高い。

2006年に公表されたOECD調査報告書『国際比較：仕事と家族生活の両立（OECDベイビー＆ボス総合報告書）』(*Babies and Bosses : Reconciling Work and Family Life : A Synthesis of Findings For OECD Countries*) は、各国の両立支援策を、①保育施設・サービス、②税優遇・給付政策、③親休暇制度、④学童保育支援、⑤職場慣行の見直しなどに整理している。

両立支援策は、労働の内容やそれをとりまく環境条件によって異なる。大学における支援策は、職員については一般的な事務職従事者に必要とされるものと共通する部分が多い。一方、教員と学生については、研究・教育・学業という専門性によって重点も異なってくる。高等教育機関の教員・学生が

図表 3-1　母親の就業率、合計特殊出生率（OECD30 カ国平均と主要国 G7）単位%

項目	国	OECD平均	カナダ	日本	アメリカ	イギリス	イタリア	ドイツ	フランス
就業率 25〜54歳 (2006年)	男女	76.5	81.6	79.6	79.8	81.2	73.3	78.8	80.0
	女性	65.7	77.1	66.6	72.5	74.9	59.3	72.7	73.4
母親の就業率 (2005年)	末子 2歳以下	-	58.7	28.5	54.2	52.6	47.3	36.1	53.7
	末子 3〜5歳	-	68.1	47.5	62.8	58.3	50.6	54.8	63.8
	末子 6〜16歳	66.3	71.1	68.1	73.2	67.7	47.5	62.7	61.7
全就業者に占めるパートタイム就業者の割合 (2006年)	男女	16.1	18.1	24.5	12.6	23.4	14.9	21.9	13.3
	女性	26.4	26.2	40.9	17.8	38.8	29.4	39.2	22.9
合計特殊出生率	1970年	2.7	2.3	2.1	2.5	2.4	2.4	2.0	2.5
	2005年	1.6	1.5	1.3	2.1	1.8	1.3	1.3	1.9
子どもの貧困率[*1] (2005年前後)		12.0	13.6	14.3	21.6	16.2	15.7	12.8	7.3

*1　課税及び所得移転後の収入が、国の中央値の50%以下の世帯の子どもの割合。
出典：OECD 2009：16, 31, 45, 46 より筆者作成。

直面する「仕事と家庭生活との摩擦」（work-family conflict）について分析したHile（2011）は、一般的な職場環境との違いについて次のように説明している。

　まず、大学の教員や研究者は、学外者からみると仕事と生活との摩擦を緩和しやすい職業とみなされる傾向がある。その理由としては「在宅で仕事ができる」「夏期休業期間は講義の義務から解放される」「他の労働者より就労時間に柔軟性がある」といったことがあげられる。しかしながら、こういった教育・研究専門職の特質は、一方で仕事と生活との摩擦をもたらす側面ももつ。確かに、人文・社会科学系では職場に拘束される義務時間（on-site hours）が、他の職業より短い場合がある。しかし、自宅など職場以外の場所で行われる講義の準備や評価活動、夜間や週末の行事、そして研究活動に対する評価という強い圧力が私生活に侵入してくる（Hile 2011：406）。

高等教育機関における研究者のキャリア形成プロセスが硬直的であることも、仕事と家庭生活の摩擦を起こす原因になっている。研究職の標準的なキャリアパスは、男性の旧来の生活様式・人生設計を基本に組み立てられている。北米の大学の研究者養成システムでは、若手研究者は、大学院修了後に任期のある「テニュア・トラック」職で採用されることが多い。そして、一定の審査期間（probationary period）を経て、終身在職権「テニュア」（tenure）を取得することができる。テニュア取得のための審査期間は概ね7年程度が与えられている。この期間・期限を「テニュア・クロック」（tenure clock）と呼ぶこともある。

　日本においても、ポストドクターや助教の時代は、より安定したポストを得るために業績獲得を急がなければならない緊張を強いられる時期である。この期間は、出産・子育ての時期と重なる。大学院を経て助教・准教授・教授と淀みなく進むことを前提とするキャリアパスは、男性を想定したモデル（male-oriented model）であり、出産というライフイベントをもつ女性を包摂しにくい（Hile 2011：407）。

　出産や子育ては、男女を問わず、子どもと家庭生活をともにする人々に共通の出来事であるが、出産する女性の場合、学生段階から両立支援が必要となる。身体的に出産に適した時期という「生物学的な時計」（biological time clock）と直面する女性の学生は、学業・研究活動に関する「時計」を一時的に休止する措置を必要とする。単位・学位取得のための期限の緩和、休学中の授業料減免といった「期限」や「時間」に関する措置の他、実験や実習における身体的保護が必要である。学業や研究活動の遅れに対する精神的圧迫に対しては、メンターを配置するなどの支援も求められる[2]。

　アメリカのスタンフォード大学は、出産などの理由に対して、テニュア・クロックを一時休止して審査期間を延長することを認めた最初の大学といわれる。1971年、女性の教授に限って、子ども一人の誕生に対し、審査期間中に2回まで、テニュア・クロックを止めることを認めた（Thornton 2008：7-8）。

　1974年には、アメリカ大学教員協会（American Association of University

Professors, AAUP）が、出産または子育てを行う教員のために「テニュア・クロックの休止措置」（Stop Tenure Clock policy／Tenure-clock stoppage policy）を提言した。このような動きを背景に、北米の大学は1990年代頃からテニュア審査期間に一時休止事項を整備した。休止申請理由は徐々に拡大し、養子、高齢者や被扶養者に対する責任、障がい、病気、配偶者・親・子どもの死や傷病、住居の損害などが含まれるようになった（Thornton 2008：7-8）。

アメリカでは、1993年に「家族及び医療休暇法」（Family and Medical Leave Act of 1993, 通称FMLA）が成立した。労働者50人以上の組織に対し、家族の介護や本人の療養に加えて、子どもが1歳に達するまでの育児を理由に、12週までの休業を労働者に認めることが義務づけられた。取得期間の分割、時間単位での取得が可能であるなど、柔軟な仕組みではあるが休業中の給付金は定められていない。給与の保障は、州の政策、組織の裁量、組合による団体交渉などに委ねられている。

その後AAUPは、2001年11月に「家庭責任と大学における仕事に関する指針表明」（"Statement of Principles on Family Responsibilities and Academic Work"）を公表した。①主にもしくは平等にケアを担っている親に対する最高で2年間までの家族・疾病休業制度、②授業負担等軽減制度、③テニュア取得のための審査プロセスの一時停止またはプロセスの延長、④キャンパス保育所の設置、育児費用支援、老親その他の家族ケアの支援策としての柔軟な勤務体制の提供などを提言している（ホーン川嶋 2004：107-110, Hile 2011：411）。

テニュア・クロックの一時休止もしくはプロセスの延長措置は、カナダの大学にも普及したが、昇進や昇給評価に負の影響を与えるのではないかと恐れて利用を躊躇する者も多い。仕事と生活の調和のために労働時間を調整する策として、テニュア職の地位は保持したまま、一定期間、「パートタイム勤務」（part-time tenure-line work）を認める大学もある。テニュア・クロック休止措置は一般的に1年間であるが、実際の子育ての時間はそれより長い。Drago and Williams（2000）は、「ハーフタイム・テニュアトラックの職」（half-time tenure-track faculty positions）を創るよう提案している。これは、テニュ

ア取得までの期間に、最高12年間までハーフタイム勤務を認めるものである。しかし、Jacobs（2004）らは、これを利用するのは女性が大半と想像され、ジェンダー不平等を再生産する可能性があると批判的である（Jacobs 2004：15）。

キャンパスに保育所を設置する動きは、北米では1970年代から進んだが、大学教員や研究者は柔軟で多様なサービスを望んでいる。一般的に、地域や民間の保育サービスは標準的な勤め人を想定している。大学関係者は、学事暦（academic calendar）、学期（semester）に応じて勤務する。学期末の繁忙期や夏期休業期間、夜間や週末の講義などに対応した保育サービスが必要とされる。研究者の活動を考慮に入れた支援としては、他にジョブ・シェア・プログラム、配偶者の就労支援、学会出張時の保育費用補助などがある（Gerten 2011：47-58）。

日本では、2011年2月に、国立大学協会（国大協）が「国立大学における男女共同参画について―アクション・プラン」を策定している。国立大学の女性教員比率を20％以上に引き上げることをめざし、育児・介護等との両立を支援する就労支援と研究継続支援制度、育児休業等からの復帰を容易にする施設整備の設置・充実を求めている。子育てなどを行う教員・研究者への具体的な施策としては、①教職員の業績評価における出産、育児、介護等に従事したことへの配慮、②育児・介護等に携わる研究者に対する研究補助者の配置や雇用経費の助成、③地域内の大学等と連携した代替要員制度の構築など育児休業が取りやすくなるような代替教員の保障とそのＰＲ、④女性研究者が不安や悩みを相談できるようなメンタル的なサポート体制の整備・充実などの提言を行っている。

(2) カナダにおける保育サービス

カナダにおいては、カナダ大学協会（AUCC）やカナダ大学教員協会（CAUT）が、アメリカのAUCCや日本の国大協のように、大学における両立支援策の整備について提言活動などを行ってきた。第2章で確認したように、雇用公平法の制定と改正によるFCP事業によって、1995年以降、大学における雇用公平のための取組が進んだ。各大学は、雇用公平に関する指針を策定し、

第3章　両立支援政策と大学　169

女性を含む四つの指定グループの雇用統計をとり、改善プログラムを実施するようになった。しかし、四つのグループの中でも、女性労働者の雇用公平を達成するためには、人事採用だけでなく、仕事と生活を両立させる支援政策が必要である。

　両立支援政策を代表するものの一つとしては、保育サービスを中心とする子育て支援が挙げられる。カナダについての先行研究は日本では少ないため、Friendly and Prentice (2009) などに基づき、ここで概要を整理しておく。カナダの保育・幼児教育は、憲法上、連邦政府の事業ではないため、全国的な法律や基準のないまま、多様な保育プログラムが各州の政策下で進められてきた。全体として、ほとんどの州で、公的セクターが幼児教育を担う一方、保育 (childcare) は、非営利組織や営利団体など私的セクターが中心になって実施してきた (田中 1995：73-78)。

　カナダにおける初期の保育事業は、19世紀中頃、宗教機関によって行われたのが起源といわれる。1854年、モントリオール市の教会の女性たちが、貧困層の母親労働者の子どもを預かり、宗教的保護を与えるために託児所 (crèche) を開所した。20世紀初期までに、同種の施設が、モントリオール市、トロント市に広まり、他の都市でも設置されるようになった (Friendly and Prentice 2009：72)。

　就学前教育を行う幼稚園 (kindergarten) も19世紀に始まったが、その起源は社会改革運動であったといわれる。スコットランドの社会事業家ロバート・オウエン (Robert Owen, 1771-1858) が始めた施設をモデルとする乳児学校 (infant school) が、この頃、カナダに誕生し始めた。それらは、早期教育の重要性に基づいた社会改革のツールとして、移民の子どもを同化する方法の一つとしても用いられた。保育施設とは異なり、幼稚園は早い段階から公的セクターで提供されるようになった (Friendly and Prentice 2009：72)。

　連邦政府による保育事業への関与は、第二次世界大戦によって初めて行われる。男性労働力の不足と戦時産業のために、既婚女性の労働市場参入への支援とそれに伴う保育所及び学童保育への助成が必要となったのである (田中 1995：73-78)。1942年、連邦政府は、「託児事業に関するカナダ自

治領・州間協定」(Dominion-Provincial Wartime Day Nurseries Agreement) を開始した。これは、協定を結んだ州の保育施設 (childcare centre) の設立・運営費用を、連邦政府と州政府が等分に費用分担するものであった。これに同意して実際にプログラムを開始したのはケベック州とオンタリオ州だけであった。ケベック州では、自治体が直接実施したが、オンタリオ州では、公的資金の供与を受けた民間団体による運営も行われた (Friendly and Prentice 2009：73)。

この事業は1942～1945年の間に実施されたが、戦争終了後、連邦政府は協定を廃止した。ケベック州では、モントリオール市に設置された6つの保育施設はすべて閉鎖された。一方、オンタリオ州トロント市の戦時託児所 (day nurseries) は、市民からの抗議と運営者の努力によって継続された。その結果、オンタリオ州は、1946年に全国で最初の保育に関する法律である「保育施設法」(Day Nurseries Act) を制定し、自治体が運営する保育施設の費用の一部を州政府が負担することを定めた (Friendly and Prentice 2009：73)。

第二次大戦後、カナダの連邦政府による社会福祉は、公的年金、失業保険制度などの分野で急速に発展したといわれる。その一方、保育事業は家庭と市場に委ねられ、戦後20年間、連邦政府は支援を行わなかった。しかし、戦争中に賃金労働者として働いていた女性たちは家庭の外での仕事を継続し、母親の労働市場参加率は戦前レベルまで戻らなかった。子育て支援に対するニーズが高まる一方、政府による公的支援が欠如していたため、経済的に豊かな州を中心に、民間事業者による保育サービスが拡大した。1960年代後半に、カナダで初めて行われた保育に関する全国調査では、各州政府の認可を受けた保育施設の定員の75％以上は、営利を目的として運営されていた (Friendly and Prentice 2009：74)。

連邦政府が再び子育て支援にかかわるのは、1966年に始まった州への補助金制度「カナダ社会扶助プラン」(Canada Assistance Plan, 通称CAP, 1966～1995) によってである[3]。これは、貧困層向けの社会政策を行う州に、連邦政府が費用分担の形で資金援助を行うものであった。保育に関しては、低所得層の保育費用（公立保育または非営利施設）の一部または全額に対し、連邦政府と州政府が分担して財源補助を行う仕組みが導入された。このスキー

ムでは、保育施設建設やサービスの直接提供は対象にならなかった（永瀬 2002：53）。

カナダ社会扶助プラン（CAP）導入の翌 1967 年、自由党のピアソン政権は「女性の地位に関する政府調査委員会」を設置した。委員会の公聴会が始まった頃、保育事業に対して、カナダ社会扶助プランを導入しているのは全国 10 州のうち 2 州にすぎなかった。その後、同調査委員会の提言や女性運動の成果によって、1980 年代までに、すべての州がカナダ社会扶助プランを保育事業のために導入するようになった（Friendly and Prentice 2009：75）。また、同調査委員会は、働く親だけのためでなく、子ども自身の利益になるとの考えに基づいて、連邦政府に「託児法」(National day-care Act) を制定することも求めた。調査委員会は報告書において 167 の勧告を行い、そのほとんどは少なくとも部分的には着手されたといわれている。たとえば、第 17 提言は「失業保険法」を改正して、出産を理由に休職する女性が給付金を受けられるようにすることを求めている。これについては 1971 年に早急に法改正が行われた。しかし、連邦政府による託児法の制定といった直接的な保育政策の充実には着手されなかった（Friendly and Prentice 2009：76）。

1970 年代以降、誰もが利用できて公的な資金と非営利組織によって運営される保育・教育制度の確立を求める運動が徐々に広まっていった。次項で詳述するが、女性の地位向上のための連邦政府助成金によって、大学における保育事業についての調査も行われた。

1993 年には、連邦と州が等分に費用分担する新しい資金提供制度によって保育事業を拡充することを約束した自由党のジャン・クレティエン（Jean Cretien）が政権を手中に収めた。ユニバーサルな保育政策の実現が期待されたが、新政権は、財政赤字と 1995 年に高まったケベック州の分離運動への対応に追われて、保育事業の整備は進まなかった（Friendly and Prentice 2009：79）

(3) 近年の保育政策と州の状況

図表 3-2 は、『OECD 保育白書：人生の始まりこそ強く』(*Starting Strong II*

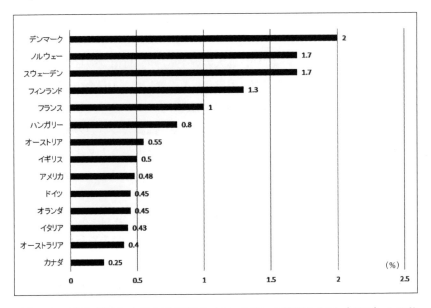

図表 3-2　OECD 諸国における乳幼児期（0〜6歳）の教育とケア（ECEC）への公的支出額の対 GDP 比（2004 年 OECD 調査より）

出典：OECD 2011【2006】：121.

:Early Childhood Education Care）に掲載された 14 カ国の乳幼児期サービス（0〜6 歳）への公的支出額の対 GDP 比のグラフである。一位のデンマークが 2％であるのに対し、カナダは最下位で 0.25％である。カナダにおける国家レベルの乳幼児期支援の整備は遅れており、後述するように州による格差も存在する（OECD 2011［2006］：121）。

　とりわけ公的セクターにおける保育事業は、ケベック州を除いて不十分な状況である。カナダ統計局の分析レポートによれば、2011 年では、14 歳未満の子どものいる家庭の 46％は保育サービスを利用している。保育サービス利用の割合は、ケベック州が最も高く 58％、オンタリオ州 43％、アルバータ州 40％であり、最も低いマニトバ州が 34％である。サービスの形態としては、施設型（daycare centre）が 33％、家庭的保育（home daycare）が 31％、個人手配（private arrangement）28％である（Sinha 2014：3）。

図表 3-3　カナダ各州における子ども人口、母親就労率、認可保育サービス定員の比較

州・準州	子どもの人口 (人) 0〜12歳人口 (2009)	母親が労働市場で働く割合（末子の年齢別）(%)			保育定員（認可）(人)				0〜12歳児に対する定員割合 (%)	0〜5歳児に対する施設型定員割合 (%)
		0〜2歳	3〜5歳	6〜15歳	施設型保育 (0〜5歳)	学童保育	家庭的保育	小計		
NL	64,400	68	73	83	5,072	724	404	6,200	10	18
PE	19,600	76	83	88	3,491	875	28	5,084	26	42
NS	117,500	68	83	84	11,829	3,039	427	15,295	13	23
NB	95,900	76	81	84	9,256	8,994	535	18,785	20	21
QC	1,015,300	73	78	86	129,585	162,992	86,809	379,386	37	28
ON	1,859,700	69	75	83	167,359	90,233	18,953	276,410	15	20
MB	175,200	62	71	86	17,639	8,406	3,337	29,382	17	23
SK	150,900	70	77	89	7,451	1,158	2,239	10,848	7	11
AB	559,400	63	70	86	51,392	19,070	11,588	82,050	15	20
BC	570,900	66	75	80	50,818	30,305	16,047	97,170	17	20
NT	8,220	/	/	/	929	456	400	1,785	22	23
NU	8,989	/	/	/	878	137	0	1,015	11	21
YT	4,847	/	/	/	629	205	280	1,431	30	28
全国	4,650,856	69	75	84	456,328	326,594	141,047	924,841	20	22

出典：HRSDC 2010：246-249 より筆者作成。

　図表 3-3、3-4 は、カナダ各州における子どもの人口、母親の就労状況、保育サービスを比較したものである。就学前児保育（2.5〜5歳）の平均月謝が最も安いのはケベック州で152ドルである。最も高いのはオンタリオ州の835ドルであり、大学の学費より高いといわれている。アルバータを含む5つの州で、施設型保育に占める営利サービスの割合は50％を超えている。ケベック州は定員の多さ、営利型の割合の低さ、利用料の安さで優れている。

　行政組織的には、オンタリオ州を含む6つの州で、教育省が幼児教育と保育を一元的に所管している。質保障については、ケベック、オンタリオ、ブ

図表 3-4　施設型保育（全日制）の月平均利用料（単位：カナダドル）、2012 年

州 \ 年齢	乳児 0〜18ヶ月	幼児 18〜30ヶ月	就学前児 2.5〜5歳
ニュー・ファンドランド・ラブラドール	不明	773	783
プリンス・エドワード・アイランド	696	566	544
ノバ・スコシア	825	694	685
ニュー・ブランズウィック	740	653	620
ケベック	152	152	152
オンタリオ	1,152	925	835
マニトバ	651	431	431
サスカチュワン	650	561	535
アルバータ	900	825	790
ブリティッシュ・コロンビア	1,047	907	761
カナダ全体	761	701	674

出典：Ferns and Friendly 2014：14, Table 6 より筆者作成。

リティッシュ・コロンビアを含む 7 つの州は、保育に関する統一的カリキュラムを策定している。このように、州によって異なる保育サービスは、大学における両立支援策にも影響を与えている。連邦、州の政策欠如を補うために、大学が運営する保育サービスは、費用は高いが日本よりも充実している傾向がある。これについては、第 2 節で詳述することとする。

(4) 親休業制度とその他の支援策

　一般に、子育て支援は、前項で述べた①保育サービスや教育制度、親のサポートプログラムなどの「サービスの提供」による支援と、②子どものいる家庭に対する特別手当の支給や税制上の控除等の「経済的な支援」との二つに大別される（飯島 2010：43）。後者の一つとして、出産・育児休業制度と給付金制度がある。カナダは今世紀に入り、「出産休業」「親休業」制度を充実させてきた[4]。

　現在、カナダの出産・親休業と給付制度は、二つの相補的な法制度によって成り立っている。一つは、①連邦の「雇用保険法」のもとに、雇用社会開

発省（Department of Employment Social Development Canada, 前身は人材技能開発省／HRSDC）が所管する「休業給付制度」である。資格要件を満たす申請者について、出産や養子縁組による子どもの誕生、または一定の期間その子どもと一緒に過ごすために休業した場合、「当該期間についての金銭的補償の受給権」を認める[5]。

　もう一つは、②連邦の「カナダ労働規則」（Canada Labour Code）及び各州の雇用基準法などによって保障される「休業制度」である。これは、資格要件を満たす申請者が、出産など上記と同じ理由によって一時的に休業する権利を認めるものである。雇用保険法の給付対象となる全期間もしくはそれ以上の期間について、休業開始の際に従事していた職務に対する「就労の継続を法的に保障」する（飯島 2010：44）。

　小川（2011）は、カナダの出産・親休業制度の変遷を、次の3つの時期に分けている。①親休業導入前期（1971〜1989年：出産休業給付の導入）、②親休業導入期（1990〜1999年：10週間の親休業給付の導入）、③親休業拡張期（2000〜：親休業給付を 35 週間に拡大）である（小川 2011：175）。

　まず 1971 年 6 月 23 日に、「失業保険法」（Unemployment Insurance Act, 1941-1996）の改正によって「出産休業給付」（Maternity Benefits）が整備された。「女性の地位に関する政府調査委員会」の勧告などを受けて、カナダではじめての公的な出産休業制度が導入された。資格要件をみたす女性に 15 週間の出産休業給付（休業前給与の 60％）の受給資格が与えられた。政府調査委員会勧告から出産休業の導入までは短期間で進められたが、親休業給付制度の開始には、その後 20 年の月日が費やされる。

　1990 年 12 月 18 日、失業保険が改正され、「親休業給付」制度（Parental Benefits）が導入された。2 週間の待機期間（waiting period）を経て、生物学上の父母が合算して（share）、10 週間まで利用でき、原則として休業前賃金の 60％が支給された。父親のみの利用、母親のみの利用、父母でのシェアなど多様な選択ができる。この失業保険法は、1996 年 6 月に、「全国職業訓練法」と統合されて、名称は「雇用保険法」（Employment Insurance Act）に改められた[6]。

2000年12月31日には、法改正により親休業給付の期間が35週間に拡大された。州の定める出産休業（17～18週間）、親休業（35～37週間）期間中に、連邦の雇用保険によって、合計50週間、休業前所得の55％まで給付されることとなった[7]。

なお、ケベック州は、2005年3月、州独自の出産・親休業制度を実施することについて連邦政府と合意した。そして、2006年1月より「ケベック親保険制度（RQAP／QPIP）」（Régime québécois d 'assurance parentale/ Canada Parental Insurance Plan）が開始された（飯島 2010：59）。第3節で詳しく述べるが、連邦政府の制度と異なり、ケベック州のプランは、自営業者や学生も保険に加入して保険料を負担すれば利用できるものである。また、両親間でシェアできない父親に限定された5週間の「父親休業」（Congé Parental/ Paternity Leave）給付も導入された。なお、2011年1月よりケベック州の制度を取り入れる形で、連邦の制度においても保険料を負担することで自営業者や学生が制度を利用できるようになった。

以上のような連邦と州による二つのスキームに加えて、使用者の任意により、休業前所得と給付金との差額分を補てんする「上積み給付」（Top Up）が行われている。1977年より、連邦政府は「上積み給付」を奨励するために、使用者に対し「失業給付補助事業（SUB）」（Supplementary Unemployment Benefit）を実施してきた。使用者は、連邦政府に「上積み給付実施計画」を提出して助成金を受け、差額分の一部または全部を労働者に支給する（OECD 2005：237）。

連邦、州、使用者の三者によって支えられている制度であるが、すべての使用者が差額の補てんを行っているわけではない。**図表3-5**は、過去1年以内に出産した母親（図表の①に該当、以下同様）に対する経済補助の状況を示したものである（2008年）。出産前に働いていた者（②）は85％にあたる約327,000人であった。そのうちの80％にあたる262,000人が、連邦雇用保険もしくはケベック親保険制度の出産休業給付または親休業給付を受けていた（③）。そして、51,000人は、それらの給付に加え、使用者から上積み給付を受けていた（④）。これは、連邦雇用保険またはケベック親保険制度

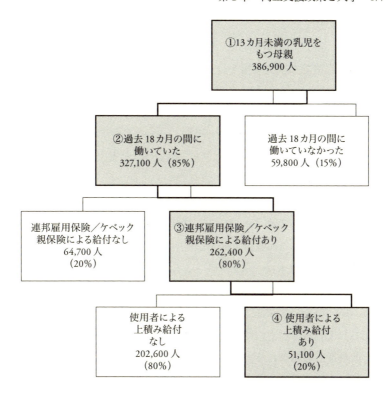

図表 3-5　出産した母親に対する経済補助の状況（2008年）
出典：Marshall 2010：6 より作成。

の給付を受けている者の5分の1にあたる（Marshall 2010：8）。

2008年では、上積み給付の平均期間は19週で、給付の平均は週300ドルである。この給付のために、カナダの使用者全体で2億9,000万ドルが支出されている。「過去18カ月に働いていた母親」のうち20％は連邦やケベック州の出産給付を受けていない。これは、連邦の雇用保険制度が決める労働時間に満たない者や自営業（ケベック以外）などが含まれている。上積み給付を行っているのは公的セクターが多い。次節で詳しく述べるが、現在、ほとんどの大学が給与の90％前後まで上積み給付を行っており、他の労働分

野よりも恵まれている。

　このほか、カナダ連邦政府は、出産・親休業期間中の給付制度の他に、州や家庭への直接的な経済支援を行っている。個人への支援としては、2006年より「ユニバーサル保育手当」（Universal Child Care Benefit, UCCB）が実施されている。6歳未満の子ども1人につき100ドル／月（年1,200ドル）を給付する。約200万人以上の子どもが該当し、150万の家庭に交付されている。2008/09年度では、年間25億4,800ドル（2008/9年）が支出されている（HRSDC 2012：14、池上2012：51）。

　さらに保育に関する減税措置として、「保育費控除」（Child Care Expense Deduction, CCED）も実施されている。連邦所得税申告時に、利用した保育・幼児教育費用に関する領収書を提出し、所得控除を申請することができる。控除の上限は、7歳未満7,000ドル、7～16歳4,000ドル、障害をもつ子10,000ドルである。夫婦の場合、純所得の低いほうが申請をする。2007年度では、約120万人の納税者が申請した。2010年度では、年間770万ドルが支出されている。以上の他にも、両立支援策には、柔軟な就労体制や職場慣行の改革なども含まれる。いずれも組織や雇用形態によって多様であるため、次節で大学に焦点をあてて論じていく。

第2節　大学の両立支援事業

(1) 1970年代における大学の保育事業

　前節で、子育て支援を中心に両立支援策の概要を確認した。大学における両立支援策は、第1章で述べた「女性の地位に関する政府調査委員会」以降、活発に動き始める。本項では、カナダ大学協会（AUCC）の調査報告に基づき、当時の大学における保育事業について考察する（McLead 1975）。

　「女性の地位に関する政府調査委員会」の活動を受けて、1970年代には各大学で女性の地位に関する組織が設置され、学内の課題の分析や改善策が試みられるようになった。1975年の「国連国際女性年」は、日本も含めて各国の女性政策の発展を促す契機となったといわれる。カナダにおいても各省

庁で様々な取組が行われ、保健福祉省も女性の地位向上に関するプログラムや調査研究に財政支援を行った。これを受けて、カナダ大学協会は、加盟校の保育事業やそのニーズについての調査を実施した。女性学の研究者などを中心に調査委員会が設置され、大学管理部門や教員のかかわり方も含めて保育事業の実態と課題を明らかにすることになった。調査にあたっては大学以外の組織に役立つモデルや理論の形成もめざされた。ニーズ調査・分析対象は、フルタイム学生、教員、職員、マネジメント職の四グループに搾られた[8]。

　1975年5月1日〜8月15日に、AUCC加盟校にあてて質問票と過去5年間に作成された保育に関する報告書や事業方針の提供を求める文書が送られた。最終的に52の大学から回答が集まり、31校が保育事業動を行っていることが判明した。また、保育に関する報告書が13校において、合計21文書作成されていた。5校では非公式のニーズ調査が実施されていた。一部の大学を対象に現地インタビューも実施された。保育事業の形態は、大学が運営や財政に直接関わっているもの、大学からの施設貸与によって教職員や学生団体が運営しているものなど多様であった。保育の他にも子育て中の親を対象とする支援事業や情報提供など間接的なサービスについても情報が寄せられた。

　これらの活動を経て、1975年9月6日に、『カナダの大学における保育サービス調査報告』(A Study of Child Care Services at Canadian Universities)が公表された。以下、これに基づき、当時の大学における保育事業の概要を整理する。報告書は、保育事業を次の二つに定義している。

① 「集団保育」(Group Child Care)：(子どもの自宅以外の) 特別に設置された場所において、12歳未満の子ども5人以上を、1日の一部、連続して18時間を超えない時間預かる。
② 「家庭的保育」(Family-Based Child Care)：個人の家で、12歳未満の子どもを5人以下（その家の子どもを半数以下とする）を、1日の一部、連続して18時間を超えない範囲で預かる。

図表 3-6　保育事業が実施されている 31 大学の 85 プログラムと定員（1975 年）

		全日保育	部分保育	一時保育	合計
2歳未満	プログラム数	22	4		26
	定員	295人	50人		345人
2〜5歳	プログラム数	40	15	1	56
	定員	1,190人	295人	20人	1,505人
6〜12歳	プログラム数	3	-	-	3
	定員	50人			50人
合計	プログラム数	65	19	1	85
	定員	1,535人	345人	20人	1,900人

出典：McLead 1975：21.

図表 3-7　利用資格と優先順位

優先順位	利用資格			保育事業合計
	学内限定	学外者に開放	情報なし	
先着順	25＊	3		28
学生優先	6	2		8
一人親優先	5	1		6
情報なし			5	5
合計	36	6	5	47

出典：McLead 1975：23.

　31校から報告された47の保育事業を、子どもの年齢に応じて整理すると85種類のプログラムがあった（McLead 1975：21）個人の家で行う「家庭的保育」は3プログラムのみで、子どもの人数でみると98％は「集団保育」である。**図表3-6**は、年齢別、保育時間別に分類したものである。2〜5歳までのプログラムが最も多く、子どもの数でみると全体の79％となっている（McLead 1975：22-23）。

　図表3-7は、利用資格と優先順位についての方針である。47事業のうち36事業は学内限定であり、そのうち25事業は先着順方式であった。学内限定・先着順方式の25事業（図表3-7の＊）のうち、15事業は、親が運営に参画することを求めていた。学外者に開かれているものは6事業であった（McLead

図表 3-8 大学の学術・教育活動と保育プログラムとの協力関係

大学からの専門的コンサルテーション、情報交換	3
大学の諸サービスの提供（レクリエーション、保健、設備、管理面での支援）	12
学生の実習、観察、ボランティアなどを、保育プログラム側で受け入れている	18
活動上の関係は特にない	11
無回答	4
合計	48*

＊保育事業の総数は 47 であるが複数回答した大学があった。
出典：McLead 1975：27.

図表 3-9 大学で実施されている保育事業実施主体（sponsor）（1974/75 年）

親による共同運営	25
親と大学からの代表による委員会が運営	15
大学関係者（学生団体、教員団体、職員団体）による直接運営	5
不明	2
合計	47

出典：McLead 1975：30.

1975：24）。

　図表 3-8 は、保育事業と、大学の学術・教育活動との協力関係についての回答である。教員などが専門的なコンサルテーション、情報交換を行っているのは全体の 6％にあたる 3 事業でしかない。実習生やボランティアを受け入れる形での連携は 18 事業で行われていた。

　図表 3-9 は、31 大学で実施されている 47 事業の実施主体についての回答である。53％にあたる 25 事業が親による共同運営である。32％にあたる 15 事業は、親と大学からの代表による理事会によって運営されている。学外者に利用資格を認めている場合は、地域の代表も含む。5 事業は大学関係者による直接運営であり、うち三つが学生団体、一つが教員団体、一つが職員団体であった（McLead 1975：30）。

　図表 3-10 は、大学で実施されている保育事業の利用料の平均である。子ども 1 人に対するスタッフの数、保健管理費用、州政府からの経済支援に

図表 3-10　大学で実施されている保育事業の利用料（1974/75 年）

料金体系（利用年齢）	2 歳未満	2 歳〜5 歳
料金の幅	月額 110 − 200 ドル	月額 70 − 180 ドル
平均利用料	月額 150 ドル	月額 125 ドル

出典：McLead 1975：30.

図表 3-11　大学からの経済的支援（複数回答）

	大学本部から	学生団体から	合計
開所費用の支援	6	3	9
経常運営費の支援	6	7	13
場所・施設・管理サービスなどの現物支援	25	3	28
合計	37	13	

出典：McLead 1975：31.

よって差がある。47 事業のうち 39 事業は、大学本部または構成員組織（学生団体など）から何らかの経済的支援を得ていた。そのうちの 72％に相当する 28 事業は場所の無償供与もしくは財政支援を受けている。

また、**図表 3-11** に示すように、9 事業は開所費用の支援を受けており、その金額は 1,000 ドル〜 3,500 ドルである。13 事業は大学から運営費が提供されており、金額は年 2,000 ドルから運営予算の 1.5％〜 50％まで幅がある。一方、8 事業は、まったく支援を受けていなかった。これらのデータが示すように、大学からの財政的関与に一貫したパターンはなかった。

21 校で実施されたグループ・インタビュー調査では、保育事業と大学・学外コミュニティとの連携について次のように報告されている。9 つのグループからは、大学教員が保育事業に専門的に関与することが最優先事項あるとの見解が寄せられている。一方、10 のグループは、大学外の地域のプログラムとの連携が必要であると指摘している。この問題に対する見解は、大学と地域の規模、州と地域の保育事業の質、大学の保育事業の内容によって異なっている。「地域と連携した保育」をめざすか、大学だけの「閉鎖的でエリート主義的な保育」を行うのかという二つの方向性があることがわか

る。報告書は、関係者の意識に大学の地域的条件が与える影響が大きいため、理論化・モデル化は難しいと述べている（McLead 1975：28）。

　保育と大学また地域社会との協働については、各州政府の運営・財政ガイドライン、親の参加、現行のプログラムが優先されるとの前提に立った上で、次のように整理されている（McLead 1975：28-29）。

　　① 日々の子どものケアに、大学教員が直接介入することは求められていない。
　　② 時間、労力、情報、支援が欠如しているため、保育スタッフや親だけでは、長期的、安定的、総合的な保育計画を策定することは難しい。管理業務の中核は、施設の拡充や予算の欠如といった問題への対応である。
　　③ 親への情報提供や指導、支援体制の整備が重要である。また、それを行う主体は、大学であるべきか、それとも、より大きな責任をもつ州の保育情報センターのような組織が行うべきかということを検討する必要がある。
　　④ 地域や大学、また個人でばらばらに運営されている事業は、管理運営と財政の安定性のために、一つの保育事業として統合することが望ましい。

　最終的に調査で浮かび上がった最も重要な問題は、大学における保育事業に一貫した指針と計画がないことであった。保育事業は、大学のサービスとしても関係者の自治的活動としても認知されておらず、一時的な臨時的対応として処理されていた。
　保育事業を行っている大学における具体的な問題点は次の通りである。①長い待機者リスト、②学生・教員など立場の異なる人々の特別なニーズに対する情報の欠如、③運営上の赤字、④スペースの欠如や不備、⑤保育に関わる人々と大学コミュニティとの間の信頼感の欠如である（McLead 1975：41）。
　調査報告書は、今後の大学における保育事業の方向性を、二つの理念型的

モデルに整理している。一つは、その時々の構成員のニーズに対応して暫定的で短期的な対応のみを行い、大学は保育に関する方針や計画にかかわらないというものである。もう一つは、大学に付随するサービスの一つとして、大学管理部門が保育施設を直接運営するというものである。実際に行われる保育事業は、各大学の事情に応じて、この二つの両極端なタイプの中間的な位置で行われており、重要となるのは次の諸点である。①大学コミュニティのなかで、保育事業をより認知された存在にする、②州からの財政支援、親からの利用料、大学の構成員団体から提供される資金、大学の組織・計画に関するリソースを組み合わせて活用する。そのために、州や連邦の政策、ガイドライン、財政補助要件を満たす、③利用者のニーズをくみ上げて、利用者と関係するコミュニティが協力して保育事業を管理していくことである。(McLead 1975：41)。

その一方、親は目の前のニーズや時間・労力を優先し、手近な情報に向かいやすく、大学の総合的な保育事業計画を発展させるのには適さない。そのため、大学は次のことを行うべきであると報告書は述べている（McLead 1975：41-42）。

① 保育事業についての長期計画とニーズを把握するために、各大学は構成員の家族に関する人口データを継続して収集する。
② 大学は保育事業の計画と開設に直接関与する。
③ ライセンスを与える行政機関、保育に関する州の財政ガイドラインの枠組み内で、法人化された非営利の地域委員会もしくは親の団体に保育事業の管理・運営を委託する。
④ 保育事業にかかわる人々と大学関係者は、成人支援プログラム、保育リソース教材、集団保育と家庭的保育サービスも含めてプログラムの選択肢を増やすよう協力する。
⑤ 大学は、建設・施設計画のなかに保育事業の設置を位置づける責任を負う。

『カナダの大学における保育サービス調査報告』は、カナダ大学協会の公式見解を示すものではないが、当時の大学における保育の実情と将来展望を示す貴重な資料である。これは、女性の地位やワークライフバランスににかかわる大学関係者に注目され、各大学での取り組みの改善のためにしばしば引用された。次項では、その後の大学における保育事業・活動の概要について明らかにする。

(2) 近年の大学における子育て支援

第1章で考察したように、女性の地位に関する調査委員会の活動後、各大学で女性の地位に関する委員会が設置された。オンタリオ州においては、オンタリオ大学協議会（COU）内に「女性の地位委員会」が設置されている。同協議会の「調査・分析・政策部門」などとの連携によって女性の地位に関する各種調査が行われている。2000年に公表された「女性の地位委員会」『オンタリオの大学における女性の地位報告書（1998/99）』は、学生、教員、学位などに関して、加盟校の男女別データなどを175頁にわたり分析している。同報告書において『オンタリオ州の大学における福利厚生調査（1997-99）』（Ontario Universities Benefits Survey 1997-99）に基づいて大学の保育事情について概要が述べられている（COU 2000：43）。

これによると、オンタリオ州の18大学中15大学において保育事業が行われ、いずれも場所はキャンパス内である。利用資格は、学生、教職員、大学関係者を優先している。子どもの定員は50～60名が中心であるが、一部の施設では100～200名の子どもを預かっている。年齢層でみると、多くのサービスが3カ月～5歳児対象であるが、一部では0カ月児や12歳児も受け入れている。利用料の平均は400～1,200ドル／月であり、対象年齢によって異なっている。年齢別にみると乳児（infant、0歳児）は月額660～1,200ドル（平均900ドル）、幼児（toddler、2～4歳児）は300～920ドル（平均600ドル）、就学前児童（preschooler、5歳児）は330～750ドル（平均525ドル）である。

前項で紹介したAUCCによる1975年の調査報告では、オンタリオ州の

図表 3-12　研究大学における保育事業（医学大学院をもつ機関に限定）

大学名	州	保育施設の名称等	定員	対象年齢
Memorial University of Newfoundland	NL	Childcare Centre	164 人	2 歳～12 歳
Dalhousie University	NS	University Children's Centre South Street 校舎	63 人	4 カ月～5 歳
		University Children's Centre Life Sciences 校舎	36 人	3 歳～9 歳
McGill University	QC	McGill Childcare Centre（第 3 節参照）	106 人	4 カ月～5 歳
Université de Montréal	QC	Centre de la Petite Enfance de L'UdeM（2 カ所）（第 3 節参照）	160 人	6 週間～5 歳
Université de Sherbrooke	QC	CPE Tout Petit, Toute Petite	64 人	3 カ月～5 歳
Université Laval	QC	Centre Jour	76 人	3 カ月～6 歳
		L'Univers des enfants,	25 人	3 カ月～5 歳
		La Charmille	80 人	3 カ月～5 歳
		La Petite Cité	105 人	3 カ月～5 歳
McMaster University	ON	McMaster Children's Centre	63 人	18 カ月～5 歳
		McMaster Students Union Day Care Centre	不明	18 カ月～6 歳
University of Ottawa	ON	Garderie Bernadette Child Care Centre（GBCCC）	49 人	6 週～5 歳
Queen's University	ON	Queen's Day Care Centre	89 人	0 歳～6 歳
University of Toronto	ON	University of Toronto Childcare Centre on Charles 他 3 施設（本文参照）	270 人	6 週間～5 歳
University of Western Ontario	ON	On-Campus Child Care Centre（YMCA による運営）	不明	3 カ月～5 歳

　18 大学のうち学内で保育事業が行われていたのは 11 大学であった。1975 年～1999 年の約 25 年間で、残りの 7 校のうち 4 校で新たに事業が始まったと推測される（COU 2000：9-18）。
　ここで、研究大学に限定して、カナダ全般の近年の動向を確認してみたい。**図表 3-12** は、医学系大学院をもつカナダの大学 16 校に限定して学内の保育事業についてウェブ上の情報を調べた結果をまとめたものである（2013 年 9 月 1 日～10 日調査）。図表に示した以外にも、学生団体などが行っているサービスもあり、日本などと比べて大学における保育事業は進んでいる。しかし、

大学名	州	保育施設の名称等	定員	対象年齢
University of Western Ontario（続き）		UCC（University Community Centre）Flexible Child Care, Room 40, UCC Building, YMCAによる運営）	不明	18カ月〜5歳
		University Laboratory Preschol（心理学部による運営）	不明	1-5歳
University of Manitoba	MB	Campus Daycare Centre（Inc.)	不明	不明
		PlayCare Centre	不明	2歳〜12歳
University of Saskatchewan	SK	Campus Day Care Centre（Education Building）	44人	不明
		USSU Childcare Centre（University of Saskatchewan Students' Union）	66人	6カ月〜6歳
University of Alberta	AB	・McKernan Child Development Centre	34人	1カ月〜5歳
		・Garneau / University Early Learning Centre（19カ月〜6歳） ・Hospitals and Community Child Care Centre（1歳〜6歳） ・Students' Union and Community Early Learning Centre（19カ月〜6歳） ・University & Community Early Learning Centre（2歳半〜6歳） ・University Infant Toddler Centre（1カ月〜5歳）	不明	不明
University of Calgary	AB	University Child Care Centre（UCCC）Main	84人	3カ月〜5歳
		University Child Care Centre（UCCC）West	105人	不明
University of British Columbia	BC	施設多数（本文参照）	570人	乳児〜12歳

2013年9月1日〜10日ウェブ調査。

　待機児童リストが長く、申し込んでから数年待つことを公表している大学も多かった。入所資格は、学生・教職員が中心である。定員に空きがあれば学外者も受け入れる大学もあるが、先に内部者でほとんど埋まってしまうのが実態である。
　次に、大規模大学の例として、教員・学生の多いトロント大学（オンタリオ州）、ブリティッシュ・コロンビア大学（BC州）の事例をみてみる。ケベック州の大学については同州の独自の政策と関係するため第3節で論ずる。

① トロント大学（オンタリオ州）

　オンタリオ州では、保育事業は、託児法（Day Nursery Act）に基づいて行われている[9]。0～5歳児人口に対する施設型サービスの定員の割合は約20％である。空きがあっても高額であり、トロント市では一日乳児54ドル、幼児43.5ドルが平均である（須貝2012：99-100）。トロント大学には、教育学大学院／オンタリオ教育研究所との連携による「幼児教育センター」（University of Toronto Early Learning Centre、定員約120名、3カ所）の他に、次の3つの保育施設（定員合計150名、利用料は2014年）がある[10]。

トロント大学の保育施設と利用料（2015年）

(a) Campus Community Cooperative Day Care Centre
　　（日額）乳児：70.95 ～ 60.5 カナダドル
　　　　　　3カ月～5歳児：55.85 ドル
(b) University of Toronto Childcare Centre on Charles
　　（月額）1,857（乳児）～ 1,295 ドル（就学前児）
(c) N'Sheemaehn Child Care Centre
　　（月額）1,307（乳児）～ 911 ドル（就学前児）

　(a) は創設が最も古く、1997年に構内の使用されていないスペースを学生団体が占拠して開始したものである。その後、大学が正式に活動を認めて施設を貸与し、改修・運営費用を負担している。現在は、学生だけでなく教職員も利用できる。(b) は2005年に大学がメインキャンパスに近い教職員・学生寮に併設したものである。(c) はもっとも新しく、2009年にミシソガ地区（Mississauga）のキャンパスに設置したものである。いずれも、保育プログラムの質の高さに定評があるが利用料は高い。6歳未満児のいる家庭は、先述した連邦政府の「ユニバーサル保育手当」（子ども1人月1,200ドル）や減税措置（保育費控除）を受けられるが負担は大きい。しかし、どの施設も待機者がたくさんいる。

　子育て支援に関する情報提供やコーディネートは、大学の「ファミリーケア・オフィス」（Family Care Office）が行っている。**図表3-13**に、同オフィ

図表 3-13　トロント大学のファミリーケア・オフィスに関する活動と保育事業

	ファミリーケア・オフィス	保育事業
1971 年		学生組合による保育事業の開始（Campus Co-op Daycare Centre）
1993 年	オフィスの開設	
1994 年	第 1 回「子ども職場見学会」（Take Our Daughters & Sons Day）	
1999 年	「教員のリロケーション・プログラム」開始	
2000 年	「教職員・家庭支援プログラム」開始	
2002 年	「ワークライフアドバイザー」（Quality of Work-Life Advisor、人事担当学長補佐）職の創設	
2003 年	・「健康・福祉マネージャー」（Health & Well-being）ポスト創設 ・保育事業に関する新方針の策定 ・「デュアル・キャリア支援」（Dual Carreer Connection）サービス開始（新規着任教員の配偶者／パートナーのための雇用支援） ・人事担当副学長職を、「人事・公平性担当副学長」（Human Resources & Equity）に変更 ・出産・親休業制度を教員のために充実させることを大学が決定	・教育学大学院／オンタリオ教育研究所による幼児教育センター（Early Learning Child Care Centre）の開設 ・家庭支援センター（Family Resource Centre）の開設（一時保育・情報提供などを実施）
2004 年	・一時保育サービス（Emergency Child Care Services）導入（外部団体との提携し、緊急時の一時保育を職員に提供） ・大学事業第 1 回「ワーク・ライフ・バランス達成月間」（Achieving Work-life Balance）	
2005 年		ジョージ・ブラウン・カレッジと協力し、教職員・学生寮に、保育施設を開設（Child Care Centre on Charles）
2006 年	カナダの家庭雑誌「現代の親」（Today's Parent, 1984 年創刊〜現在）の「ファミリー・フレンドリー・トップ 100 企業」に、トロント大が選出される	
2007 年	・「家庭サービス・ディレクター」（Family Programs & Services）職の創設 ・「ワーク・ライフ・コンサルタント」（Work-Life Consultant）職の創設	
2008 年	「子育て支援補助」（Child Care Benefit Plan 開始）	
2008 年	「家族休業方針」（Family Leave Polices）の改善（有給の親休業などの導入）	
2009 年		ミシソガキャンパスに保育施設を開設（N'sheemaehn Child Care Centre）
2010 年	子どもをもつ学生へのオリエンテーションの開始	
2014 年	・「ファミリー・フレンドリー企業」に 5 度目の選出 ・「子ども職場見学会」第 20 回記念大会	

出典：University of Toronto, Family Care Office 2014 より筆者作成。

スの事業に関する年表を記した。2002〜2003年にかけて、教員のワーク・ライフ・バランスや新規着任者を支援するポストが創設されて活動が活発になっている[11]。

オフィスの任務は、学生、教職員、ポスドクとその家族に、仕事と家庭生活の両立に役立つ情報を提供・支援して生活の質に関する意識を高め、大学の「教育と雇用の公平性」に貢献することである。福利厚生だけでなく、大学における公平性の向上のための組織であることが特徴である。

2014年では、フルタイムスタッフ4名、学生スタッフ8名の体制である。主な業務は、個別の事例対応、ワークショップ・家族イベント・討論会の開催、ウェブサイトとリソースライブラリの運営、親たちのソーシャルネットワークやベビーシッターリストなどのウェブサービス、学生寮の訪問、人材・公平性担当副学長と家族プログラム・サービスディレクターへの提言などである。

2013年の年間面談件数は、学部生147件、大学院生444件、ポスドク51件、職員422件、教員453件、部局108件、その他（卒業生、訪問研究員、メディアなど）60件で、合計1,685件である。相談内容の内訳は、子育て・子ども29％、出産・親休業20％、新規採用教員のリロケーション14％、経済支援8％、健康7％、住まい4％、人間関係4％、介護4％、ワーク・ライフ・バランス3％、学生の妊娠3％、法律支援2％である。

オフィスの主要な仕事として、出産・休業などの情報提供がある。休業制度については利用対象者と内容別に、情報パッケージが準備されている[12]。2013年では、「出産休業（教員・司書対象）」35件、「出産休業（職員対象）」116件、「親休業（教員・司書対象）」21件、「親休業（職員対象）」34件のパッケージ入手希望があった。このような個別の情報提供の他に、参加型の企画を実施している。同年度では、「保育サービスの選び方」「出産・養子休業からの現場復帰」「高齢者と年金システム」などをテーマとするワークショップが90回、家族向けイベントが16回、「ジェンダーに中立な子育て」などの討論会が8回開催されている。年間の出席者は約2,400名である。

親になる学生に対しては次のような情報提供・支援を行っている。学部生

に対しては、学務部のアドバイザーまたはカウンセラーにできる限り早く面会し、妊娠、予定日、学業継続のための計画について相談すること、担当教員に、妊娠とそれによっておきる問題について説明して理解を得ることを勧めている。

　大学院生に対しては、親になる院生の選択と希望を大学が尊重し、研究修了期間の延長を認める方針をとっていることを知らせる。そして、学位論文の指導教員と大学院の学務コーディネーターと休業について話し合うよう勧めている。院生の場合、妊娠、出産、養子による休学は1年間申請できる。

② ブリティッシュ・コロンビア大学（BC州）

　ブリティッシュ・コロンビア大学では、1967年から親の自主的活動によって保育事業が始まった。1991年6月より大学が直接運営している。キャンパスの様々な場所を用いて、乳児〜12歳児を対象とする子育て支援サービスを提供している。州政府による認証を受けているが、経常費に対する公的財政支援はほとんどない。定員は約570人で待機者が多く、応募してから数年は待たなければならない。学外者も申し込みできるが、学内者が優先され実際は95％が大学関係者である。2016年までに定員を1,000名まで拡大する計画予定である。利用料は**図表3-14**の通りである。

図表3-14　ブリティッシュ・コロンビア大学保育利用料（2013年、月額）

単位：カナダドル

プログラム	学生	教職員	学外者
乳児	1,305	1,405	1,805
3歳未満	1,195	1,270	1,570
3〜5歳	835	910	1,025
就学前児（2.5時間/日）月〜木	320	320	385
始業前クラス（6〜12歳）	45	45	45
放課後クラス（6〜12歳）	360	360	410
夏季プログラム	185/週（7・8月のみ）		

出典：UBC, Childcare Services ウェブサイトより。

BC 州は、「子ども・家庭省」（Ministry of Children and Family Development）を通じて、州民の子ども1日4時間以上の保育に対して、手当を支給している。乳児（0～18カ月）は日額 37.50 ドルか月額 750 ドル、幼児（19～36カ月）は日額 31.75 ドルか月額 635 ドル、就学前児童（3～5歳）は日額 27.50 ドルまたは月額 550 ドルが支給される。学童保育（早朝または放課後）については、日額 20.75 ドルまたは月額 415 ドルが支給される。

　連邦政府、州政府からの子ども手当によって一部が相殺されるとはいえ、トロント大学、UBC の保育サービス利用料は高額である。研究大学以外の小規模校も含めたカナダの大学全体の保育事業について参考になる資料として、生命科学系の財団によるリサーチペーパーがある（The deVeber Institute for Bioethics and Social Research 2010）。これは、2010 年に、カナダの全大学（学位授与機関）を対象に、妊娠・育児中の学生がアクセスできるキャンパス環境について質問紙調査を行ったものである。86 校から回答が寄せられている。保育事業の有無と利用料の平均を州ごとに算出したものが**図表 3-15** である。

　この調査では、保育事業が行われている大学の比率は 60% であった。一方、図表 3-11 で示したように、研究大学では全校で保育事業が実施されている。これらの情報を重ね合わせると、「非」研究大学では保育事業への取組はやや低いといえる。しかし、キャンパスの規模や立地条件、地域の保育サービスの充実度によって、学内保育事業に対するニーズは異なっている。地域の保育サービスが充実しておりアクセス可能であれば、大学が事業所として保育サービスを運営する必要は低くなる。そのため、学内の保育事業の有無のみで大学の両立支援体制を評価することはできない。

(3) 親休業制度とその他の支援策

　保育サービスの他に、研究者のための両立支援策としては、第一節で整理したように、①出産休業や親休業とその期間の給付制度、②テニュア審査や業績審査における配慮（テニュア・クロックの休止措置など）、③フレキシブルな勤務体系、パート勤務やポストシェア、授業負担軽減、④家族の移住・就労支援などがある。①の出産・親休業と②のテニュアや業績審査とは関連す

図表 3-15　保育事業のある大学数と月額利用料平均（2010 年）

単位：カナダドル

州名	調査回答大学数	保育所・幼稚園あり	乳児保育 Infant（0〜1歳）	幼児保育 Toddler（2〜4歳）	就学前児童保育 Preschool（4〜5歳）	幼稚園 Kindergarten
	校	校	ドル	ドル	ドル	ドル
ニューファンドランド・ラブラドール	1	1	540	540	540	540
プリンス・エドワード・アイランド	1	1	-	-	-	-
ノヴァ・スコシア	8	5	660	586	566	506
ニュー・ブランズウィック	4	2	-	625	560	320
ケベック	12	9	140	140	140	140
オンタリオ	32	17	1152	923	783	685
マニトバ	5	3	424	357	357	355
サスカチュワン	6	2		580	560	625
アルバータ	6	3	838	757	717	605
ブリティッシュ・コロンビア	9	5	987	798	606	434
合計	84	48	—	—	—	—

出典：The deVeber Institute for Bioethics and Social Research 2010：6-9 より筆者作成。

る問題でもある。出産・親休業の取得によって自動的に、もしくは本人申請で審査期間を延長する制度もあれば、休業を取得しなくても本人申請によって延長する大学もある。フレキシブルな勤務体系や家族の移住・就労支援などは、大学として明確な制度がなく、個別の案件ごとに対応していることも多いようである。ここでは、第1節第2項で概観した出産・親休業制度に対する大学の対応について考察する。

① **親休業導入期（1990 年〜 1999 年頃）**

　先述したように、カナダでは、1971 年に連邦政府による出産休業給付制度が始まり、1991 年からは 10 週の親休業給付制度が導入された。この頃の出産休業の状況について、オンタリオ大学協議会（COU）『オンタリオに

おける女性の地位報告書（1998/99）』は、次のように報告している（COU 2000：43）。

　オンタリオ州の各大学は、州の雇用基準法（Ontario Employment Standards Act）に準拠して出産休業の方針を定めている。出産休業中、連邦政府からの給付に加えて、大学は給与の80〜90％までを補てんしている。出産休業の最初の2週間は待機期間であり、連邦の雇用保険からの給付はないが、大学によっては給与の95％程度までカバーしている。

　また、女性教職員は、17週の出産休業に加えて18週の親休業の資格をもつが、これは出産休業後すぐに開始しなければならない。養子を迎えた母親は18週だけ親休業をとることができる。一方、父親が申請できる親休業は10〜18週であり、子どもの誕生か養子縁組の後35週以内に開始しなければならない。この方針は、大学や教職員の雇用歴に応じて異なっている。100％有給の父親休業を定めている大学もあり、その平均的長さは2〜7日間である。

　以上のように、連邦・州の制度にあわせて、大学は、休業制度、また休業前給与と雇用保険給付金の差額を補てんする制度を整えているが、実際の取得状況についてのデータは入手しにくい。出産する学生への支援についても情報は乏しい。**図表3-16**は珍しい資料で、オンタリオ大学協議会（COU）の「女性の地位委員会」の会議で公表されたトロント大学における院生の出産休業（休学）のデータである。1987年を境に増えているが、その理由は不明である。会議記録では、学生が休学しやすい雰囲気を作る必要性が確認されている。

　連邦雇用保険の親休業給付制度開始から約10年後（2000年3月31日）、Prentice and Pankratz（2003）は、カナダの大学の家族休業制度（family leave policies）についての調査を行っている[13]。47大学の方針や制度を考察したこの調査によれば、大学が規定している家族休業制度は、出産休業（Pregnancy）、親休業（Parental）、養子休業（Adoption）、父親休業（Paternity）に大別される。出産休業制度については用語にばらつきがあり、*maternity leave*、*childbirth leave*、*pregnancy leave* などの言葉が用いられている。

図表 3-16　トロント大学の大学院生によって申請された出産休業の数（1985 － 1989）

	1985/86 年度			1986/87 年度			1987/88 年度			1988/89 年度		
	修士	博士	小計	修士	博士	小計	修士	博士	小計	修士	博士	小計
人文科学	2	7	9	2	3	5	2	9	11	7	6	13
社会科学	4	5	9	5	2	7	12	5	17	9	6	15
理学工学	1	0	1	0	2	2	3	1	4	2	1	3
生命科学	1	3	4	3	3	6	9	5	12*	7	3	10
計	8	15	23	10	10	20	26	21*	47*	24*	16	40*

＊については小計と一致しないが原資料のまま標記した。
出典：COU 1989：93 より作成。

図表 3-17　出産・親休業取得者への給与支給に関する大学の規定

	上積み給付のある大学	上積み給付比率平均	上積み給付期間の平均
出産休業	46 校	95.9 %	17.1 週
養子休業	40 校	96.7 %	13.0 週
親休業	9 校	95.9 %	9.9 週
パートナー休業	19 校	100 %	1.4 週

出典：Prentice and Pankratz 2003 年：12-14 より作成。調査対象 47 校、2000 年 3 月調査。調査時、連邦政府が規定する親休業給付期間は 10 週であった。

　連邦雇用保険法の給付金に付加する形で、一部の使用者は、給付金と休業前賃金との差額を補てんする「上積み給付（top-up）」を行っている。**図表3-17** は、出産・親休業取得中の給与の支給についての Prentice and Pankratz の調査結果である（Prentice and Pankratz 2003：12）。1 大学を除いて、どの大学も出産休業中、連邦政府の給付金に加えて 95％前後まで給与との差額の補てんを行っている。一方、親休業期間に大学による上積み給付を実施していたのは 9 校のみであった[14]。

　第 1 節で述べたように、2010 年では、出産休業取得に際して、使用者から上積み給付を受けている女性の比率は、新生児をもつ母親の 2 ～ 3 割である。これと比較すると、大学の支援は、2000 年頃すでに十分整備されているようにみえる。ただし、出産休業中の上積み給付について、9 つの大学

では、仕事への復帰や給付金の返還義務などを規定していた。Prentice and Pankratz は、調査報告において、トロント大学の規定を次のように引用し、「懲罰的な」（punitive）な言葉づかいであると指摘している（Prentice and Pankratz 2003：6-10）。

> 「出産休業の付与には、責任（commitment）が含まれている。（中略）出産休業を取得する職員は、復帰する義務をもつ。（中略）業務の継続も含めてそのポジションのすべての側面を再開することが難しいと感じている者は、関係者すべての利益のために、しかるべき管理者とその状況について話し合うことが望ましい。大学でのキャリアと、付加的な家庭責任（additional family responsibilities）とを同時に継続していくことに不安を感じるスタッフは、本制度に応募するよりも（筆者注：上積み給付の申請を示す）、退職もしくは無給の出産休業に応募することを奨励する。そうすることによって、スタッフは失業保険（ママ）に応募する資格を得ることができる。退職する者は、大学に対する職務貢献が可能になったのち、再雇用についてそれぞれ検討されることになる。」（Prentice and Pankratz 2003：10）

トロント大学のこの規定が引用された Prentice and Pankratz の調査報告は、2002 年 10 月 25 日に、カナダ大学教員協会（CAUT）の「女性の地位会議」に提出された。その後、論文の形で、2003 年に学術誌『カナダ高等教育研究』にも掲載された。トロント大学の指針の圧迫的な文言は、高等教育関係者の目に広く届くことになる。

② **親休業拡張期（2000 年〜現在）**
　第 1 節で述べたように、2000 年 12 月 31 日の法改正によって、連邦政府の雇用保険法による親休業給付期間は 35 週に拡大された。これを受けて、カナダ大学教員組合（CAUT）は、約 1 年後の 2001 年 11 月に、出産・親休業に関するモデル規定を策定・公表し、大学へ実施を求めた。モデル規定の

概要は次の通りである。

出産・親休業に関するモデル規定（抜粋）（カナダ大学教員協会（CAUT）2001年11月承認）

1. 出産休業
    1.1 妊娠している被雇用者は、17週間の出産休業を得る権利を有する。
    1.2 1.1に述べられた出産休業中、被雇用者は、使用者から下記を得る。
        (a) 最初の2週間について、名目給与の100%＊
        (b) さらに15週間を最大として、被雇用者が得る雇用保険法の給付と被雇用者の名目給与100%分との差額分

4. 親休業を取得しない親のための休業
    4.1 子どもの誕生、または12歳以下の子どもを養子に迎える、もしくは初めて後見人になる場合に、その親が出産・親休業を取得しない時は、被雇用者の意思に応じて、給与の全額と福利厚生を含む最高6週間までの有給休暇を得る権利を有する。

5. 子どもの誕生に際する親休業
    5.1 子どもの誕生に際して、親であり、雇用保険法と適用法令による親休業を選択した被雇用者は、最高35週までの親休業を取得する権利を有する。
    5.2 5.1条に述べられた親休業の期間、被雇用者は、使用者より下記を得る。
        (a) 被雇用者が得る雇用保険法の給付と名目給与100%分との差額分

8. 親休業の延長
    8.1 無給の親休業の延長は、被雇用者が請求した場合、最長1年間与えられる。

9. 考慮事項
    9.1 本条文による休業期間中、被雇用者は、労働協約において設定された年金及び他の福利厚生プランへの加入を継続する。被雇用者が書面で加入を止めない限り、被雇用者と使用者は、積立金並びにまたは保険料の適用割り当て分を継続してそれぞれ支払う。
    9.2 本条文のいかなる部分も、病気を理由に欠勤するための病気休暇の申請を妨げない。
    9.3 勤務に戻る際、本条文の休業を取得した被雇用者は、労働協約によって提供される名目給与100％および福利厚生とともに、以前と同じ職に戻れることとする。
    9.4 被雇用者の休業期間は、勤続年数の計算期間に含められる。
    9.5 出産・親休業中の被雇用者は、これと同じ期間、再任用, テニュア・終身雇用についての契約上の決定の停止を選択することが可能である。被雇用者がこの決定を停止する時は、学部長もしくは同等のものに、自分の意思について書面で通知を行うものとする。

備考
    同性カップル（same sex partners）に対し、異性愛カップル（heterosexual couples）と同じ権利

を付与する最近の最高裁の判断と法の改正は、休業規定の原案策定に影響を与えるであろう。これらの新しい法的義務に、各校が策定する規定が一致すること、また、各校の差別撤廃規定が公平性を保障することを、加盟校に対して奨励する[15]。

(注 ＊雇用保険法の待機期間に該当)

出典：Canadian Association of University Teachers (2011) *Model Clause on Pregnancy and Parental Leave* より。

　親休業に対する給付期間が35週に拡大されて約2年後、「オンタリオ州大学教員組合連盟」（OCUFA：Ontario Confederation of University Faculty Associations）の「女性の地位委員会」（Status of Women Committee）は、出産・親休業など家庭生活にかかわる休業制度の調査を行った。委員会は、2002年11月1日現在で、オンタリオの17大学のウェブサイトに公開されていた方針と労働協約を調査した。**図表3-18**は、その結果から抜粋したものである（Levan 2003：1）。大学によって、親休業の上積み給付、テニュア審査についての配慮、休業給付受給資格などは大きく異なっている。

　先に述べたPrentice and Pankratzの論文では、トロント大学の方針の文言について批判的な指摘があった。Levanの2003年の調査では、トロント大学の内容には触れられていない。2001年に連邦政府雇用保険による親休業給付が35週に拡大されてから10年以上が経過し、各大学における上積み給付制度の整備は進んだ。2014年8月の情報では、トロント大学は、出産休業の15週と親休業の10週に対し、給与の95％までを補助している。

　ケベック州においては、連邦政府との合意の下、2006年より独自の制度「ケベック親保険制度」が実施されている。出産休業、親休業の10週に対し、同保険から休業前収入の70％が給付され、全体的にカナダの他の州よりも支援が進んでいる。同州の大学の状況については次節で詳しく述べることとする。

　出産・育児期のテニュア・プロセスの延長については、カナダの大学では労働協約において明記されている場合も多い。現在、トロント大学は、出産休業の有無と関係なく、出産等を理由に申請があった場合は、1～2年の審

第3章　両立支援政策と大学　199

図表3-18　オンタリオ州の大学における出産・親休業に関する規定等（2002年11月）

（％は、休業前給与に対する大学からの補てん比率）

大学名	出産休業		親休業	テニュア審査規定	休業給付受給資格
	雇用保険待機期間（2週）における大学からの給与	雇用保険給付に対する大学の上積み給付比率	雇用保険給付に対する大学の上積み給付比率		
Brock	100%	95%（15週）	100%（2週）＋95%（15週）	1年の延長を選択可	12か月の継続雇用
Carlton	100%	95%（15週）	100%（2週）＋95%（15週）	休業は、労働期間としてカウントする	12か月の継続雇用
Guelpf	出産休業と親休業の区別をつけず、95%（17週）			1年の延長を選択可	テニュア取得者とテニュア・トラック教員
Lakehead	なし	95%（15週）	なし	規定なし	12か月の継続雇用
Laurentian	100%	100%	なし	規定なし	12か月と11週の継続雇用
McMaster	85%	85%（15週）	なし	1年の延長を選択可	26週の継続雇用
Nipissing	93%	93%（15週）	母親：なし 父親：93%（10週）	1年の延長を勧める	6か月の継続雇用
Ottawa	95%	95%（15週）	なし	不明	不明
Queen's	100%	100%（15週）	100%（13週）	規定なし	1年の継続雇用
Ryerson	93%	93%（15週）	93%（4週）	規定なし	不明
Toronto	不明	不明	不明	1年の延長を選択可	不明
Trent	100%	100%	なし	1年の延長を選択可、最長2年まで	
Waterloo	なし	95%（15週）	95%	1年の延長を選択可、最長2年まで	6か月の継続雇用
Western	95%	95%（15週）	なし	1年の延長を選択可	1年の継続雇用
Wilfrid Laurier	95%	95%（15週）	なし	規定なし	14か月の連続雇用
Windsor	95%	100%（15週）	100%（3週）	規定なし	大学から給与支給を受けている被雇用者
York	100%	100%（15週）	主たる養育者100%（17週） その他の親100%（4週）	規定なし	

出典：Levan 2003：1-12より抜粋（大学名は原典に基づきuniversityを省略）。

査の延期を認めている。UBC は、本人から辞退の申し出がない限り、出産・親休業を取得すると自動的に任期と審査が 1 年延長される。モントリオール大学は、在籍 7 〜 10 年目の間に、16 週間以上、出産・親休業等を取得した場合は、1 年限、審査期間を延長するとしている。しかし、第 1 節で述べたように、昇進や昇給が遅れるのではないかという危惧から、制度は整っていても男女ともに利用を躊躇する傾向があるといわれている[16]。

　この他、カナダでは、配偶者のキャリア支援なども行われている。研究者カップル（dual couple）の場合は、新規採用者、候補者の転職・転居にあたって、配偶者等の職探しを支援することが行われている。「配偶者任用指針」（Spousal appointments policy）というような名称で、これを労働協約などに明記している大学もある。新規採用者・候補者の配偶者等が研究者である場合の措置は、大きく分けて四つに分類される（CAUT 2004：21-26）。

　第一に、業績審査を経て、配偶者などに任期付きのポストを提供する大学がある。トロント大学、クィーンズ大学などが実施しており、トロント大学の場合、3 年契約で 1 回 2 年間だけ更新が認められている。第二に、テニュア職、テニュア・トラック職を提供する大学がある。カールトン大学、ダルハウジー大学、アルバータ大学などが実施している。第一、第二のパターンとも、審査を経て期間の定めのあるポストを提供し、一定期間後に、より安定的なポストを自ら獲得してもらおうとするものである。第三に、UBC、ニピシング大学のように、特に文書化されていないが、積極的に個別対応する大学がある。採用予定者を受け入れる学部長、そのパートナーを受け入れる学術分野の学部長、執行部などで交渉を重ね、費用も三者で分かち合うことが多い。また、パートナーを受け入れてくれるよう他大学に照会を行うケースもある。以上述べた三つのパターンでは、人事担当理事、学部長、リロケーション担当者などが調整を行うが、研究者カップル自身の業績と交渉力に負うところも大きい。

　第四に、研究者カップルのパートナーにポストを提供することに対して否定的で、特段便宜をはからないという立場の大学もある。ヨーク大学、トレント大学がこのような方針をとっている。ただし、どの大学もグローバル人

材を採用し、よりよい環境で落ち着いた仕事をしてもらうために、パートナーや家族のための支援を行うことに積極的である（CAUT 2004：21-26）。

第3節　ケベック州の政策と大学の取組

(1) ケベック州の子育て支援政策

　カナダにおける仕事と家庭生活の両立支援政策は諸国と比べて進んでいなかったが、前節で確認したように、21世紀に入ってから子育て支援においては進展があった。そして、女性の地位に関する政府調査委員会、雇用の平等に関する政府調査委員会、また女性や保育問題についての運動と平行して、大学においても両立支援策が実施されるようになった。このような動向において、カナダの他の州よりも子育て支援政策に力を入れてきたのがケベック州である。同州の大学における両立支援策は、北米の中でも抜きんでており、州の政策と関連するものであるため、ケベック州の保育政策についてここで概観しておく。

　カナダは連邦制をとっており、憲法に定められた州管轄事項について、独自の法制度・政策を構築することが可能である。ケベック州は、フランス植民地から出発した歴史から、フランス法を継受した法制度を有しており、他州及び連邦の法制度がイギリス法を発展させたものであることと対照をなしている（佐藤 2012：48）。

　同州の人口は約821万人（2014年9月時点）であり国全体の23％を占める。隣のオンタリオ州に次ぐ人口の多い州である。1960年代のいわゆる「静かな革命」（Revolution Tranquille）以降、連邦政府との交渉を経て、独自の医療、社会保障、高等教育政策を進めてきた。二言語政策を推進するカナダの中で、ケベックは、1977年に「フランス語憲章」を制定し、フランス語のみを公用語としている。現在、同州には大学は17校あり、英語を主たる教授言語とするのはマギル大学など3校のみである。その他の14校はフランス語で講義を行っている。モントリオール大学やケベック大学では、フランス、ベルギーなどの思想や政策を参照軸とする社会保障や家族政策の研究が蓄積さ

れてきた。

　ケベック州における子育て支援政策は、1996年から活発になる。この年、ケベック党（Parti Québécois）州政権は、0〜12歳を対象とする総合的な子ども政策を発展させることを発表した。乳幼児のケアと教育に対するユニバーサル・アクセスをめざし、1997年から4カ年計画で幼児教育・保育制度改革が実施された。初年度の1997年には、公立学校に付設されている5歳児の幼稚園課程を、それまでの半日制から全日制に延長している。また、認可を受けた施設型保育及び家庭的保育（後述）の4歳児の利用料を、親の就労・所得状況にかかわらず1日5ドルのフラット制にした。翌年には3歳児も対象とし、最終的に2000年に0〜4歳児の利用料を1日5ドルにした。また、社会扶助受給中もしくは失業中の家庭には、週23時間まで無料で利用できることとした。

　1997年〜2001年の5年間で、ケベック州は、0〜4歳の認可保育の定員数を82,302人から139,683人へと増加させている。しかし、認可保育希望待機リストには依然として約85,000人が登録していたため、州政府は0〜4歳児の定員を20万人にまで増やす計画を立てた。同時に、保育スタッフ確保のために、カレッジなどの養成課程への財政支援を開始した。2003年に州政権が自由党に代わると保育政策予算は削減されて、利用料は1日7ドルに上がっている。しかし、事業者による保育施設の新設やサービス市場の拡大は続き、認可保育定員数の増加は続いた。

　図表3-19は、1992年〜2012年における認可保育定員数（0〜12歳）の変化である。1995年まではケベック州の定員数はオンタリオ州よりも少ない。その後急速に伸び、2012年では学校内ケア（学齢児）を含めて40万人を超えている。ケベック州の0〜12歳児数は約107万人であり、対象年齢児に占める認可保育定員割合は37.4％である。**図表3-20**は、0〜12歳のための認可保育サービスに対する公支出額の推移である（インフレ調整済）。1992年では、ケベック州はオンタリオ州の3分の1であったが、現在はカナダ全体の2分の1以上を支出している。

　ケベック州における現在の認可保育サービスは、州公認保育センター

図表 3-19　認可保育定員数（0 〜 12 歳）の変化

（単位：人）

	1992 年	1995 年	1998 年	2001 年	2004 年	2007 年	2010 年	2012 年
ケベック州	78,388	111,452	175,002	234,905	321,732	364,572	379,386	401,568
オンタリオ州	145,545	147,853	167,090	173,135	206,743	242,488	276,410	292,997
カナダ全体	371,573	425,332	516,734	593,430	745,925	837,392	921,841	986,842

出典：Friendly et. al. 2013：64, Table 10 より筆者作成。

図表 3-20　認可保育サービスに対する公支出額の推移

（単位：カナダドル）

	1992 年	2001 年	2011/12 会計年度
ケベック州	202,532,000	1,370,031,000	2,392,649,000
オンタリオ州	604,664,000	566,233,000	865,100,000
カナダ全体	$1,096,609,000	$2,370,032,000	$4,016,815,891

出典：Ferns and Friendly 2014：11, Table 2 より筆者作成。

（CPE）、民間保育所（Garderie）、家庭的保育（Service de garde en milieu familial）3つに整理される。民間保育所の一部を除き、いずれも利用料は1日7ドル（一日最高10時間まで）のフラット・レートが適用される（2014年10月から7.3ドルになった）。認可保育サービスにおける定額制は、カナダ国内でケベック州だけが採用している。以下、各サービスについて概要を述べる。

① 州公認保育センター（Centre de la petite enfance、CPE、定額制適用）

　最も代表的な形態で、直訳すると「小さな子どもセンター」である。略語のCPE（セーペーウー）で呼ばれることが多い。運営費の一部を州が補助する。CPEは非営利組織によって運用され、理事会（最小人数7名、保育職員は含まれない）のうち3分の2が利用者の親でなければならない。一つの保育施設の場合もあれば、複数の小規模保育（後述する家庭的保育を含む）で形成されるネットワークのようなセンターもある。0〜5歳児を対象とし、一つのセンターの定員は最高80名である。ケベック州のほとんどの大学は一つ以上のCPEを運営している。

② 民間保育所（Garderie、定額制適用・非適用）

　営利・非営利団体によって運営される。0〜5歳児を対象とし、定員は最高80名である。主に全日制サービスを提供し、子どもは定期的に通園する。非営利団体（教会や学生団体など）が運営する全日制プログラムは、州から運営費の補助を得ることも可能で、利用者には定額制が適用される。それらは、理事会の構成員などの要件がCPEの規定にあてはまらないなどの理由で、民間保育所に分類される。ケベック州の大学では、先述したCPEの他に、学生団体などがこの民間保育所を運営している場合がある。

③ 家庭的保育（Service de garde en milieu familial、定額制適用）

　家庭的保育（英語ではfamily child care）は、個人の家庭で最高6人まで（その家の子どもを含む）預かる認可サービス事業である。成人のサポーターがつく場合は9人まで受け入れ可能である。同州の家庭省（Ministère de la Famille）と契約を結び、165ある「家庭的保育事務局」（Bureau coordonnateur de la garde en milieu familial）と連携して保育を提供する。事務局は、近隣のCPEもしくは非営利団体が一般的であり、家庭的保育提供者への支援と認可基準の遵守について監督を行う。

　各保育サービスの2012年3月における定員・在籍数は**図表3-21**の通りである。施設型定員は153,481人、家庭的保育在籍者は85,095人で、合計238,576人である。家庭的保育は、認可保育サービスの3分の2を占めている。この他に、教育省・教育委員会が実施する学校内ケア（学齢児）の定員は162,992人である。これらを合算すると401,568人になる。

　図表3-22は、カナダ各州における学齢児童のケアについての2007年の統計である。ケベック州は他州より抜きん出て多い。これは、直訳すれば「学校内ケア・サービス」（services de garde en milieu scolaire）と呼ばれる事業であり、日本の「学童保育」に相当する（以下、「学校内ケア」と表記）。同州の教育法に規定をもち、教育省・教育委員会が管轄し、基本的に小学校内で行われる。子どもの学年や家庭の所得にかかわりなく、利用料は就学前児童と同じく定額制である。定額制は1997年に1日5ドルで始まり、2003年〜2014年9

図表 3-21　ケベック州認可保育サービス定員数（家庭的保育は在籍者数）（2012年3月）

施設　　対象	① 州公認保育センター（CPE）	② 民間保育所（Garderie） 州助成あり	② 民間保育所（Garderie） 州助成なし（＊非定額制）	合計（人）
18ヶ月未満	10,784	3,880	3,448	18,112
18ヶ月〜4歳	73,888	37,156	24,325	135,481
合計（人）	84,672	41,036	27,773	153,481

③家庭的保育	
18ヶ月未満	13,867
18ヶ月〜3歳未満	38,212
3〜5歳未満	32,850
5歳〜学齢児	166
合計（人）	85,095

出典：Friendly et al. 2013：24-25, 64 より筆者作成。

図表 3-22　カナダにおける学齢児童のケア利用者数（2007年）

州名　　年齢	学齢児童人口（6〜12歳）	学齢児童（6〜12歳）ケア定員数	対象人口に占める定員比
ニュー・ファンドランド・ラブラドール	37,300	735	2.0%
プリンス・エドワード・アイランド	11,500	859	7.5%
ノバ・スコシア	69,400	2,688	3.9%
ニュー・ブランズウィック	55,700	7,162	12.9%
ケベック	553,700	＊162,992	29.4%
オンタリオ	1,071,200	81,292	7.6%
マニトバ	97,300	7,574	7.8%
サスカチュワン	80,500	999	1.2%
アルバータ	295,200	19,482	6.6%
ブリティッシュ・コロンビア	323,700	28,233	8.7%
カナダ全体	2,607,585	312,857	12.0%

＊就学前教育クラス（5歳児）の学校内ケアは含まれていない。
出典：Beach et al. 2009：177, 183 から筆者作成。

月まで1日7ドル、2014年10月より7.3ドルである。通常は1日5時間まで、特別な行事の日は10時間までが含まれる。遠足など特別な費用が発生した場合は利用者が実費を負担する。以上のように、ケベック州は他州よりも保育サービスが充実しており、大学においても州公認保育センターや学生自治体による民間保育所が活発に運営されている。

(2) 大学における保育事業──モントリオール市の事例

　前項で述べたように、1997年以降、ケベック州は、他の州よりも子育て支援策を充実させてきた。本項では、高等教育機関が多数あるモントリオール市に焦点をあてて、子育て支援の実態について考察する。同市には学位授与機関として、モントリオール大学、同キャンパスにあり別法人である系列校の「モントリオール理工科大学」（Polytechnique Montréal）と「モントリオール経営大学院」（HEC Montréal）、「ケベック大学モントリオール校」（UQAM）、英語系のマギル大学とコンコーディア大学（Condordia）の6校が立地する。これらは、いずれもキャンパス内に州公認保育センター（CPE）、民間保育所を運営しており、州の補助金を交付されている。

　第1節で述べたように、第二次大戦中、モントリオール市では、連邦の資金を得て保育施設が運営されていた。しかし、これを利用していたのは英語系の小規模な労働者地域であり、フランス語系地域では家族的な連帯によって戦時中も保育を行っていた。大戦終了後、ユニオン・ナショナル党による州政権は保守的な家族政策をとり、連邦資金によって始まった保育施設を、州の資金を用いて継続しようとしなかった。また、オンタリオ州トロント市などと異なり、これに対する地元の抵抗もなかった（Mahon 2006：461）。

　1960年代には女性運動が盛り上がったが、「静かな革命」を支えるケベック州の現代化のビジョンに保育事業が取り入れられることはなかった。保育サービスの整備を求める草の根的組織は、連邦政府の「青少年と地域活性化プロジェクト」（Opportunities for Youth and the Local Initiative Projects）に応募して助成金を得るようになった。この資金で、1972年までに、モントリオール市の労働者層地域を中心に30を超える保育施設が設立されている。これ

らの経験は、後に「ケベックモデル」といわれる施設運営方式の原型となるものであった。より小さな自治体規模で、親が意思決定に参加する非営利で地域に立脚した施設型保育である。しかしながら、このモデルが完成するには長い時間を経ることになる。州政府は、1974年から、連邦政府の「カナダ社会扶助プラン（CAP）」（前節第2項参照）の補助を受けたが、これは低所得の家庭に保育補助金を交付するものであった（Mahon 2006：461-462）。

　転換は、ケベック党のルネ・レヴェック州政権による1979年の政策と行政改革によって訪れた。同政権は、家族省の中に「子どものケア」部局（Office de Services de Garde à l'Enfance、OSGE）を設置し、保育の質保障だけでなく、他の家族支援プログラムと連携した計画策定を命じた（Mahon 2006：461-462）。また、教育省には、学齢児童の学校内ケアの所管が委ねられた。1997年には1日5ドルという認可保育料のフラット制が実施され、認可保育サービス定員の増加に拍車をかけた。このフラット制には、学齢児童の学校内ケアも含まれることになり、現在、モントリオール市では、就学前の子どもの50％、学齢児の40％が認可保育サービスを利用している状況である。

　ケベック州政府は、現在、認可保育開設のための初期費用のために、CPEにプロジェクトマネージャーの人件費8,000ドルを、CPEの一部である家庭的保育に対しては開設費用8,000ドルを交付している。また、認可保育の継続的な経費として、CPE、民間保育所、家庭的保育コーディネート・オフィスに対して、1年間の定員、利用者数、利用率に応じて補助金を交付している。これは、基本補助金と付加補助金に大きく分かれている。

　CPEへの基本補助金は、年間の定員30人分までに対して、家族省が算定した費用または36,720ドルのうち低いほうの金額が交付される。30名を超える部分については、子ども1人につき1,020ドルが交付される。また、CPEの間接的な管理費用については、年間の定員60名分までに対して、1人につき2,336.05ドルが支給される。60名を超える部分については、1人につき1,518.45ドルが交付される。民間保育所への基本補助金は、年間の定員一人につき2,247.25ドルである（HRSDC 2012：105-109）。

　モントリオール市には、先に述べた6つの学位授与機関があるが、いずれ

図表 3-23　モントリオール市内の大学 6 校の保育事業

	州公認保育センター（CPE）名称・場所・定員等	民間保育所（Garderie）	その他
モントリオール大学	◆J-A-ドゥセヴ棟（80 人、1976 年開設） ◆マリ・ヴィクトラン棟（80 人、2011 年開設）	◆ル・バルション（80 人）	◆近隣の CPE に 30 人の枠を確保 ◆シゴーニュ協会（学生自助団体）
モントリオール理工科大学	◆「小さな天才」（60 人）		
モントリオール経営大学院	◆2 カ所（110 人）		
ケベック大学モントリオール校	◆「CPE de L'UQAM」 ◆「頑固なカメ」（60 人）	◆マムーズ（40 人） ◆エヴァンジェリン（50 人）	◆親学生支援委員会（「頑固なカメ」を運営）
マギル大学	◆マギル・チャイルド・ケアセンター　2 カ所（120 人）		
コンコーディア大学	◆サー・ジョージ・キャンパス　1 カ所 ◆ロヨラ・キャンパス「小さな先生」（54 人）		◆親学生センター（ベビーシッター・ボランティアクラブを運営）

筆者作成。

もこの州の補助金を交付されている。ここで、各校の保育施設の設立経緯や運営状況について詳しくみてみる（**図表 3-23**）。

① モントリオール大学

　同大学の州公認保育センター（CPE）は二つある。一つは学生会館などのある J-A-DeSeve 棟の一角に、1976 年に定員 70 名の施設として設置されたものである。2002 年に小規模な増築を行い定員を 80 名に増やしたが、待機リストに 500 ～ 600 人以上が名を連ね、数カ月～数年入園を待つ状態であった。そのため、2006 年から、同大の「女性の地位常任委員会」（Comité permanent sur le statut de la femme à l'Université）は、定員を 3.5 倍の規模に増やすよう大学に要望を出してきた（UdeM 2010）。

　一方、州政府は、2008 年に 3 年間に認可保育の定員を 18,000 人分増やす計画を発表し、CPE 新設の公募事業を開始した。これに応募するために、モントリオール大学は、近隣の建物を借りて改築を行う案など多方面から

の検討を行った。最終的にキャンパス内に定員80名のセンターを新設する計画を提出し、この事業プランは、472件の採択事業の一つとして選ばれた(UdeM 2008)。

総構築費170万ドルのうち州政府が160万ドルを交付し、2010年11月から工事が始まり翌年秋に完成した。3フロアからなる一棟立てで面積は730㎡である。大学からCPEの理事会に無償貸与される。運営費は州からの助成金でほぼカバーされ、光熱費などを大学が負担している。理事会は8名の親、2名の職員、1名の大学本部職員によって構成されている。

利用資格は大学の教職員か学生である。乳児〜5歳児までを預かる。利用者の3分の1程度が学生である。新しいCPEができて定員は2倍になったが、待機していた子どもですぐ埋まった。誕生前、妊娠前に申し込む者もいて待機リストには現在も600人が登録しており、2年は待つ状況である(UdeM 2012)。

これらのCPEの他に、学生団体が保育施設を運営している。同大学の学生の約15％には子どもがいるといわれる。この「親学生」(parent etudiants) たちによって「シゴーニュ協会」(Association Cigogne: L'association des parents-étudiants) という団体が運営されている（シゴーニュは「こうのとり」の意味）。同協会は、1997年9月にベノワ＝ラクロワ教会の学生部として創設され、1999年1月に慈善団体に再編された。同年、託児所「ル・バルション」(Le Baluchon, ゆりかごの意味) を開設し、1日8人まで乳児の一時預かりを行うようになった。2001年には「ル・バルション」は「モントリオール学生連盟」(Fédération des Associations Étudiantes du Campus de L'Université de Montréal, FAECUM) と連携して協会とは独立したNPO法人になった。2004年からは、後述するように州政府から認可を受けた民間保育所になっている。

一方、「シゴーニュ協会」は、学業と親業の両立を行う学生とカップルのための組織として、「ル・バルション」、同大学の女性地位常任委員会と学生連盟、また、他大学や地域の関係団体と協力している。共同調理、父親グループ、家族旅行といった活動、講座（救急、アートセラピー、ダンス、乳児マッサージ）、ニュースレター「ベベ・キャンプ」の発行、古着の交換制度、休憩スペース、

ライブラリーなどを実施している。同協会には、9時半から16時まで2名の非常勤スタッフが勤務している。2007年のデータでは、82家族が登録しており、うち一人親世帯は15家族である。登録者は、モントリオール大学68％、モントリオール大学ケベック校（UQAM）13％、HECモントリオール校9％、モントリオール理工科大学4％、コンコーディア大学6％である。年間の活動参加者は計2,196名、ボランティア登録者は25名である。年間の運営予算は117,450ドルである[17]。

「シゴーニュ協会」から独立した「ル・バルション」は、一時託児施設（Halte-garderie）として誕生後、2007年6月に規模を拡大した。現在は、同大学学生連盟（FAECUM）が運営し、平日8時から16時半まで約80人の子どもを預かる。4時間を1単位（bloc）として1週につき6回まで利用できる。1単位6ドルである[18]。以上の他に、モントリオール大学は、2006年に、近隣地域のCPEに増設費65,000ドルを支払い30人分の定員枠を確保している（UdeM 2006：4）。

② モントリオール理工科大学（École Polytechnique de Montréal）

同校の州公認保育センター（CPE）「小さな天才」（Les Petits Gènie）は、大学正門に面した住宅街にある。1991年5月に非営利法人として設立され、1993年1月より子どもの受け入れを開始した。子どもを預ける場所を求める同校の教員と学生が必要に迫られ共同保育を始めたのが発端である。大学は、これを安定したサービスにするために、キャンパス近隣の一軒家を取得し、近隣住人との協力して運営していくことで地域と合意した。定員の5人分は近隣住民枠である。

定員は、6～18カ月クラス13名、6カ月～幼稚園入学前児クラス47名の合計60名である。受け入れの優先順位は、①同CPEの職員、②同校の正規教職員、③同校のフルタイム学生、④地域住民（5人まで優先枠）、⑤同校の学位既得者である。親から選ばれた5人を含む7人の理事会で運営されている。保育方針、運営内規、カリキュラム、苦情申し立ての手続きなど、必要な情報が豊富にインターネット上で公開されている。開所時間は7時半

〜18時半で延長保育はない。迎えが18時半を越えてしまった場合は、10ドルを支払った上、1分につき1ドルを加算される。3日続いた場合は、理事会で今後の措置を検討される。

③　モントリオール経営大学院（École des Hautes Études Commerciales de Montréal）

同校キャンパスには、1987年2月に開所された二つの州公認保育センター（CPE）がある。3〜18カ月20人、19カ月〜5歳90人、二カ所あわせて、7時15分〜18時15分まで110人を受け入れる。利用優先順位は、①同校教職員（6カ月の勤務実績が必要）、②CPE職員、③フルタイム学生、④同校の学位取得者の順である。その時の年齢別グループの構成状況や、きょうだいがすでに入所しているなどの条件も勘案されて最終的な受け入れ決定が行われる。

申し込みは、保育サービスを探すためのワンストップサービス「アンファンス・ファミーユ」（Enfance Famille）のウェブサイトから申し込む。1996年頃よりケベック州政府は保育サービスの拡充を進めたが、それに伴って、情報提供、申し込み手続き、待機リストなどの事務業務も拡大した。これを解決するために、「モントリオール南西地区活性化基金」（Fonds d'économie sociale du Sud-Ouest）のスタートアップ助成によって関係者が協力して「ワンストップ窓口」プロジェクト（Guichet Unique）が始まった。オンライン申し込みシステムなどを整備し、2003年には正式に法人化されて、アンファンス・ファミーユが誕生した。

アンファンス・ファミーユは、モントリオール市などケベック州の中部を中心に、登録保育施設の待機リストを集中管理する。利用者は無料で登録・利用ができ、登録施設から希望預け先を選んで申し込みを行う。2005年より、正式に州政府とのパートナーシップも結ばれ、他の地域の施設も登録が可能となった。2013年8月では、モントリオール市周辺では261施設が登録しており、同州の施設型保育の約半数である。大学保育施設では、モントリオール大学、モントリオール経営大学院、コンコーディア大学などが加わってお

り、希望者は全員このサービスを利用して申し込む。

④　ケベック大学モントリオール校（Université du Québec à Montréal : UQAM）

　ケベック大学は、1969年にケベック州政府により創立され、現在は放送大学を含む10校から構成されている。モントリオール校（UQAM）は、人文・社会科学系と経営学大学院からなり、在籍する学生数は40,000人を超える。市民のための大学として、社会人学生向けのカリキュラム編成を重視し、生涯学習機関として機能している。そのため、子どもを育てている学生が多いのが特徴である。Corbeil et al.(2011)は、2007年の冬学期に、同校の親学生を対象とするアンケート調査を行い738名から回答を得ている。同校の親学生の全数は不明であるが、日本の大学と比べてはるかに多いと思われる（Corbeil et al. 2011）。

　同校には、二つの州公認保育センター（CPE）と二つの民間保育所がある。新しい方のCPEは、親学生支援委員会（Comité de soutien aux parents étudiants de l'UQÀM, CSPE-UQAM）によって、2014年9月に開所した。同委員会は、2008年に学生の自発的な活動として始まった。さまざまな自助活動を行うと同時に、大学にも働きかけ州公認保育センターを設立し運営していくことになった。同校には、民間保育所が二つあるが、いずれも州の認可を受けており、CPEと同じくフラット・レートが適用される。

⑤　マギル大学（McGill University）

　第1章でも詳しく紹介したマギル大学は、歴史ある英語系大学である。4カ月〜5歳児まで60人を預かる州公認保育センター(CPE)を隣接して二つもつ。英語系であるため、CPEよりも、Childcare Centreという名称を主に使用している。1970年の「女性の地位に関する政府調査委員会」報告書の後、同校理事会は、大学における性差別を調査するために委員会を設置し、6名の教員と4名の学生代表を委員に任命した。全職員の雇用と給与、大学院のアドミッション・ポリシー、カリキュラム外活などについて調査を行うことが命じられた。1971年2月には、理事会にあてて「大学における性差別に

関する調査委員会報告書」（Report of the Senate Committee on Discrimination as to Sex in the University）が提出された。給与における男女格差の是正、女性の昇進を促進することなどの提言の他に、保育施設を作ることが強く求められた。

　これを受けて、1973年3月、同校に保育施設が設置された。モントリオール市の事業所内に初めて作られた保育所の一つであり、40年を超える歴史を有する。当初は40名の定員であり、同校、モントリオール大学、ドーソン・カレッジ、サー・ジョージ・ウィリアムス大学（現在のコンコーディア大学）の教育実習生のための情報提供・見学の場所でもあった。子どもの発達、親と地域の参加を重視したカリキュラム編成をとり、子どもの受け入れはフルタイムが基本である。「幼児教育優秀首相賞」（Prime Minister's Awards for Excellence in Early Childhood Education）を受賞している。

⑥　コンコーディア大学（Concordia University）
　同大学は、1974年にロヨラ・カレッジ（1896年創立）とサー・ジョージ・ウィリアムス大学（1851年創立）とが合併して誕生した英語系大学である。学生数は4万人を超える。二つのキャンパスにそれぞれ州公認保育センター（CPE）がある。ロヨラ・カレッジには、1970年代に、3〜5歳児を10名程度受け入れる幼児教育施設（Nursery）が設けられていたが、これは実習生の教育を主眼とするものであった。1984年から教職員がCPEの設立を求めて大学に働きかけ、1988年5月に、ロヨラ・キャンパスにCPEが設置された。同施設は移転や改築を続け、現在定員は54名である。

　一方、サー・ジョージ・ウィリアム・カレッジには、1970年代から、2〜5歳児を全日制で100名、半日制で20名預かる施設があった。これも保育施設というよりは、早期幼児教育を主眼とするものであった。コンコルディア大学創設後は、CPEとして運営されている。サー・ジョージ・キャンパスには親学生センターがあり、ボランティアによるベビーシッター事業も行われている。

　以上のように、モントリオール市の大学はいずれも、ケベック州の政策に応じて、CPEを運営している。学生団体などによる州の認可を受けた民間

保育所もあり、一部はフラット・レートが適用されている。このような子育て支援によって、教職員だけでなく、子どものいる学生の学業や研究の継続をサポートする体制が州の政策として整えられている。

(3) 親休業制度とその他の支援策

本章第1節において、カナダにおける親休業制度の発展について述べた。2000年の法改正以降、連邦政府による親休業給付は35週になり、大学による上積み給付も整備されている。2000年以降は、カナダにおける親休業制度の拡張期と位置づけられるが、ケベック州は、これをさらに拡充した独自の親保険制度を2006年から実施している。ここで「ケベック親保険制度（RQAP／QPIP）」（Régime québécois d'assurance parentale/ Canada Parental Insurance Plan）」について概観した後、大学による取組について考察する。

2005年3月、ケベック州政府は、連邦の制度とは異なる出産・親休業給付制度の実施について連邦政府と合意し、2006年1月より「ケベック親保険制度」を施行した。**図表3-24**は、連邦雇用保険とケベック親保険における出産・親休業給付制度の内容を比較したものである。ケベック親保険では、連邦の雇用保険で発生する2週間の待機期間がない。夫婦間でシェアできない父親に限定された「父親休業」制度も導入された。また「基本プラン」と「特別プラン」の二つの選択肢が設けられた。「基本プラン」では、出産休業18週、親休業32週のうち7週と、父親休業5週に対して休業前所得の70％が給付される。また親休業の8週以降は55％が給付される。「特別プラン」は、期間を短くして75％とするもので、職場復帰の早い親が利用しやすい。連邦政府の雇用保険と異なり、自営業者や学生も保険料を払えば加入が可能である。

図表3-25は、「親休業給付（ケベックの父親休業含む）」の対象資格をもつ男性の申請状況について、カナダ統計局データに基づいて分析したMcKayらの研究によるものである。ケベック州においては、2006年の新制度以降、父親休業給付有資格者に占める取得率は上がり2007年には80％台になった。一方、平均親休業取得期間は、2005年の13週から7週に減っている。これ

図表 3-24　連邦雇用保険とケベック親保険の給付率等（2006年以降）

		連邦雇用保険	ケベック親保険	
			基本プラン	特別プラン
資格		600時間の勤務実績	2,000ドルの収入	
自営業者の加入		2011年より	2006年より	
待機期間		2週間（カップルで合算）	なし	
給付率	出産休業	15週：55%	18週：70%	15週：75%
	父親休業	なし	5週：70%	3週：75%
	親休業（カップルで合算）	35週：55%	7週：70% 25週：55%	25週：75%
	合計（カップルで合算）	50週	55週	43週
上限額		447ドル／週	894.22ドル／週	

出典：Mckay et al. 2012：210 より。

図表 3-25　親休業給付申請資格をもつ男性の親休業取得率と平均取得期間

		2005年	2006年	2007年	2008年
ケベック州	親休業取得率	32%	56%	83%	82%
	平均取得期間	13週	7週	7週	7週
ケベック州以外	親休業取得率	13%	11%	11%	12%
	平均取得期間	11週	17週	16週	13週
カナダ全体	親休業取得率	18%	23%	31%	33%
	平均取得期間	12週	11週	10週	9週

出典：McKay et al. 2012：215 より。

は、男性限定の「父親休業」制度（3～5週）が導入された結果、短期間取得する男性が増えて母数が変化したことと関係していると思われる。

図表 3-26 は、出産・親休業取得者に関する統計（人口の多い4州）（2009年）である。ケベック州では、出生数88,400人に対し、約63.8％に相当する56,458人が「父親休業」を申請している。さらに、19.8％に該当する17,492人の男性が「親休業」も取得している。

前節において、連邦の雇用保険法給付に対する大学の上積み給付についての概要、オンタリオ州の大学の取組などについて述べた。ケベック州の大学

図表 3-26　出産・親休業取得者に関する統計（人口の多い 4 州）（2009 年）

		オンタリオ	ケベック	アルバータ	ブリティッシュ・コロンビア
出生数（人）		141,784	88,400	52,937	44,497
出産休業	申請受理（人）	87,930	68,471	27,920	26,170
	申請率	62.0%	77.5%	52.7%	58.8%
	平均期間	14.6 週	17.9 週	14.6 週	14.7 週
父親休業申請数	申請受理（人）		56,458		
	申請率		63.9%		
	平均期間		4.9 週		
親休業申請数	申請受理（人）	99,050		29,700	29,040
	申請率	69.9 %		56.1%	65.3%
	平均期間	29.8 週		30.8 週	29.6 週
親休業申請数（女性）	申請受理（人）		66,317		
	申請率		75.0%		
	平均期間		30.6 週		
親休業申請数（男性）	申請受理（人）		17,492		
	申請率		19.8 %		
	平均期間		11.5 週		

出典：HRSDC 2012 より筆者作成。

においても、連邦雇用保険法が適用される時代から上積み給付が行われていた。2006 年からは、ケベック親保険制度に対応して各大学で規約改正などが行われた。

　連邦政府の制度より手厚い州の親保険政策という背景に加えて、ケベック州の大学の特徴として、組合活動の強さを指摘することができる。カナダの大学全般において、人事・福利制度は、教職員団体などと大学との間で「労働協約」（convention collective ／ collective agreement）によって定められていることが一般的である。ケベックでは、この団体交渉権や活動がより強く、フランス的な「組合文化」（syndicalisme）の色彩を帯びている。

　たとえば、モントリオール大学には次の 8 つの組合・組織がある。うち組合（syindicat）という名称を冠している 5 組織は大学と個別に団体交渉を行

第3章　両立支援政策と大学　217

モントリオール大学の主要労働組合・団体等

種類	名称（略称）
教員組合	Syndicat général des professeurs et professeures de l'UdeM（SGPUM）
非常勤講師組合	Syndicat des chargées et chargés de cours de l'UdeM（SCCCUM）
職員組合	Syndicat des employés-es de soutien de l'UdeM（SEUM-1244）
整備職員組合	Syndicat des employés d'entretien de l'Université de Montréal（SEEUM）
研究スタッフ組合	Syndicat des employés-es de la recherche de l'UdeM（SERUM）
管理職・専門職団体	Association des cadres et professionnels de l'UdeM（ACPUM）
退職教員連盟 [19]	Association des professeurs retraités de l'UdeM（APRUM）
退職前教員連盟＊	Association des pré-retraités et retraités des employés de l'UdeM（APRÈSI'M）

出典：モントリオール大学ウェブサイト。

い、詳細な労働協約を結んでいる。いずれも学内にオフィスがあり、弁護士資格をもつ職員が常駐している。数百ページに及ぶ労働協約のハンドブックは、インターネットなどでも公開されている。モントリオール大学教員組合（SGPUM）は、年に3回、機関誌「L'autre Forum」も発行し、他の大学の組合の活動状況なども掲載している。他大学の取組みを見据えながら労働・福利厚生制度の向上のために熱心な活動が行われている。同教員組合の労働協約（2008年～2013年）では、出産休業、親休業について次のように規定されている。

モントリオール大学教員の親休業に関する規定（抜粋）
第5章　社会恩典（Avantage sociaux）
　第6条　親休業（Congés parentaux）
　　第2項　出産休業（Congés de maternité）
　　（資格と期間）
　　　第1号
　　　　教員は、産前産後25週間の出産休業の資格をもつ。ケベック親保険の恩典をすべて得る場合、出産予定日の16週前以降に開始する必要がある。予定日の20週前以降に妊娠が中断した場合も同様に出産休業の資格をもつ。

(出産休業中支給される給付金)
第 3 号
　本節でいう出産休業給付は、ケベック親保険給付金に対する付加給付 (a supplement to benfits / supplement aux prestations) として支給される。
第 4 号
　出産休業期間に、ケベック親保険給付金を受給する時、教員は通常給与の 90％分とケベック親保険給付金との差額分を支給される資格をもつ。
第 3 項　妊娠中の特別休業 (略)
第 4 項　養子休業 (略)
第 5 項　父親休業、配偶者のための休業 (Congé de paternité /Congé pour le conjoint)
　第 16 号
　　(a) 配偶者が出産、もしくは出産予定日の 20 週前以降に妊娠が中断した場合は、教員は最長一週間の有給休業を申請できる。
　　(b) 配偶者が出産した教員は、上記の (a) に加えて、継続する 5 週の父親休業の資格をもつ。この休業は、子供の誕生前、および誕生後 52 週目以降には開始できない。父親休業終了後は、第 21 号に規定する親休業の資格をもつ。
　第 17 号
　　第 16 号による休業期間に、ケベック親保険給付金を受給する時、教員は通常給与の 90％分とケベック親保険給付金との差額分を支給される資格をもつ。
第 6 項　親休業 (Congé parental)
　第 21 号
　　出産または養子縁組の後、教員は、最長 2 年間の無給の親休業を申請することができる。親休業は、出産休業および 5 週間の父親休業または養子休業後、2 年を超える前に終了する。
　第 26 号
　　第 21 号の親休業の最初の 10 週間に、ケベック親保険給付金を受給する時、教員は通常給与の 90％分とケベック親保険給付金との差額分を支給される資格をもつ。

出典：Le Syndicat général des professeurs et professeures de l'Université de Montréal 2008。

　労働協約資料に基づき、モントリオール大学の教員に対する出産・親休業と給付制度についてモデルケースを記したものが**図表 3-27** である。女性がすべての休業を取得した場合、出産・親休業中の 28 週間において、ケベック親保険に加えて、休業前給与の 90％まで大学から上積み給付が行われる。この割合は、ケベック州のすべての大学で同じわけではない。
　図表 3-28 は、ケベック州の四つの研究大学 (医学大学院をもつ大学に限定)

図表3-27　モントリオール大学教員の出産・親休業制度と給付（女性が一人ですべて取得する例）

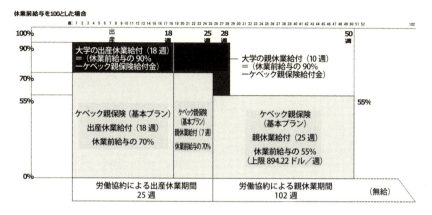

出典：Le Syndicat général des professeurs et professeures de l'Université de Montréal 2008：56-69 より筆者作成。

の両立支援制度の内容である。出産・親休業の期間や上積み給付についてはケベック州内の大学でも違いがある。また、子の誕生または養子縁組を理由とするテニュア審査の延長、パート勤務・業務負担軽減措置についても様々であることがわかる。

　以上、カナダにおいても両立支援策が進んでいるといわれるケベック州の政策と同州の大学の取組について考察してきた。親休業制度への経済的補助やテニュア審査期間の考慮などは整備されているが、取得データなど具体的な数値的事実は公表されていない。そのため、同州のワーク・ライフ・バランス政策が、大学の構成員に与える影響について、他州の大学と正確な比較を行うことは難しい。

　図表 3-29 は、カナダ学術協会「大学の研究活動と女性に関する専門委員会」の調査報告書による各大学の女性教員比率（2008 年）である。委員会は、研究活動が盛んである 69 校を抽出して、①大学院型（医学大学院あり）：GradMed、②大学院型（医学大学院なし）：GradNoMed、③学士型：Undergrad、④工科型：Engineering の四つに分類し、カナダ統計局データ

図表3-28　ケベック州の研究大学の出産・親休業制度等

大学名	出産休業・親休業 ①上積み給付期間／比率 ②その他	男性の親休業 ①上積み給付期間／比率 ②その他	子の誕生または養子縁組を理由とするテニュア審査期間の延長	パート勤務／業務負担軽減措置
McGill University	①出産20週／100% 拡大出産休業 11週／60% ②母親は無給または軽減任用(41週)も取得可能。	①父親5日／100% 拡大親休業 11週／60% ②親は無給または軽減任用(41週)も取得可能。	本人の選択により、休業の長さに関係なく1年の延長可能。回数制限なし。	更新可能な期間について、業務負担軽減措置の調整が可能。 非テニュア講師は、フルタイムからパートタイムに変更可能。 テニュア教員は退職して、パートの非テニュアトラック任用を申請することが可能。
Université de Montréal	①出産25週／90% 親10週／90% ②出産休業後104週まで、無給の休業も取得可能。	①父親6週／90% 親10週／90% ②父親休業後104週まで、無給の休業も取得可能。	1年の延長可能。 出産または親休業が16ヶ月を超える場合は、2年まで延長可能。	出産・親・養子休業の後、更新可能な期間について、業務負担軽減措置の調整が可能。
Université de Sherbrooke	①出産26週／100% ②出産休業後、104週まで無給の親休業も取得可能。	①父親2週／100% ②父親休業後104週まで無給の親休業も取得可能。	1年の延長可能。	部局長の判断によって、パートタイム任用への転換可能。
Université Laval	①出産21週／100% 親7週／40% ②出産休業後、104週まで無給の親休業も取得可能。	①父親2週／100% 父親5週／無給 親7週／40% 親25週／無給 ②父親休業後104週まで、無給の休業も取得可能。	1年の延長可能。	正規のフルタイムスタッフは、更新可能な期間において、104週まで、業務負担軽減措置（20％、40％、60％、80％）が受けられる。

出典：Gropper et al. 2010：1683-1703 等から筆者作成。

図表 3-29 カナダの大学における女性教員比率（2008 年）

	大学名	女性比率（%）	州	大学タイプ（型）
1	Mount Saint Vincent University	61.7	NS	大学院
2	Athabasca University	45.6	AL	大学院
3	York University	44.9	ON	大学院
4	Mount Allison University	44.7	NB	学士
5	Université du Québec en Outaouais	44.1	QC	大学院
6	St Francis Xavier University	43.4	NS	大学院
7	Brock University	43.3	ON	大学院
8	Ryerson University	42.1	ON	大学院
9	Saint Thomas University	41.7	NB	学士
10	Cape Breton University	41.5	NS	大学院
11	Ontario College of Art and Design	41.4	ON	学士
12	Collège universitaire de Saint-Boniface	41.2	MB	大学院
13	Wilfrid Laurier University	41.1	ON	大学院
14	University of Victoria	40.6	BC	大学院
15	Brandon University	40.0	MB	大学院
16	Nipissing University	40.0	ON	大学院
17	Trent University	40.0	ON	大学院
18	University of Lethbridge	39.5	AL	大学院
19	Dalhousie University	38.9	NS	大学院（医あり）
20	Télé-université	38.9	QC	大学院
21	University of New Brunswick	38.8	NB	大学院
22	Laurentian University of Sudbury	38.3	ON	大学院
23	University of Winnipeg	37.8	MB	学士
24	Université de Moncton	37.6	NB	学士
25	Université du Québec en Abitibi-Témiscamingue	37.1	QC	大学院
26	Ontario Institute of Technology	37.0	ON	大学院
27	King's College	37.0	NS	学士
28	University of Regina	37.0	SK	学士
29	Université du Québec à Montréal	36.5	QC	大学院
30	University of Ottawa	35.9	ON	大学院（医あり）
31	University of Northern British Columbia	35.9	BC	大学院
32	Memorial University of Newfoundland	35.5	NL	大学院（医あり）
33	Université du Québec à Rimouski	35.5	QC	大学院
34	Université de Sherbrooke	35.3	QC	大学院（医あり）
35	Concordia University	35.2	QC	大学院

	大学名	女性比率（%）	州	大学タイプ（型）
36	University of Windsor	35.2	ON	大学院
37	University of Toronto	35.1	ON	大学院（医あり）
38	Saint Mary's University	35.0	NS	大学院
39	Queen's University at Kingston	34.9	ON	大学院（医あり）
40	Université de Montréal	34.8	QC	大学院（医あり）
41	Carleton University	34.7	ON	大学院
42	University of Prince Edward Island	34.7	PE	大学院
43	University of Saskatchewan	34.1	SK	大学院（医あり）
44	Simon Fraser University	34.1	BC	大学院
45	McMaster University	34.0	ON	大学院（医あり）
46	University of Calgary	34.0	AL	大学院（医あり）
47	Université du Québec à Trois-Rivières	33.9	QC	大学院
48	Trinity Western University	33.3	BC	大学院
49	University of British Columbia	32.6	BC	大学院（医あり）
50	University of Manitoba	32.5	MB	大学院（医あり）
51	University of Alberta	32.0	AL	大学院（医あり）
52	University of Guelph	31.7	ON	大学院
53	Bishop's University	31.6	QC	大学院
54	Concordia University College of Alberta	31.6	AL	大学院
55	Université du Québec à Chicoutimi	31.6	QC	大学院
56	Lakehead University	31.3	ON	大学院
57	University of Western Ontario	30.4	ON	大学院（医あり）
58	Université Laval	30.3	QC	大学院（医あり）
59	McGill University	29.8	QC	大学院（医あり）
60	Acadia University	29.4	NS	大学院（医あり）
61	Royal Roads University	29.4	BC	大学院
62	Université Saint-Paul	29.2	ON	大学院
63	École des Hautes Études Commerciales	27.8	QC	大学院
64	University of Waterloo	25.1	ON	大学院
65	Institut national de la recherche scientifique	23.1	QC	大学院
66	Nova Scotia Agricultural College	22.7	NS	大学院
67	Royal Military College of Canada	16.7	ON	大学院
68	École de technologie supérieure	12.5	QC	工科
69	École Polytechnique de Montréal	10.1	QC	工科

出典：Council of Canadian Academics 2012：194-195 より筆者作成。

に基づき、各校の女性比率を紹介している（Council of Canadian Academics 2012：194-195）。

　同報告書は、女性比率によって順位づけすることを避けるためか、上記の大学のタイプ別に、大学名の abc 順で一覧を掲載している。ここでは、あえて比較のために、比率の高い方から並べ替え所在する州名を付記した。ケベック州の大学についてはグレー色をつけた。比率が低い方をみると、工学系、医学大学院をもつ大学院大学が多い。ケベック州の大学については、保育事業の事例分析で取り上げたケベック大学モントリオール校（36.5％）、コンコーディア大学（35.2％）モントリオール大学（34.8％）は、全国の平均に近い。一方、マギル大学は 29.8％、またカナダ最古の大学といわれるラバル大学は 30.3％ と低い。カナダの大学政策は州によって異なる歴史的展開をしてきたため、ケベック州のワーク・ライフ・バランス政策の充実が大学に与える影響については短期的なデータでは検証することが難しいといえよう。

注
1　日本でも普及している「ワーク・ライフ・バランス」という概念は、北米の大学では、work-life balance, reconciling work and family life,family friendly policy, family-friendly environment for faculty などの語が用いられている。日本の男女共同参画政策においては、内閣府が審議会提言等を踏まえて「生活と仕事の調和」という政策概念の使用を進めている。「両立支援」や「ワーク・ライフ・バランス」という用語は、公的生活と私的生活もしくは「公共圏」と「親密圏」の分節化を前提としやすい。また、「ファミリー・フレンドリー政策」や「仕事と家庭生活の両立」という用語は、単身世帯を包摂しにくい。内閣府が推進する「仕事と生活の調和」という用語は、これらより包括的で評価される。本研究においては、政策やプログラムについては、OECD 報告書原著が用いている英語・フランス語の reconciling work and family life/ réconcilier travail et vie de famille に対応する「両立支援政策」という用語を用いる（OECD 2003）。また、学生も対象とするため、「仕事」よりも「ワーク」が包括的であるので「ワーク・ライフ・バランス」の用語も用いる。OECD 調査については、翻訳書にあわせて「家族生活」の語を用いるが、本研究の射程は、内閣府の「仕事と生活の調和」に示される包摂的な政策群を考察することである。なお、「ワーク」については、稼得労働だけでなく、無稼得の労働（家事労働やボランティア活動など）も含むという重要な議論がある（詳しくは久本・玉井 2008 を参照）。
2　日本においては、労働基準法第 64 条において、妊産婦（妊娠中の女性および産後 1 年を経過しない女性）について保護規定が設けられている。使用者は、重量物

を扱う業務、有毒ガスの発散する場所における業務に妊産婦を就かせてはならない。また、通常は支障のない動物実験も、妊娠期には身体的・心理的ストレスが強くなって実施できない場合などもある。

3 アメリカのジョンソン政権が行った「貧困との戦い」を意識して、その後、自由党のピエール・トルドー首相が、「公正な社会」（Just Society）と後に名付けた社会政策の一つである（Friendly and Prentice 2009：74）。

4 日本の行政では「産前・産後休業」「育児休業」という用語が用いられている。カナダについては、原語の maternity leave/congé de maternité, parental leave/congé parental に即して、それぞれ「出産休業」「親休業」と訳すことにする。前者については、「母親休業」が最も原語に近いが、養子を迎える母親の場合は「養子休業」「親休業」に該当するため、対象を明確するため「出産休業」を用いる。なお、日本においてもカナダにおいても、一定期間における死産、流産（人工中絶を含む）の場合は、休業制度の対象になっている。

5 雇用保険料の徴収はカナダ歳入庁（Canada Revenue Agency：CRA）が行い、被用者であれば所得税とともに給与天引きにより徴収される。2007年の保険料率は労働者1.8％、使用者は2.52％である。ケベック州の親保険制度では、保険料率は労働者1.46％である。雇用保険料が適用される事業所数は100万カ所で、適用労働者数は1,500万人である（高畑2008：114-123）。

6 現在の雇用保険法は、第一部・失業期間中の所得給付（Income Benefit）制度、第二部・積極的再雇用給付（Active Re-Employment Benefit）制度と雇用支援措置（Employment Support Measures）制度から構成される。

7 「職を保障する休業期間」を決定するのは州の雇用法制であり、「給付の期間や資格」を定めるのは連邦の雇用保険法である。前者のほうが長く、連邦の制度では、2週間の無給の待機期間（waiting period）がある。

8 委員会のメンバーは、Dr.Pauline Jewett, Dr. Ms. Georgina Quijano, Dr. Nicole Begin-Heick, M. Luc Giroux, The Late Dr. W. C. C. Pacey, Chairman。報告書の執筆は、Mclead が行い、AUCC に報告された。AUCC のオフィシャルな見解を必ずしも示すものではない。（注：報告書における構成員の定義は次の通り。学生：フルタイム学生で、教職員などの組合に入る資格をもたない者。教員：労働時間の半分以上を教育・研究活動に従事し、アカデミック・アポイントメントを受けており、教員団体もしくは教員組合への加入資格をもつ者。職員：職員団体または組合への加入資格をもつ一方、教員団体・組合への加入資格をもたず、フルタイム学生ではない者。マネジメント職：大学の全体的な運営のマネジメントや管理を行うために雇用され、労働時間の半分以上を大学管理に従事し、教職員団体・組合への加入資格をもたない者）（McLead 1975：4-7）。

9 州政府は、就学前教育として公費小学校で行う幼稚園プログラムの全日制化をはかっている。幼稚園プログラムの前後には、学校内ケアを提供する「フルタイム・キンダーガーテン」政策も進めているが、まだ整っていない。

10 幼児教育センターは、トロント大学内で一つの部局の位置付けを得ている。Glen Morris Street.（ロバート図書館近く）、Bloor Street（教育学大学院／オンタリオ教育研究所棟）、Leacock Lane Residence（ミシソガキャンパスの学生寮内）の3カ所に設置されている。
11 2000年頃に行われた全国の大学の出産休業・親休業に関する調査で、トロント大学が休業に対して支援的でない方針をとっていることが明らかになり、批判を受けたことと関係していると思われる（Prentice & Pankratz 2003：4）。
12 "Maternity Leaves Kits for Faculty & Librarians"といった名称が用いられている。
13 調査にあたって、大学（university）の数を定義することがきわめて難しかったため、Prentice & Pancratzは、雑誌Maclean（カナダの代表的週刊誌であり、大学ランキングやガイドブックなどを発行している）が用いていた「47校」を採用している。AUCC加盟校は網羅されていないが、対象とした47校全校からの情報を入手し分析している。
14 上積み給付を実施していたのは、Acadia, Alberta, UBC, Moncton, New Brunswick, Northern British Columbia, Ryerson, St. Mary's and St. Thomas 大学である。
15 カナダ最高裁は、1999年、同性カップル間の関係破綻に際して財産分与を認めないのは性的志向に対する差別であり、1982年憲法第15条1項を侵害するとの判決を下した。本モデル既定の備考はこのことについて述べている。その後、同性婚の否定を違憲とする判決が続き、2005年に婚姻法が制定され、同性婚が法的に承認された。
16 休業取得や審査延長の実態については、人事上の障壁があり、実証的なデータが入手しにくく分析が難しい。
17 内訳は人件費補助金42,000ドル、事業費補助金30,000ドル、寄付金30,000ドル、自主活動15,450ドル。
18 定員は、年齢によって細かく分かれており、4～8カ月5人、8～12カ月10人、12～18カ月10人、18～24カ月10人、2歳～3歳10人、3歳以上6人である。
19 55歳以上が加入できる。

終　章　総括と今後の研究課題

(1) カナダの大学と女性の進出について

　本研究の課題は、日本の政策課題である大学教員における女性比率目標値（30％）を達成しているカナダを対象に女性政策と大学の歩みを明らかにすることであった。第1章では、女性の大学入学が認められた19世紀後半から、「女性の地位に関する政府調査委員会」による政策形成過程について考察した。19世紀前半に創設されたカナダの大学は、いずれも女性の入学を認めていなかった。

　イギリス国王によるトロント大学やマギル大学の設立認可状は、女性を排除するとは記していなかった。しかし、設立から半世紀の間、これらの大学の門は女性に閉ざされていた。両校はいずれも1884年の同日に女性の学生を受け入れたが、その経緯と教育の形態は異なるものであった。トロント大学は一般の教室に女性を迎え入れ、マギル大学は女性のための学寮と別学制度を整えた。これらの選択は、教育理念や学長の意思によるものではなく、外部からの圧力と財政的理由によるものであった。トロント大学は、州議会・行政の政治的圧力によって共学化が進んだ。一方、マギル大学は、学外の篤志家からの支援によって女性コースが開設された。

　20世紀に入った1901年では、全国の大学における女性の学生比率は11.5％であったが、1903年にはトロント大学で女性初の博士号が授与されている。また、マギル大学では1904年に、トロント大学では1906年に、女性の教員が採用された。第一次大戦期には男性の出兵に伴い、トロント大学とマギル大学の両文理学部で、一時的ではあるが女性の学生が半数を占めた。1920年代には、ケベックを除く各州議会と連邦議会における女性の選

挙権が確立した。しかし、学士課程在籍者に占める女性比率は、1960年代後半まで20％台で推移している。

　1950年代から女性の学生が急速に増えるプロセスに入るが、社会的背景として国際機構からの外圧的な影響は見逃せない。政策アジェンダの実現にあたって中心となる政策概念に対して合意が形成されていることが重要である。カナダでは国連の「女性の地位」という政策概念を一貫して用いて女性政策が実施されてきた。1967年に、国連総会において「女子差別撤廃宣言」が採択され、ピアソン政権下で「女性の地位に関する政府調査委員会」が設置された。3年にわたる委員会の活動によって女性の地位に関する広範な情報や資料が集められ、全国各地で公聴会が開催された。大学関係者も報告書の作成や証言者として公聴会に出席することで、委員会の調査プロセスに参画した。

　1970年に公表された委員会の報告書は、カナダの女性政策の基調を作るものであった。翌1971年には、連邦政府に「女性の地位に関する調整局」が設置され、「女性の地位担当大臣」も任命された。報告書では、教育分野においても提言が行われた。学校教育における性別役割意識の再生産や、大学在籍者に占める女性比率が低いことなどが課題として指摘された。

　国際社会また連邦政府による「女性の地位」の向上を推進する調査や提言活動を受けて、1970年代以降、各大学において「女性の地位」に関する委員会が設置され調査や報告書の作成が行われた。カリキュラムの改革も進み、「女性学」に関する講座も設置されるようになった。これをさらに推進する動きとして、1983年には、連邦政府国務省のプログラムによって、国内を5ブロックに分け「女性学」の拠点を作るための女性学講座開設資金も、単年度ではあったが交付された。

　以上のような改革と平行して、大学教育への女性の進出は活発に進み、学士課程における女性比率は1988年に50％を超えた。学士号取得者に占める女性比率はこれより早く1981年に50％を超えている。しかしながら、大学院から大学教員へと進むキャリアパスでは女性の進出は進まなかった。1981年では、大学院学位取得者に占める女性比率は、修士号では39.2％、

博士号 24.2％である。一方、大学教員に占める比率は、1960年の 11.4％から 1980年の 15.5％へと伸びただけで、20年間で数ポイントしか上昇しなかった。

　教員層における女性の参入が進むのには、1980年代における憲法・人権法の整備と「雇用公平法」による 1990年代にかけての施策を待たねばならない。第2章では、雇用公平法の成立背景とその内容、また大学の取組について考察した。1986年に制定された雇用公平法は、女性、先住民、障がい者、「ヴィジブル・マイノリティ」という四つの指定グループに対する特別な措置を事業者に求めるものであった。同法とこれによって実施される「連邦契約事業者プログラム（FCP）」は、大学における教職員の雇用に影響を与えてきた。同法成立の背景としては、憲法、人権法、統計法などの連邦レベルでの法整備が行われたこと、また、1979年に国連総会において「女子差別撤廃条約」が採択されたことが大きい。

　雇用公平法の内容は、1983年に設置された「雇用平等に関する政府調査委員会」とその報告書によって基調が作られた。委員会設置の目的は、連邦政府と関連機関で試験的に実施されている「アファーマティブ・アクション」政策の内容と方法についての検討と合意形成であった。第1章で考察した「女性の地位に関する政府調査委員会」は多様な分野の男女数名からなる委員から構成された。一方、「雇用平等に関する政府調査委員会」は、唯一の委員であるアベラ判事によって調査の統括と報告書作成が行われた。委員会による報告書の中心的論点は、次のように整理される。雇用統計において、ある人口集団に関して不均等な実態がある場合は、それは個人の機会を不均等に妨げる障壁がある指標・証拠とみなされる。構造的な差別解消のためには、構造的なアプローチが必要である。そのためには、個人を同じに扱うのではなく、最大限能力を発揮できるよう環境を整備する必要がある。その方法は、統計の収集、数値目標と改善計画の策定、マイノリティへの合理的配慮によって行われる。

　報告書は、政策を実施するにあたって、アメリカの優先枠（quota）を想起させる「アファーマティブ・アクション」という用語は用いず、カナダの

政策のための新しい用語「雇用公平」（employment equity）を用いるよう提言した。その一方、具体的な改善策として、アメリカの「連邦契約遵守プログラム（OFCCP）」を分析し、これをカナダにおいても導入するよう方向付けを行った。委員会報告書を受けて成立した「雇用公平法」に基づき、連邦の業務を行う事業者には、四つの指定グループを対象とする統計、採用・昇進目標と計画の策定、モニタリングが義務づけられた。

カナダの大学の多くは州財政に基盤をもつ公費大学であるが、その研究活動には、連邦政府から学術助成金機構を経て資金が交付されている。そのため、20万ドル以上の研究資金を交付されている大学は、雇用公平法に基づいて実施される連邦契約事業者プログラム（FCP）の遵守が求められた。連邦政府の所在する首都オタワ市のカールトン大学を皮切りに、研究大学においてFCPに対応するための委員会や事務組織が立ち上げられた。同法制定後約20年が経過した2005年では、FCPの対象にならない大学においても「公平性」（equity）の語を冠した組織の設置や職員の任命が行われている。

雇用公平法の直接的な対象は大学の教職員であるが、学生はアルバイト雇用やティーチング・アシスタントなどの指導的仕事を通して大学と雇用関係にある。また、オンタリオ州などは「雇用の公平性」と「教育の公平性」は関連する問題であると捉え、1990年代以降、四つの指定グループの大学院生を対象とする調査やプログラムを実施してきた。この頃から、大学院生支援の一環としても、学内保育サービスの充実が求められるようになった。

その一方、先住民、障がい者、「ヴィジブル・マイノリティ」を含む政策に女性の支援策が包摂されることになり、女性特有の問題が見えにくくなったとも指摘されている。第1章で「女性の地位」という政策概念によって、各大学に「女性の地位」に関する組織やプログラムが誕生したことについて述べた。これらの組織や問題関心は、雇用公平法やFCPの導入によって、「公平性」や「多様性」（diversity）に関する組織や委員会に吸収される傾向がある。大学のグローバル化によって、「女性」でかつ「ヴィジブル・マイノリティ」という複合的な属性をもつ構成員も増えている。雇用公平法は、4つの指定グループの雇用改善を促すものであり、採用や昇進制度の改善による直接的

な雇用差別の撤廃に焦点があたる傾向がある。そのため、女性たちが求めている両立支援のためのプログラムが発展しにくくなったともいわれる。

　女性が大学における学業、研究・教育活動を継続していくには、子育てなど家庭の責任を社会で分かちあう体制が必要であり、この問題への取組は21世紀まで持ち越されることになる。第3章において、大学教員や院生など研究活動を行う者が必要とする両立支援策について整理し、カナダの政策について考察した。一般的な両立支援策としては、①保育施設・サービス、②税優遇・給付制度、③家族に関する休業制度、④学童保育などの子育て支援、⑤職場慣行の見直しなどがある。大学教員や院生には、学位論文や「テニュア」取得のための「期間」に関する支援策が必要とされている。

　多様なニーズへの対応が必要である両立支援について、カナダの国や自治体による政策は必ずしも進んだものではなかった。地域や個人の人間関係による自助活動は盛んで、民間サービスに頼る部分も大きい。政策による子育て支援の欠如に対応するために、大学内の保育サービスは日本などよりも進んでいる。しかし、費用が高額であり待機者も多く、ユニバーサルなサービスにはなっていない。

　不十分な保育政策を補っているのは、今世紀に入って整備された雇用保険法とカナダ労働規則による「親休業制度」と給付金事業である。2000年末の法改正により、連邦政府による親休業給付の期間は35週間に拡大された。州の定める出産休業（17～18週）、親休業（35～37週）期間中に、合計50週間、休業前所得の55％まで給付されることになった。加えて、使用者の任意により、休業前所得と給付金との差額分を補てんする「上積み給付」が行われている。新生児の母のうち、上積み給付を受けている者の比率は20％程度である。現在、ほとんどの大学は、フルタイム教員に対して給与の90％まで上積み給付を行っており、他の労働分野よりも恵まれている。

　子育て支援を含む両立支援政策の多くは州の行政管轄に属し、近年では、ケベック州で保育サービスと親保険制度の分野で先駆的な取組が行われている。これらの施策の効果が出るには時間がかかることが予想され、現段階では女性教員の比率の多寡に特段の影響を与えてはいない。**図表終-1**は、カ

図表終-1　2010/11年度に採用されたカナダのフルタイム大学教員数と女性比率

分野	男女合計	女性比率
農業・自然資源・保全	24人	12.5%
建築・工学・応用技術	153人	21.6%
ビジネス・経営・行政	270人	41.1%
教育	108人	58.3%
健康・公園・レクリエーション・フィットネス	402人	59.0%
人文科学	204人	44.1%
数学・コンピュータ・情報	108人	27.8%
刑事政策・矯正	3人	100.0%
物理・生命科学	171人	31.6%
社会科学・行動科学	411人	46.6%
映像・舞台芸術・コミュニケーション科学	105人	54.3%
その他（学際科学等）	42人	42.9%
不明	33人	36.4%
合計	2,034人	44.2%

出典：CAUT 2014：31-32 より。

ナダ大学教員協会（CAUT）の調査による2010/11年度に新規に採用されたカナダのフルタイム大学教員数と女性比率である。全体では女性比率は44.2％であり、教育や健康科学では女性が50％を超えている。一方、「農業・自然資源・保全」は12.5％、「建築・工学」は21.6％、「数学・コンピュータ・情報」は27.8％であり、カナダにおいてもSTEM（Science, Technology, Engineering, Mathematics）と総称される分野において、女性の採用状況は低調である。この問題については、初等・中等学校での教育や、保護者や教員による進路指導なども含めて、日本と同じく総合的な取組が必要とされる。

(2) 日本への政策的インプリケーション―今後の研究課題

　本研究は、カナダの女性政策と大学改革の歩みを明らかにするものであるが、得られた枠組みと視点に基づき、日本の動向についての示唆を簡単に提示する。序章で日本の大学における男女共同参画の推進課題について概要を述べた。日本政府は、2010年12月の閣議決定「第3次男女共同参画基本計画」

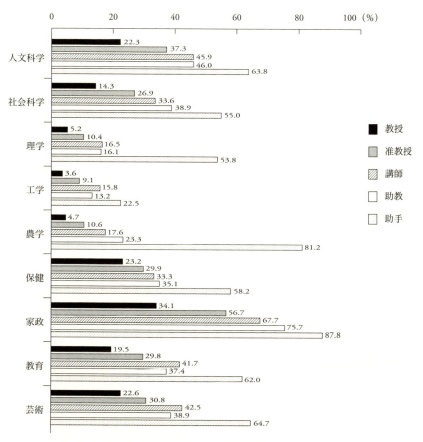

図表終-2　日本の大学教員における分野別女性割合（平成26年度）
出典：内閣府 2015：87。

（平成23〜27年）において、平成32年までに「大学の教授等に占める割合」を30％とする成果目標と期限を定めた。

　この目標に向けた進展は遅く、平成26年度では、大学教員に占める女性の割合は、教授等（学長、副学長及び教授）で14.4％、准教授で22.6％であった。このようなデータを踏まえて2015年12月に策定された「第4次男女共同参画基本計画」（平成28年〜32年）は、その成果目標を、平成32年までに教授等20％、准教授30％をめざすと軌道修正した。**図表終-2**は、平成26

年度大学教員における分野別女性割合である。比較的女性が多い分野においても、講師、准教授、教授と職階が上がるにつれてその割合は低くなる。理学、工学、農学分野では、教授層は5％前後であり、このような偏りを改善することが、日本の政策課題となっている。

カナダでは1970年代の「女性の地位に関する政府調査委員会」の活動によって「女性の地位」という政策概念が普及し、これに基づき大学改革が行われた。日本では1999年の「男女共同参画社会基本法」成立以降、「男女共同参画」という政策・行政概念によって改革が進められている。特徴的な

図表終-3　日本における科学技術・女性研究者支援及び男女共同参画政策の動向

科学技術・女性研究者支援政策分野	西暦	和暦	男女共同参画政策分野
・教育基本法公布・施行	1947	昭和22	・労働省発足、「婦人少年局」設置
・日本学術会議「科学者の地位委員会」に「婦人研究者問題小委員会」設置	1975	50	・総理府「婦人問題企画推進本部」設置 ・総理府「婦人問題企画推進会議」開催
	1976	51	・「特定職種育児休業法」施行（女子教職員、看護婦、保母）
	1977	52	・「国立婦人教育会館」設置
	1980	55	・国連「女子差別撤廃条約」日本署名
・日本学術会議初の女性会員選出	1981	56	
	1985	60	・「男女雇用機会均等法」公布 ・国連「女子差別撤廃条約」日本署名
	1991	平成3	・「育児休業法」公布
	1992	4	・婦人問題担当大臣任命
・高等学校での家庭科の男女共修実施 ・日本学術会議「女性科学研究者の環境改善の緊急性についての提言（声明）」総会で採択	1994	6	・総理府「男女共同参画審議会」「男女共同参画室」設置 ・「男女共同参画推進本部」設置
・「科学技術基本法」公布・施行	1995	7	・「育児・介護休業法」成立
・日本学術会議「女性科学者の環境改善の特別推進委員会」設置	1997	9	・「男女雇用機会均等法」改正（ポジティブ・アクションに対する国の支援等）
・「文部省におけるセクシュアル・ハラスメントの防止等に関する規程」施行	1999	11	・「人事院規則10－10（セクシュアル・ハラスメントの防止等）施行 ・「男女共同参画社会基本法」公布・施行
・国大協「国立大学における男女共同参画を推進するために」公表 ・日本学術会議「ジェンダー問題の多角的検討特別委員会」設置	2000	12	・「男女共同参画基本計画」策定

のは、大学における男女共同参画のための改革が、科学技術振興政策、国立大学法人化、競争的資金政策の振興といった高等教育界の構造改革とともに進んでいることである。

図表終-3 は、国立女性教育会館の先行研究等に基づき、日本における近年の科学技術・女性研究者支援及び男女共同参画に関する動向を整理したものである。国家と大学の中間に位置する日本学術会議、国立大学協会、男女共同参画学協会連絡会等は、「科学技術政策」と「男女共同参画政策」による二つの改革が交差する領域にあわせて、政策誘導型研究における男女共同

科学技術・女性研究者支援政策分野	西暦	和暦	男女共同参画政策分野
・国大協「国立大学における男女共同参画推進の実施状況追跡調査」 ・「第2期科学技術基本計画」閣議決定	2001	13	・内閣府「男女共同参画会議」、「男女共同参画局」設置
・「男女共同参画学協会連絡会」発足	2002	14	・「次世代育成支援対策推進法」公布・施行 ・「少子化対策基本法」公布
・国立女性教育会館「女子中高生夏の学校」開始	2005	17	・内閣府特命担当大臣（少子化・男女共同参画）設置 ・「第2次男女共同参画基本計画」策定
・「第3期科学技術基本計画」閣議決定 ・文部科学省「女性研究者支援モデル育成」、「女子中高生理系進路選択支援」開始 ・日本学術振興会特別研究員RPD制度開始	2006	18	・「男女雇用機会均等法」改正（2007年施行）（間接差別の禁止等）
・日本学術会議「学術分野における男女共同参画のために」提言	2008	20	・内閣府「女性の参画加速プログラム」決定
・文部科学省「女性研究者養成システム改革加速」開始	2009	21	
	2010	22	・「第3次男女共同参画基本計画」策定
・国大協「男女共同参画推進のためのアクションプラン」公表	2011	23	
	2015	27	・「女性活躍推進法」成立（2016年施行） ・「第4次男女共同参画基本計画」策定
「第5期科学技術基本計画」策定	2016	28	

出典：国立女性教育会館2015等より筆者作成。

参画ならびに女性研究者支援策の導入に成功を収めた。日本学術振興会特別研究員制度におけるRPD枠の設置、女子中高生の理系進路選択支援、女性研究者支援モデル育成事業など、競争的資金分野における女性研究者、科学者養成事業の進展がめざましい。

大学教員もそこに含まれる「女性研究者」という存在が、日本の政策課題として射程に入った時期は、およそ1999年前後と推定される。政府の『科学技術白書』は、科学技術庁発足2年後の昭和33年（1958年）からほぼ毎年発行されている。現在、通巻で50冊を超える同白書において、「女性研究者」についての記述が現れるのは、約40年後の平成11年版からである（科学技術庁1999：15）。この号の第2部第2章「研究人材」において、「女性研究者数と研究者総数に占める女性研究者の割合の推移」の図が初めて掲載された。

同年版では、女性研究者数について、1990年の約41,000人（7.3％）から1998年の約71,000人（10％）までを棒グラフで示し、次のように述べている。

> 「平成5年からの最新5年間の研究者全体の平均の伸び率が2.5％であるのに対し、女性研究者は年平均6.7％という高い伸び率で増加し、平成10年では、7.1％となり、はじめて研究者全体に占める女性研究者の割合が10％を超えた。また、女性研究者の割合を各組織ごとに見ると会社等5.5％、研究機関8.7％、大学26.9％と、大学等に女性研究者が多いというものである。」（科学技術庁1999：6）

平成11年版の記述は「伸び率」を評価するもので、「少なさ」を政策課題としてとらえる表現ではない。しかし、前年までの白書では、研究者に占める基本的な男女統計も掲載されておらず、この頃、女性研究者が政策の対象として可視化されたことがうかがわれる。ちなみに、平成10年版で女性が登場するのは、第一部の「少子高齢化の進展」の項目で、「合計特殊出生率」の説明として「女性が一生の間に産む平均の子どもの数」との記述があるのみである。

科学技術白書の記載の変化は、平成11年6月23日に「男女共同参画社

会基本法」が制定されたことがおそらく反映されている。日本学術会議も、同法制定後の翌12年6月8日「要望・女性科学者の環境改善の具体的措置について」を内閣総理大臣あてに送付している。この中で、大学受験生・入学者・卒業生・学位取得者およびその進路について男女比率を調査・公表することを求めている。同会議は、その後も学術における男女共同参画についてのアンケート調査やシンポジウム、機関誌『学術の動向』での特集号発行などを継続して行っている。

　大学を含む研究機関に女性研究者の採用についての目標値が初めて設定されたのは、平成18年3月に閣議決定された「第3期科学技術基本計画」である。「大学や公的機関においては、次世代育成支援対策法に基づき策定・実施する行動計画に、研究と出産・育児等の両立支援を規定し、環境整備のみならず意識改革を含めた取り組みを着実に実施することが求められる」として「国は、他のモデルとなるような取組を行う研究機関に対する支援を行う」ことが決定された。また、期待される女性研究者の採用割合の目標を自然科学系全体で25％とすることが掲げられた。

　基本計画を受けて、平成18年度より（旧）「科学技術振興調整費」による事業として、「女性研究者支援モデル育成」事業が開始された。年間5千万円を上限として3年間支援が行われる。選定にあたっての要件は、女性研究者支援における取組の現状・実績に加えて、女性研究者のニーズを踏まえた研究改善、全学的な実施体制、実施期間終了後における取組の継続性などであった。文部科学省によるパイロット的施策は3年をサイクルとして終了することが多いが、同事業は、平成19年度末に行われた総合科学技術会議による中間評価で高い評価を受け継続された。その後、予算の枠組みや名称変更を伴いながら継続されている。平成28年度までに、国立大学58校、公立大学9校、私立大学19校、研究機関9機関が採択されている。

　女性研究者の採用や女性教員の比率の増加については改善の歩みは遅いものの、同事業の成果として、各校に「男女共同参画」に関する組織が設置されたことは大きい。それらは、競争的資金を受けて「女性研究者支援」のための組織として設置され、資金終了後は、より上部の「男女共同参画」組織

として再編されることが多い。本研究の第1章において「女性の地位に関する政府調査委員会」の活動以降、1970年代に各大学で「女性の地位」に関する組織や報告書が作成されたことについて明らかにした。日本では男女共同参画基本計画と科学技術基本計画に基づく競争的資金事業を推進力に、約30年遅れながらも、2000年代後半から取組が行われていることになる。

本研究の第2章において、アメリカのアファーマティブ・アクションを視野に入れながら、カナダの政策概念として「雇用公平性」が選択され、これに基づく改革が行われたことについて述べた。雇用公平法とFCPは、国勢調査に基づく統計値との比較から、研究活動の活発な大学に対して、マイノリティの採用計画や目標値の設定を求めた。ポジティブ・アクションの類型では、目標値と計画に基づく中庸な格差是正措置（ゴール・アンド・タイムテーブル式）である。日本においても、「第3次男女共同参画基本計画」において、早急に対応すべき課題として「実効性のある積極的改善措置（ポジティブ・アクション）」が求められている。

内閣府の定義によれば、ポジティブ・アクションは「社会的・構造的な差別によって不利を被っている者に対して、一定の範囲で特別の機会を提供すること等により、実質的な機会均等を実現することを目的として講じる暫定的な措置である。日本が批准している「女子差別撤廃条約」第4条、「男女共同参画社会基本法」第2条の「積極的差別是正措置」、「雇用の分野における男女の均等な機会及び待遇の確保等に関する法律（以下、雇用機会均等法）」第8条などによって法的に担保されている。

現在、内閣府、厚生労働省、経済産業省、また地方公共団体においてポジティブ・アクション施策が実施されている。文部科学省の事業としては、『男女共同参画白書』（平成23年版）において、前述した「女性研究者支援モデル育成」と「女性研究者養成システム改革加速」事業が、ポジティブ・アクションとして位置づけられている。

「女性研究者モデル育成」事業は、本研究の第3章で述べた両立支援政策を主とする環境整備型の最も緩やかな支援策である。一方、平成20年度、21年度に公募が行われた「女性研究者養成システム改革加速」事業は、女

性研究者の採用に対する人件費支援が含まれるもので、より強いポジティブ・アクション施策であった。公募要領では「本課題を実施後、養成計画に基づき新たに採用し養成される理学系、工学系、農学系の研究を行う女性研究者（新規養成女性研究者）を雇用する経費（1人当たり、300万円又は雇用する経費の2分の1のいずれか低い金額を上限とする）、スタートアップ研究費（1人当たり150万円以内、採用日より1年間に限る）や研究支援経費（国際学会参加経費、論文投稿の際の英文校閲経費等、スキルアップ経費）を支援する（3年を上限とする）」とされた。

　また、公募要領には「本課題実施のため、女性のみを募集の対象とするにあたっては、『雇用機会均等法』第8条の規定に基づき実施している旨の明示を行うことが望ましい」との記載がある。女性限定公募を行う際の法的根拠を示し、予想される議論や反発に対する具体的手法を行政側が示唆する記述となっている。事業開始後、採択機関では、女性に限定した研究者の公募、数値目標の設定、女性研究者採用部局への人件費・研究費の補助などの取組が行われた。一部の大学では、事業対象外である人文・社会科学系分野においても、女性限定公募が行われた。この施策は、政府が競争的資金によって女性限定公募を促進するものであるが、財政支援としては小規模である。実態としては女性限定公募に対する行政的合意と法的担保を政府側が提示し、前例を作る突破口とする機能が重要であったのではないかと推測される。

　カナダにおいては、直接的に雇用政策や教育政策の権限をもたない連邦政府の手法として、政府調査委員会による合意形成や政府関連機関における雇用公平プログラムの導入が行われた。政策の背景には、女性や移民の活用という国の経済的動機とともに、憲法・人権法の整備の延長にある労働権保障としての基調があった。

　一方、日本においては、科学技術振興を目的として、高等教育政策の実施権限をもつ文部科学省の競争的資金政策として、女性のポジティブ・アクションが開始されたことが特徴である。またより大きな背景として、2001年の中央省庁再編による内閣府や総合科学技術会議の誕生、文部省と科学技術庁の統合といった行政改革がプッシュ要因となって、大学における男女共同参

画が推進されている。これについては、日本の教育・科学行政についての知見からより精査な検証が必要となるであろう。

　文部科学省が実施してきた女性研究者支援事業は、その内容については大きな変化はないが、平成27年度は、科学技術人材育成費補助事業「ダイバーシティ研究環境実現イニシアティブ（特色型）」という名称で公募が行われた。第2章で、カナダの大学において「女性の地位」に関する組織が、雇用公平法以降、「公平性」や「多様性」に関する組織へと移行する傾向があることについて述べた。このような動きが大学における女性の参画にとってより発展的な移行になるのか、それとも女性の問題が再び「非可視化」されていくのか、日本においても注視していく必要がある。

　平成26年度に公募された文部科学省「スーパーグローバル大学創設支援事業」は、応募校に対して構想調書において様々な成果指標と達成目標の提出を求めた。「国際化関連（1）多様性」分野では「男女共同参画の視点から、専任教職員それぞれの中で女性の占める割合」が盛り込まれた。**図表終-4** は、「トップ型」に採択された13校における「女性教員割合の実績と目標」数値を示したものである。

　東京大学、東京医科歯科大学は国と同じく30％を目標値としている。東京大学の平成25年度実績値は15％台であり、約10年間で2倍にすることをめざしている。本研究で確認したように、カナダで「女性の地位に関する政府調査委員会」の活動が始まったとき、女性教員の比率はやはり15％程度であった。図表3-29でみたように、2008年の統計では、大学ランキング等で高い順位を占めるトロント大学は35.1％、モントリオール大学34.8％、UBCは32.6％、マギル大学は29.8％の女性比率となっている。このような段階に入るには、本研究で確認したように約40年の取組が必要であった。

　日本の大学がより速いスピードで改革を行うには、政策の実施を待つだけでなく、大学また構成員である女性自身の活動が重要である。**図表終-5** は、太平洋地域の研究型大学45校が加盟している「環太平洋大学協会」(Association of Pacific Rim Universities, APRU) の「アジア・太平洋女性リーダーシップ会議」(Asia-Pacific Women in Leadership (APWiL) Workshop 2015) で公表された加盟校

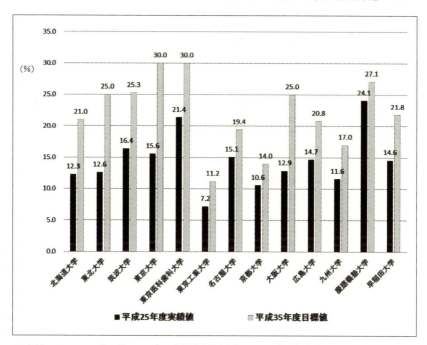

図表終 -4　スーパーグローバル大学創設支援・トップ型採択校の女性教員比率と目標値

出典：平成 26 年度公募要領および各校の構想調書（タイプ A）より筆者作成。

の正教授に占める男女比である。カナダでは UBC が加盟している。職位を「教授」に限定すると、アメリカ、オーストラリアなどの大学でも女性比率は 30％を下回っている。

　カナダにおいても、教授から学部長、学長へと続く女性のアカデミック・リーダーの活躍に期待が寄せられている。本研究で何度か引用した「カナダ学術協会（CCA）」の「大学の研究活動と女性に関する専門委員会」は、2008 年の政府公募「カナダ研究エクセレンス座長制度」（Canada Excellence Research Chairs, CERC）の座長 19 名に、女性が一人も選ばれなかったことが発端となり立ち上げられたものである。

　マネジメント層における女性のリーダーシップを高めるために、1987 年

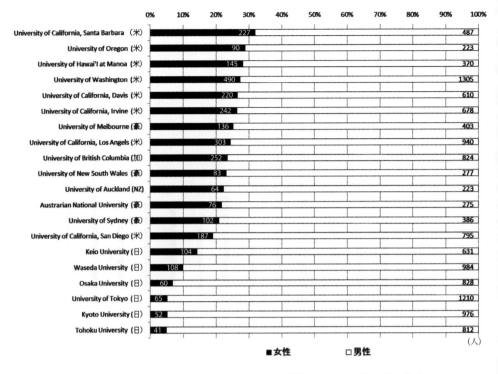

図表終 -5　「環太平洋大学協会」加盟校の正教授に占める男女の数と比率

出典：APRU 2014：23 より筆者作成。

には「カナダ女性学術リーダー協会」(Senior Women Academic Administrators of Canada, SWAAC) が設立されワークショップやメンタリング事業が行われている。海外では大学の女性マネジメント層によるネットワーク活動が進んでいる。女性だけでなく男性も含めて日本の大学関係者は、このような国際連携にアプローチしていくことが今後重要になるであろう。実際、日本政府も女性リーダーの養成について動き始めている。

平成 28 年は、女性研究者の活躍促進について、国の新たな政策枠組みが推進される年となった。前年 9 月 4 日、「女性の職業生活における活躍の推進に関する法律」(略称「女性活躍推進法」) が公布された。同法は 10 年間の時限立法であり、平成 28 年 4 月 1 日から施行された。施行日までに、国立大学法人、学校法人等を含む「一般事業主」は、組織内の女性の活躍に関する状況の把握と改善課題の分析を踏まえ、定量的目標や取組内容などを内容

とする「事業主行動計画」を策定・公表することを義務づけられた（労働者300人以下の事業主は努力義務）。

　必ず把握し課題分析を行わねばならない事項は、①女性採用比率、②勤続年数男女比、③労働時間状況、④女性管理職比率である。行動計画には、①計画期間、②数値目標、③取組内容、④取組の実施時期を盛り込まなければならない。日本においても、本研究の第2章で述べた雇用公平法と連邦契約事業主プログラム（FCP）とほぼ近い「ゴール・アンド・タイムテーブル」方式のポジティブ・アクションが行われることになった。

　次世代科学人材育成を含む政策枠組みとしては、総合科学技術・イノベーション会議（議長・安倍首相）による「第5期科学技術基本計画」（平成28〜32年度）も平成28年4月から実施される。人類が経験してきた狩猟社会、農耕社会、工業社会、情報社会に続く、第5の社会を「Society（ソサエティー）5.0」と名づけ、科学技術イノベーションによって「超スマート社会」を実現することをめざす。

　次代を担う女性が科学技術イノベーションに関連して将来活躍できるよう、国は、科学技術系の進路に対する女子中高生やその保護者への興味関心や理解を深める取組を推進する。関係府省や産業界、学界、民間団体など産学官の連携を強化し、理工系分野での女性の活躍に関する社会一般からの理解の獲得を促進していくことが重要になるだろう。

　最後に、研究課題の一つとして、大学におけるアカデミック・リーダー、専門職、非常勤職員などの女性のキャリアパスについての検討が残されていることを述べておく。本研究では、研究・教育機関としての大学の側面に焦点をあて、公的機関や企業の一般職に近い就労形態をとる職員については考察しなかった。現在、日本では、教員と職員の中間的業務を行う職員が増えており、雇用や労働の形態も多様化している。非正規雇用の職種に女性が集中していることも課題となっており、カナダを含む海外の事例についての検証が必要になってくると思われる。

　本研究では、女性政策を受け入れる側としてのカナダの大学に焦点をあて、政策の「発信者」としての大学の役割については論じなかった。男女共同参

画社会の実現に向けて、大学・研究者の側から、新たな知を発信できるよう、今後も理論的・実証的研究を積み重ねていきたいと考える。

文献一覧

有本章（2011）『変貌する世界の大学教授職』玉川大学出版部．
飯島香（2010）「カナダの出産休業給付制度および育児休業給付制度—日本の子育て支援・育児休業制度のあり方の参考として」『筑波法政』第48号、pp.41-64.
生田久美子・尾崎博美「ジェンダーから見る高等教育へのユニバーサル・アクセス—アメリカ・カナダにおける大学附属保育施設の訪問調査を通して—」平成17～19年度　文部科学省科学研究費基盤研究（B）『特別支援教育を軸とした高等教育システムの構築～ユニバーサル・アクセスへの保証～』研究成果報告書　平成20年3月、pp.9-41
池上岳彦（2012）「カナダの連邦制度と社会保障」『海外社会保障研究』No.180, pp.42-59.
伊藤公雄（2011）『「男女共同参画」が問いかけるもの—現代日本社会とジェンダー・ポリティクス』インパクト出版会．
犬塚典子（2005）「国家フェミニズムと大学—カナダにおける『女性の地位』という政策概念」生田久美子編『ジェンダーと教育—理念・歴史の検討から政策の実現に向けて』（ジェンダー法・政策研究叢書　第4巻）東北大学出版会、pp.231-263.
犬塚典子（2006a）「カナダの公共政策と大学の管理運営改革—雇用の公平性に対するコンプライアンス評価制度」『東北大学21世紀COEプログラム　男女共同参画社会の法と政策　研究年報』3、pp.229-250.
犬塚典子（2006b）「文化・教育政策におけるダイバシティ—多国間協力、二国間協力、国内政策」田中正佳編『「教育」を問う教育学』慶應義塾出版会、pp.331-354.
犬塚典子（2006c）『アメリカ連邦政府による大学生経済支援政策』東信堂．
犬塚典子（2007）「フランスの進路指導政策における『男女共生』（Mixité）の理念—パリ拠点便り—」『東北大学ジェンダー法・政策研究センターニュースレター』14号．
犬塚典子（2008）「大学改革のための3つの組織—ジェンダー研究、エンパワメント、男女共同参画」辻村みよ子編『男女共同参画のために—政策提言』（ジェンダー法・政策研究叢書　第12巻）東北大学出版会、pp.485-500.
犬塚典子（2009）「科学技術振興調整費による女性研究者支援施策」『横幹』（横断型基幹科学技術研究団体連合）3 (1)、pp.95-101.
犬塚典子（2013）「比較教育学とジェンダー」山田肖子・森下稔編『比較教育学の地平を拓く—多様な学問観と知の共働』東信堂、pp.314-335.
犬塚典子（2014a）「カナダ・ケベック州の子育て支援—フラット・レートによる保育料」、*Child Research Net*, 世界の幼児教育レポート、http://www.blog.crn.or.jp/lab/01/59.html
犬塚典子（2014b）「カナダ・オンタリオ州における幼児教育・保育制度改革」『発表要旨収録』日本教育学会第73回大会, pp.288-289.
犬塚典子（2015）「父親の育児休業取得について—カナダ・ケベック州の試みから」、

Child Research Net、子ども未来紀行、http://www.blog.crn.or.jp/report/02/208.html

犬塚典子（2016a）「カナダの学童保育―ケベック州の『学校内ケア』」、*Child Research Net*, 子ども未来紀行、http://www.blog.crn.or.jp/report/02/216.html

犬塚典子（2016b）「労働分野のポジティブ・アクション」『We learn』平成 28 年 6 月号、日本女性学習財団、pp.10-11.

犬塚典子（2016c）「女子中高生への理系進路選択支援」『主体的学び』第 4 号、主体的学び研究所、pp.150-163.

犬塚典子（2017）「カナダの小学校における幼児教育とケア―教員と保育者との連携」『京都聖母女学院短期大学研究紀要』第 46 集、pp.1-13.

岩崎美紀子（2002）『行政改革と財政再建―カナダはなぜ改革に成功したのか』お茶の水書房.

植木俊哉（2007）「国際法とジェンダー：序論的考察」植木俊哉・土佐弘之編『国際法・国際関係とジェンダー』東北大学出版会、pp.5-19.

上野千鶴子（2003）「市民権とジェンダー―公私の領域の解体と再編」（特集：ポスト国家／ポスト家族―ジェンダー研究の射程）『思想』2003 年 11 月号、No. 955、pp.10-34.

榎澤幸広（2000）「フェミニズムとカナダの女性の政治的権利に関する展開（1）」『早稲田大学法研論集』第 94 号、pp.77-101.

榎澤幸広（2001）「フェミニズムとカナダの女性の政治的権利に関する展開（2）」『早稲田大学法研論集』第 97 号、pp.51-73.

OECD（2012）『図表でみる教育―OECD インディケータ（2012 年版）』明石書店＝OECD（2012）*Education at a Glance : OECD Indicators 2012*.

OECD（2014）『図表でみる教育：OECD インディケータ（2014 年版）』明石書店＝OECD（2014）*Education at a Glance : OECD Indicators 2014*.

大沢真理・大野曜・河野貴代美・竹村和子（2003）「行政フェミニズムのなかで、行政フェミニズムを超えて―討論・男女参画の攻防」『思想読本 10 "ポスト" フェミニズム』作品社、pp.142-156.

大隅典子（2008）「自然科学系分野における男女共同参画を進めるために―ライフ&ワークバランスをいかに保つか」辻村みよ子編『男女共同参画のために―政策提言』（ジェンダー法・政策研究叢書　第 12 巻）東北大学出版会、pp.451-464.

大嶽秀夫（1990）『政策過程』東京大学出版会.

大嶽秀夫（2011）『20 世紀アメリカン・システムとジェンダー秩序―政治社会学的考察』岩波書店.

岡田健太郎（2010）「ロイヤル・コミッションによる政策革新―政治参加・デモクラシー・制度変容」日本カナダ学会 2010 年度研究大会配布資料.

小川誠司（2011）「カナダにおける親休業給付制度に関する考察―ワーク・ライフ・バランスの日本・カナダ比較研究に向けて」『教育研究』（青山学院大学教育学会紀要）、第 55 号、pp.173-188.

小川眞里子（2014）「ノーベル賞量産国日本で、なぜ女性受賞者がでないのか」『人文論叢』第 31 号、三重大学、pp.47-59.

尾澤恵（2008）「カナダの連邦児童給付制度の展開と日本への示唆」『海外社会保障研究』No.163、pp.80-97.

長内了（2008a）「英領北アメリカ法（1867 年）」日本カナダ学会編『新版史料が語るカナダ 1535 － 2007』有斐閣、pp.58-61.

長内了（2008b）「カナダ権利章典（1960 年）」日本カナダ学会編『新版史料が語るカナダ』、p.86.

落合恵美子・橘木俊詔（2015）『変革の鍵としてのジェンダー』ミネルヴァ書房.

小畑精和・竹中豊編（2009）『ケベックを知るための 54 章』明石書店.

科学技術庁（1999）『科学技術白書』（平成 11 年版）.

香川せつ子・河村貞枝編（2008）『女性と高等教育―機会拡張と社会的相克』昭和堂.

鹿嶋敬（2003）『男女共同参画の時代』岩波書店.

片岡洋子（2001）「人事管理と雇用平等法制度―アメリカ人事管理に公民権第七編（タイトルセブン）が与えたインパクト」『大原社会問題研究所雑誌』No.506、pp.17-30.

加藤普章（2002）『カナダ連邦政治―多様性と統一への模索』東京大学出版会.

加野芳正（1988）『アカデミック・ウーマン―女性学者の社会学』東信堂.

加野芳正（2007）「女性教員の大学教授市場」『日本の大学教授市場』玉川大学出版部、pp168-189.

河上婦志子（2002）「女性たちの NPO 活動―カナダの女性たちの教育活動 NPO 実践」『人文学研究所報』（神奈川大学人文学研究所）35 号、pp.33-46.

川島正樹（2014）『アファーマティヴ・アクションの行方』名古屋大学出版会.

河野銀子（2009）「女子高校生の『文』『理』選択の実態と課題」『科学技術社会論研究』第 7 号、pp.21-33.

神崎智子（2009）『戦後日本女性政策史―戦後民主化政策から男女共同参画社会基本法まで』明石書店.

北野秋男（2015）『ポストドクター―若手研究者養成の現状と課題』東信堂.

城戸喜子・塩野谷祐一（1999）『先進諸国の社会保障カナダ』東京大学出版会.

木村愛子（1997）「カナダ雇用衡平法の改正とインパクト」『世界の労働』pp.22-28.

木村愛子（2011）『賃金衡平法制論』日本評論社.

木村涼子（2009）『リーディングス日本の教育と社会（第 16 巻）ジェンダーと教育』日本図書センター.

国際女性の地位協会（1996）『国際連合と女性の地位向上　1945 － 1996　日本語版』（監修・国際連合広報センター）.

国際女性の地位協会（2004）『2004 年シンポジウム国連からのレポート―女性の権利はいま』.

国立女性教育会館（2015）『大学における男女共同参画の推進』悠光堂.

国立大学協会（国大協）男女共同参画に関するワーキング・グループ（2000）『国立

大学における男女共同参画を推進するために』．
国連女子差別撤廃委員会 (2009)『第 6 回報告に対する女子差別撤廃委員会最終見解』
　（日本政府仮訳）．
小島克久・金子能宏（2009）「社会保障制度―連邦制度との協調と少子・高齢化へ
　の独自の対応」小畑精和・竹中豊編（2009）『ケベックを知るための 54 章』明石書店、
　pp.140-146.
古地順一郎（2015）「ケベックにおける移民統合をめぐる政治―州政府と社会の関係を
　中心に（1976 － 1991 年）『カナダ研究年報』第 35 号、pp.1-18.
小林順子（1994）『ケベック州の教育―カナダの教育 1』東信堂．
小林順子・関口礼子・浪田克之介・小川洋・溝上智恵子編（2003）『21 世紀にはば
　たくカナダの教育（カナダの教育 2）』東信堂．
小林富久子・村田晶子・弓削尚子（2016）『ジェンダー研究／教育の深化のために』
　彩流社．
斎藤純子（1995）「男女平等法制の新段階―『法的平等』から『事実上の平等へ』」『外
　国の立法』vol.33.n.4、pp.1-7.
坂本辰朗（2002）『アメリカ大学史とジェンダー』東信堂．
坂本辰朗(2011)「アメリカの大学における女性」『IDE 現代の高等教育』2011 年 10 月号、
　pp.47-51.
相良亜希(2008)「1990 年代中葉以降のカナダにおける幼児教育・保育施策の特質」『教
　育学論集』第 4 集、筑波大学大学院人間科学研究科教育学専攻、pp.27-52.
笹川澄子・荒谷美智共訳（1998）『ハリエット・ブルックスの生涯―マタイ効果と女
　性科学者』丸善株式会社（＝ Rayner-Canham, Marelene F.and Rayner-Canham,
　Geoffrey W.（1992）*Harriet Brooks: Pioneer Nuclear Scientist*, McGill-Queen's University
　Press）．
佐々木雅寿（2003）「カナダ憲法における人権保障の特徴」『ジュリスト』No. 1244、
　pp.196-202.
佐藤信行（2008）「一九八二年憲法」『新版　史料が語るカナダ―1535―2007』有斐
　閣、pp.102-103
佐藤信行（2012）「ケベック州法制度」日本カナダ学会カナダ豆事典編集委員会編『カ
　ナダ豆事典』p.48.
塩満典子（2009）「女性研究者支援の現状と課題」『科学技術社会論研究』第 7 号、
　pp.57-72.
ジョンソン、F・ヘンリー（1984）『カナダ教育史』鹿毛基生訳、学文社（＝ F・
　Henry Johnson（1968）*A Brief History of Canadian Education*, McGrawhil）．
新川敏光編（2008）『多文化社会の福祉国家―カナダの実験』ミネルヴァ書房
須貝優子（2012）「カナダ―オンタリオ州のキンダーカーテン改革」椋野美恵子・藪長
　千乃『世界の保育保障―幼保一体改革への示唆』法律文化社、pp.99-100.
杉本公彦（2007）『カナダ銀行史―草創期から 20 世紀初頭まで』昭和堂．

新保満（2003）「カナダの大学―『聖』と『俗』、『理想』と『経済』の葛藤」綾部恒雄・飯野正子編『カナダを知るための60章―エリア・スタディーズ』明石書店、pp.256-260.

高嶋祐一郎（1993）「トロント大学連合のカナダ・メソジスト協会への影響―日本宣教との関わりにおいて―」『カナダ研究年報』第13号（日本カナダ学会）、pp.53-67.

高橋裕子（2010）「『女性研究者支援モデル育成』事業を通して学んだこと―私立大学において男女共同参画を推進するには」『大学時報』、No.335, pp.38-45.

高畑いづみ（2008）「カナダにおける社会保険・労働保険の徴収業務一元化の実態と課題」『諸外国における労働保険及び社会保険の徴収業務一元化をめぐる実態と課題に関する調査研究』労働政策研究機構、pp.114-146.

多賀太・伊藤公雄・安藤哲也（2015）『男性の非暴力宣言』岩波書店.

武田信子（2002）『社会で子どもを育てる―子育て支援都市トロントの発想』平凡社.

竹中豊（2008）「『カナダ研究』はどこへ行く？：『サイモンズ報告』30余年後のディレンマ―グローバルな視点から見た『カナダ研究』」『カリタス女子短期大学研究紀要』、42巻、pp.11-24.

田中智子（1995）「カナダの保育」『レファレンス』45号、pp.73-78.

田村哲樹・金井篤子編（2007）『ポジティブ・アクションの可能性―男女共同参画社会の制度デザインのために』ナカニシヤ出版.

塚原修一（2008）「教育行政と他行政分野の連携と競合―産業・科学技術行政を素材に」『日本教育行政学会年報』pp.2-18.

都河明子（2009）「今なぜ科学技術分野における女性研究者なのか？」『科学技術社会論研究』第7号、pp.90-101.

辻由希（2012）『家族主義福祉レジームの再編とジェンダー政治』ミネルヴァ書房.

辻村みよ子（2004）「ポジティヴ・アクションの手法と課題―諸国の法改革とクォータ制の合憲性―」辻村みよ子編『世界のポジティヴ・アクションと男女共同参画』東北大学出版会、pp.5-32.

辻村みよ子（2005）『ジェンダーと法』信山社.

辻村みよ子（2011）『ポジティヴ・アクション―『法による平等』の技法』岩波書店.

束村博子（2008）「大学における『男女共同参画』推進のための提言―名古屋大学における男女共同参画の取り組みから見えるもの」辻村みよ子編『男女共同参画のために―政策提言』（ジェンダー法・政策研究叢書　第12巻）東北大学出版会、pp.475-499.

刀禰俊哉（2004）「カナダの財政再建について」『ファイナンス』財務省、平成16年5月号、pp.45-51.

外山公美（2007）「カナダの法学教育と行政学教育：ビクトリア大学大学院の教育を中心として」『法政論叢』43（2）、pp.176-188.

内閣府（2015）『平成27年度版　男女共同参画白書』.

仲真紀子・久保（川合）南海子（2014）『女性研究者とワークライフバランス―キャリ

アを積むこと、家族を持つこと』新曜社．
中里見博（2004）「アメリカにおけるアファーマティブ・アクションの展開」辻村みよ子編『世界のポジティヴ・アクションと男女共同参画』東北大学出版会、pp.289-319．
中島浄美（2007）「国連憲章におけるジェンダー規範―国連内部機関による基準設定と履行を中心に」植木俊哉・土佐弘之編『国際法・国際関係とジェンダー』東北大学出版会、pp.137-166．
永瀬信子（2002）「子育て支援策の日加比較」『海外社会保障研究』No.139、pp.46-56．
日本カナダ学会編（2008）『新版史料が語るカナダ―1553－2007』有斐閣．
日本カナダ学会カナダ豆事典編集委員会編（2012）『カナダ豆事典』日本カナダ学会．
日本総合研究所（2010）『平成21年度中小企業産学連携人材育成事業報告書』．
雑賀葉子（2004）「影響調査事例研究の海外事例：影響調査事例研究ワーキングチーム中間報告書より」『共同参画21』2004年3月号、pp.32-33．
橋本鉱市（2014）『高等教育の政策過程―アクター・イシュー・プロセス』玉川大学出版部．
長谷川珠子（2008）「アメリカは何をしてきたか」森戸英幸・水町勇一郎編『差別禁止法の新展開―ダイヴァーシティの実現を目指して』日本評論社．
板東久美子（2007）「科学技術・学術における男女共同参画」『学術月報』Vol.60, No.5, pp.79-82．
坂東眞理子（2004）『男女共同参画社会へ』勁草書房．
坂東眞理子（2009）『日本の女性政策』ミネルヴァ書房．
久本憲夫・玉井金五編（2008）『社会政策（1）ワークライフバランスと社会政策』法律文化社．
朴木佳緒留（2011）「大学におけるジェンダー教育の実践と課題」『日本の科学者』Vol.46, No.12, pp.25-31．
ホーン川嶋瑤子（2004）『大学教育とジェンダー―ジェンダーはアメリカの大学をどう変革したか―』東信堂．
福井祥人（1995）「カナダ・連邦におけるアファーマティブ・アクション」『外国の立法』第33巻4・5・6合併号（特集　女性）vol.33.n.4, pp.8-11．
藤本茂（2007）『米国雇用平等法の理念と法理』かもがわ出版．
細川道久（2012）『「白人」支配のカナダ史―移民・先住民・優生学』彩流社．
堀江孝司（2005）『現代政治と女性政策』勁草書房．
前田眞理子（2002）「『テロ後』とフェミニズムの論理―誰のための、何のための解放か」『法律時報』第74巻6号、pp.44-49．
牧原出（2005）「日本の男女共同参画の制度と機構―『フェモクラット・ストラテジー』の視点から―」辻村みよ子・稲葉馨編『日本の男女共同参画政策―国と地方公共団体の現状と課題』（東北大学21世紀COEプログラム・ジェンダー法・政策研究叢書第2巻）東北大学出版会、pp.51-68．
松井茂記（2012）『カナダの憲法―多文化主義の国のかたち』岩波書店．

松浦良充（2005）「遠景としてみる大学・高等教育研究―周辺性・棲み分け・改革運動」『教育学研究』第 72 巻第 2 号、pp.257-266.
松本紘（2007）「京都大学の女性研究者支援の取り組み」『学術月報』Vol.60, No.5, pp.4-7.
水町勇一郎（2004）「ふたつのポジティヴ・アクション―雇用分野における男女平等政策の新潮流」辻村みよ子・稲葉馨編『日本の男女共同参画政策―国と地方公共団体の現状と課題』（東北大学 21 世紀 COE プログラム・ジェンダー法・政策研究叢書第 2 巻、東北大学出版会）、pp.69-78.
溝上智恵子（2003）『ミュージアムの政治学―カナダの多文化主義と国民文化』東海大学出版会.
溝上智恵子（2002）「カナダのカレッジ制度の発達とトランスファー制度について―オンタリオ州と BC 州を事例として」『カナダ教育研究』第 1 号、カナダ教育学会、pp.25-36.
溝上智恵子（2013）「カナダの高等教育制度」『カナダ教育研究』第 11 号、カナダ教育学会、pp.55-69.
村田晶子（2010）「新たな知を創造する大学の課題」『大学時報』No.335, pp.52-57.
村松泰子（2011）「女性の研究者・学長として取り組んできたこと」『IDE 現代の高等教育』2011 年 10 月号、pp.21-25.
文部科学省科学技術政策研究所（2012）『日本の大学教員の女性比率に関する分析』（調査資料 209）.
矢頭典枝（2008a）「ケベックの『静かな革命』」日本カナダ学会編『新版史料が語るカナダ 1535 － 2007』有斐閣、p.90.
矢頭典枝（2008b）「ケベック・フランス語憲章（1977 年）」日本カナダ学会編『新版史料が語るカナダ 1535 － 2007』有斐閣、p.94.
矢内琴江（2015）「民衆運動における意識化実践が形成する『省察的実践コミュニティ』―『ケベック意識化グループ』の設立萌芽期（1970 年代～ 1980 年代）に注目して」『社会教育学研究』第 51 巻、第 2 号、pp.1-11.
山内久史（2008）書評・藤本茂『米国雇用平等法の理念と法理』『大原社会問題研究所雑誌』592 号、pp.73-76.
山野井敦徳（2007）「日本の大学におけるジェンダー政策の分析と課題―その成功と失敗」『21 世紀型高等教育システム構築と質的保証―COE 最終報告書―第一部（下）』広島大学、pp.139-145.
吉田健正（1999）『カナダ 20 世紀の歩み』彩流社.

欧語文献

Abella, Rosalie Silberman（1984）*Report of the Commission on Equality in Employment*（Royal Commission Report, Vol.1, Canadian Government Publishing Centre.
Agocs, Carol（2002）"Canada's Employment Equity Legislation and Policy, 1986-2000",

in Carol Agocs, *Workplace Equality: International Perspectives on Legislation, Policy and Practice*, pp.65-89.

APRU (Association of Pacific Rim Universities) (2014) *APRU Gender Gap Survey 2013*.

AUCC (Association of Universities and Colleges of Canada) (2008) *Momentum : The 2008 Report on University Research and Knowledge Mobilization*.

Ball, Jessica and Daly, Kerry (2012) *Father Involvement in Canada: Diversity, Renewal and Transformation*, UBC Press.

Beach, Charles M., Boadway, Robin W. and McInnis, R.Marvin (eds.) (2004) *Higher Education in Canada*, John Deutsch Institute for the Study of Economic Policy.

Beach, Jane, Friendly, Martha, Ferns, Carolyn, Prabhu, Nina, Forer, Barry (2009) *Early Childhood Education and Care in Canada 2008*, (8 th Edition), Childcare Resource and Research Unit.

Bird, Florence (1974) *Anne Francis : An Autobiography*, Clarke, Irwin & Company Ltd.

Bond, Sheryl L. (1987) Employment Equity, *Canadian Journal of Higher Education*, 17(2): 1-4.

Cameron, David M. (1991) *More than an Academic Question: Universities, Government and Public Policy in Canada*, The Institute for Research on Public Policy.

Cameron, David M. (2004) "Collaborative Federalism and Postsecondary Education : Be Careful What You Wish For", in Charles M. Beach, Robin W. Broadway and Marvin M. McInnis, *Higher Education in Canada*, McGill Queen's University Press.

Cardillo, Brenda (1993) Difining and Measuring Employment Equity, *Perspectives on Labour and Income*, Winter, 1993, 5(4).

Carleton University (2004a) *Report from the Director of Equity Services Department* (For fiscal year May 1,2003-April 31, 2004), (Presented Educational Equity Committee), submitted by Barbara Carswell, Director of Equity Services, May 18, 2004.

Carleton University (2004b) *Carleton University Equity Counts* Federal Contractors Program, Certificate #60443, Compliance Review Report, June 16, 2004.

Carleton University (2005) *Equity Services : Annual Report to the Board of Governors 2004-2005*, submitted by Barbara Carswell, Director of Equity Service.

CAUT (Canadian Association of University Teachers) (2004) *University Affaire*, 2004, November, pp.21-26.

CAUT (Canadian Association of University Teachers) (2005) *CAUT Almanac of Post-Secondary Education in Canada 2005*.

CAUT (Canadian Association of University Teachers) (2012) *CAUT Almanac of Post-Secondary Education in Canada 2012*.

CAUT (Canadian Association of University Teachers) (2014) *CAUT Almanac of Post-Secondary Education in Canada 2013-2014*.

Charron, Hélène (2003) "Un Parcours inachevé! : Les Femmes à l' Université", *Cap-aux-*

Diamants : La Revue d' Histoire du Québec, 72 : 62-66.

Corbeil, Christine et al. (2011) *Parents-étudiants de l'UQAM: Réalités, besoins et ressources*, Institute de recherche et d' étude feminists.

Connelly, Rachel and Ghodsee, Kristen (2011) *Professor Mommy : Finding Work-Family Balance in Academia*, Rowman & Littlefield Publishers.

COU (Council of Ontario Universities) (1989) *Women in Graduate Studies in Ontario*

COU (Council of Ontario Universities) (1993a) *Educational Equity in Graduate Studies in Ontario: A Discussion Paper.*

COU (Council of Ontario Universities) (1993b) *Educational Equity Initiatives in the Ontario Universities.*

COU (Council of Ontario Universities) (1996) *Update to the Ontario Council on Graduate Studies Discussion Paper on Educational Equity* (May 1992).

COU (Council of Ontario Universities) (2000) *Status of Women in Ontario Universities 1998-1999.*

Council of Canadian Academics (2012) *Strengthening Canada's Research Capacity*, by Expert Panel on Women in University Research.

Curtis, John W. (2005) *The Challenge of Balancing Faculty Careers and Family Work* (New Direction for Higher Education) Number 130, Summer.

Davie, Sharon L. (2002) *University and College Women's Centers : A Journey toward Equity*, Greenwood Press.

Dagg, Ann Innis and Thompson, Patricia J. (1988) *MisEducation : Women & Canadian Universities*, OISE (Ontario for Studies in Education) Press.

Demerling, Rachel (2009) *Take it or Leave it? Parental Leave, Decision-Making and Gender Balanced Parenting*, VDM Verlag Dr. Muller.

The deVeber Institute for Bioethics and Social Research (2010) *Report of Resources for Pregnant Women, Single Mothers, and Parenting Students on University Campuses in Canada*, pp.1-19.

Drakich, Janice and Maticka, Tyndale (1991) "Feminist Academics and Community Activists Working Together", in Wine, Jeri Dawn and Ristock, Janice L. (eds.) *Women and Social Change : Feminist Activism in Canada*, James Lorimer & Company Publishers.

EDD (Equity and Diversity Directorate) (2011) *History of Employment Equity in the Public Service and the Public Service Commission of Canada.*

European Commission (2013) *She Figures 2012 : Gender in Research and Innovation.*

Ferns, Carolyn and Friendly, Martha (2014) *The State of Early Childhood Education and Care in Canada 2012*, Moving Child Care Forward.

Fisher, Donald et al. (2014) *The Development of Postsecondary Education System in Canada : A Comparison between British Columbia, Ontario, and Quebec, 1980-2010*, McGill-Queen's University Press.

Ford, Anne Rochon (1985) *A Path Not Strewn With Roses : One Hundred Years of Women at the University of Toronto 1884-1984*, Women's Centenary Committee, University of Toronto.

Friedland, Martin L (2013) *History of University Toronto* (2nd Edition), University of Toronto, University of Toronto Press.

Friendly, Martha, Halfon, Shani, Beac, Jane and Forer, Barry (2013) *Early Childhood Education and Care in Canada 2012*, Child Resource and Research Unit.

Friendly, Martha and Prentice, Susan (2009) *Childcare* (About Canada Serices), Fernwood Publishing.

Gaskell, Jane & Taylor, Sandra (2003) " The Women's Movement in Canadian and AustralianEducation : from liberation and sexism to boy and social justice " , *Gender and Education*, 15 (2): 151-168.

Geller-Schwartz, Linda (1995) "An Array of Agencies : Feminism and State Institutions in Canada ", in Stetson & Mazur (eds.) *Comparative State Feminism*, pp.40-58.

Gerten, Annette M. (2011) "Moving Beyond Family-Friendly Policies for Faculty Mothers", *Journal of Women and Social Work*, 26 (1) 47-58.

Gillett, Margaret (1981) *We Walked Very Warily : A History of Women at McGill*, Eden Press Women's Publications.

Gillett, Margaret (1998) "The Four Phases of Academe: Women in the University", in Stalker and Prentice (eds.) *The Illusion of Inclusion: Women in Post-Secondary Education*, Fernwood Publishing.

Grace, Joan (1997) "Sending Mixed Messages : Gender-Based Analysis and the 'Status of Women' ", *Canadian Public Administration/Administration Publique de Canada*, 40 (4): 582-598.

Graduate Students' Union (1969) *Women in Canadian Universitie*.

Gropper, Aaron et al. (2010) "Work-Life Policies for Canadian Medical Faculty", *Journal of Women's Health*, 19(9):1683-1703.

Guberman, Connie (2004) *Annual Report July 2003-June 2004*, Status of Women, University of Toronto, Nov. 2004.

Hannah,Elena, Paul, Linda Kpam, and Vethamany-Globus, Swani (2002) *Women in the Canadian Academic Tundra: Challenging the Chill*, McGill Queens University Press.

Harish, Jain, C. and Carroll, Dian (eds.) (1980) *Race and Sex Equality in the Workplace : A Challenge and an Opportunity*, (Proceedings of a Conference), Hamilton, Ontario, September 28-29,1979, 【ED198362】.

Harris, Robin S. (1976) *A History of Higher Education in Canada 1663-1960*, University of Toronto Press.

Hile, Rachel E. (2011) "Work-Family Conflicts and Policies", in Banks (2011) *Gender and Higher Education*, pp.406-413.

Hornosty, Jennie M. (1998) "Balancing Child Care and Work", in Stalker, Jacqueline and Prentice, Susan (eds.) *The Illusion of Inclusion : Women in Post-Secondary Education*, Fernwood Publishing, pp.180-193.

HRDC (Human Resources Development Canada) (2002) *Evaluation of Federal Contractors Program, Final Report*, Evaluation and Data Development Strategic Policy, April 2002, SP-AH183-04-02E.

HRDC (Human Resources Development Canada) (2004) *Federal Contractors Program, Compliance Review Report on Findings : Follow-up Compliance Review*, Carleton University (Certificate No1060443), Reviewed Michael Paliga, Manager, Special Advisor, Workplace Equity Human Resources Development Canada, Labour, National Headquarters, October 19, 2004.

HRSDC (Human Resources Skills Development Canada) (2005) *Criteria for Implementation*, Federal Contractors Program, Latest Version, May 2005.

HRSDC (Human Resources and Skills Development Canada) (2006) *Employment Equity Data Report*, table 5, Workforce Population Showing Representation by EEOG and Unit Groups (2006 NOC) for Women, Aboriginal Peoples, and Visible Minorities for Canada, Provinces and Territories, and the Census Metropolitan Areas.

HRSDC (Human Resources and Skills Development Canada) (2009) *Employment Equity Data Report*.

HRSDC (Human Resources and Skills Development Canada) (2010) *Employment Equity Act: Annual Report 2009*.

HRSDC (Human Resources and Skills Development Canada) (2012) *Public Investments in Early Childhood Education and Care in Canada 2010*.

Inuzuka, Noriko (2007a) "University Reform for Gender Equality in Japan" *Gender Law and Policy Review*, 4: 163-171.

Inuzuka, Noriko (2007b) "The National Education Policy for Gender Equality in Transition" in Miyoko Tsujimura and Emi Yano (eds.), *Gender & Law in Japan*, Tohoku University Press, pp.217-243.

Inuzuka, Noriko (2014) "Women and University Research : Strengthening Japan's Research Capacity ", *Research Activities*, Vol.4 No.1 June 2014, Kyoto University, pp.6-9.

Jacobs, Jerry A (2004) *The Faculty Time Divide*, University of Pennsylvania.

King, Alyson E. (1999) *The Experience of the Second Generation of Women Students at Ontario Universities, 1900-1930*, Ph.D. Dissertation, University of Toronto.

Levan, Andrea (2003) *Maternity and Family Leave Policies at Ontario Universities*, OCUFA Status of Women Committee, 2003, May.

Lindsey, McKay, Marshall, Katherine and Doucet, Andrea (2012) "Fathers and Parental Leave in Canada : Policies and Practices", in Jessica Ball and Kerry Daly (eds.) *Father Involvement in Canada : Diversity, Renwewal, and Transformation*, UBC Press.

Mckay et al. (2012) "Fathers and Parental Leave in Canada and Practices" in Ball and Daly (eds.) *Father Involvement in Canada: Diversity, Renewal and Transformation*, UBC Press.

Maddison, Isabel (1899) *Handbook of British, Continental and Canadian Universities, with Special Mention of the Courses Open to Women*, The New Era Print.

Mahon, Rianne (2006) "Of scalar hierarchies and welfare redesign: child care in three Canadian cities", *Transactions of the Institute of British Geographers*, 31(4): 452-466.

Marshall, Katherine (2010) Employer top-ups, *Perspectives*, Feb. 2010, Statistics Canada, pp.5-10.

Martin, Jane Roland (1985) *Reclaiming a Conversation : The Ideal of Educated Woman*, Yale University Press. (=ジェイン・ローランド・マーティン (1987)『女性にとって教育とはなんであったか―教育思想家たちの会話』〔坂本辰朗・坂上道子訳〕東洋館出版).

Martin, Jane Roland (2005) "In Search of Equality : The Missing Women in Higher Education", *Gender Law Policy Annual Review*, vol. 2, Tohoku University, 2004, pp.133-146. (=ジェイン・ローランド・マーティン (2005)「平等を求めて―高等教育における消えた女性たち」〔犬塚典子訳〕辻村みよ子・山元一編『ジェンダー法学・政治学の可能性―東北大学COE国際シンポジウム・日本学術会議シンポジウム―』(東北大学21世紀COEプログラム・ジェンダー法・政策研究叢書第3巻、東北大学出版会、185-203)

Mason, Mary Ann, Wolfinger, Nicholas H. and Goulden, Marc (2013) *Do Babies Matter? : Gender and Family in the Ivory Tower*, Rutgers University Press.

Mazur, Amy G. (2002) *Theorizing Feminist Policy*, Oxford University Press.

Mazur, Carol (1984) *Women in Canada : A Bibliography, 1965-1982*, The Onatario Institute for Studies in Education 1984.

McLead,E.M. (1975) *A Study of Child Care Services at Canadian Universities*, AUCC.

Mead, Margret and Kaplan, Frances Balgley (1965) *American Women : The Report of the President's Commission on the Status of Women and Other Publications of the Commision* " Charles Scribner's Sons.

More, Elizabeth Singer (2013) *Report of the President's Commission on the Status of Women : Background, Content, Significance*, Radcliffe Institute for Advanced Study, Harvard University.

National Conference on Women in Colleges and Universities (1975) *Women in Colleges and Universities : The Report on the Fourth National Conference*, University of Toronto.

Nuwer, Hank (2002) " Canada", *World Education Encyclopedia : A Survey of Educational Systems Worldwide* (2nd Edition), Gale Group, pp.200-211.

OECD (2003) *Early Childhood Education and Care Policy: Canada Country Note*.

OECD (2005) *Babies and Bosses, Reconciling Work and Family Life, Canada, Finland, Sweden and the United Kingdom*, vol.4.

OECD (2006) *Starting Strong II : Early Childhood Education and Care* = OECD (2011)『OECD保育白書 人生の始まりこそ力強く：乳幼児期の教育とケア（ECEC）の国際比較』〔星美和子・首藤美香子・大和洋子・一見真理子訳〕明石書店.

OECD (2007) *Babies and Bosses : Reconciling Work and Family Life : A Synthesis of Findings For OECD Countries* = OECD〔2009〕調査報告『国際比較：仕事と家族生活の両立（OECDベイビー＆ボス総合報告書）』〔高木郁朗監訳、熊倉瑞恵・関谷みのぶ・永由裕美訳〕明石書店.

OECD (2008) *Tertiary Education for the Knowledge Society*, p.133.

OECD (2009) *OECD Reviews of Tertiary Education : Japan* = OECD (2009)『日本の大学改革：OECD高等教育政策レビュー：日本』森利枝訳、明石書店.

Olsen, Frances (2005) "Institutionalizing Feminist Legal Theory : The Example from the United States of America", *Gender Law Policy Annual Review*, vol. 2, Tohoku University, 2004, pp.35-53.（=フランシス・オルセン（2005）「フェミニスト法理論の制度化：アメリカ合衆国を例にして」〔早川のぞみ訳〕辻村みよ子・山元一編『ジェンダー法学・政治学の可能性―東北大学COE国際シンポジウム・日本学術会議シンポジウム』（東北大学21世紀COEプログラム・ジェンダー法・政策研究叢書第3巻、東北大学出版会、pp.15-42）.

Ornstein, Michael, Stewart, Penni and Drakich, Janice (2007) " Promotion at Canadian Universities: The Intersection of Gender, Discipline, and Institution", *Canadian Journal of Higher Education*, Vol.37, No.3, pp.1-25.

PAR-L (2002) *A Chronology of the Development of Women's Studies in Canada*.

Peters (1999) *Women, Quotas and Constitutions : A Comparative Study of Affirmative Action for Women under American, German, European Community and International Law*, Kuluwer Law International.

Pierson, Ruth Roach (1995) Education and Training , Pierson and Cohen (eds.) *Canadian Women's Issues*, Vol.II, Bold Visions, James Lorimer & Company Ltd, pp.162-262.

Prentice, Susan and Pankratz, Curtis J. (2003) "When Academics Become Parents: An Overview of Family Leave Policies at Canadian Universities", *The Canadian Journal of Higher Education*, 33(2): 1-26.

Rayner-Canham, Marelene F and Rayner-Canham, Geoffrey W. (1992) *Harriet Brooks: Pioneer Nuclear Scientist*, McGill-Queen's University Press.

Rose, Damaris (2001) *Revisiting Feminist Research Methodologies : A Working Paper*, Status of Women Canada.

RCSW (Royal Commission on the Status of Women)(1970) *Report of the Royal Commission on The Status of Women in Canada*.

Saunders, Mary, Therrien, Margaret and Williams, Linda (1988) "Creating the 'Woman Friendly' University: A Summary of the CFUW Report" in Stalker, Jacqueline and Prentice, Susan (eds.) *The Illusion of Inclusion : Women in Post-Secondary Education*,

Fernwood Publishing, pp.216-230.

Sheehan, Nancy M. (1985) " History of Higher Education", *The Canadian Journal of Higher Education*, 15(1): 25-38.

Sinha, Maire (2014) *Child Care in Canada*, Analytical Paper, Statistics of Canada.

Stalker, Jacqueline and Prentice, Susan eds. (1998) *The Illusion of Inclusion : Women in Post-Secondary Education*, Fernwood Publishing

Statistics Canada (1983) *Historical Statistics of Canada*.

Statistics Canada (1995) *Women in Canada : A Statistical Report*, Third Edition, Target Groups project.

Statistics Canada (2006) *Women in Canada* (Fifth Edition), Target Groups project.

Status of Women Canada (1995) *Setting the Stage for the Next Century: The Federal Plan for Gender Equality*.

Status of Women Canada (1996) *Gender-Based Analysis : A Guide for Policy-making*.

Status of Women Canada (2001) *Canadian Experience in Gender Mainstreaming*, Gender-Based Analysis Directorate.

Stetson, Dorothy McBride & Mazur, Amy (eds.) (1995) *Comparative State Feminism*, Sage Publications.

Stewart, Lee (1990) *'It's Up to You' Women at UBC in the Early Years*, University of British Press.

Stewart, Penni and Drakich, Janice (1995) "Factors Related to Organizational Change and Equity for Women Faculty in Ontario Universities", *Canadian Public Policy*, 21(4): 429-448.

Stewart, Penni and Drakich, Janice (2009) "Gender and Promotion at Canadian Universities", *Canadian Review of Sociology*, 46(1): 59-85.

Symons, Thomas H.B. and Page, James E. (1984) *Some Questions of Balance: Human Resources, Higher Education and Canadian Studies* (ED 264 704).

Thomasson, Augusta Margaret (1951) *Acadia Camp : A Study of the Acadia Camp Residence at the University of British Columbia from September, 1945 to May, 1949*, MA Dissertation, University of British Columbia.

Thornton, Saranna R. (2008) *The Implementation and Utilization of Stop the Tenure Clock Policies in Canadian and U.S. Economics Department*, Hampden-Sydney College.

Timpson, Annis May (2001) *Driven Apart : Women's Employment Equality and Child Care in Canadian Public Policy*, UBC Press.

Tarnopolsky (1980) "Discrimination and Affirmative Action" in Harish and Caroll (eds.) *Race and Sex Equality in the Workplace: A Challenge and an Opportunity*.

Treasury Board of Canada Secretariat (2003) *Contracting Policy, Appendix D, The Federal Contractors Program for Employment Equity*, July 1, 2003.

United Nations (1995) *The United Nations and the Advancement of Women, 1945-1995*, The

United Nations Blue Books Series, vol. VI.
UdeM (Université de Montréal) (2006) *Forum*, 29 Mai, 2006.
UdeM (Université de Montréal) (2008) *Forum*, 25 Août, 2008.
UdeM (Université de Montréal) (2010) *Forum*, 01 Novembre, 2010.
UdeM (Université de Montréal) (2012) *Forum*, 14 Août, 2012.
University of Toronto (2002) *175 Years of Great Minds.*
University of Toronto, Ad Hoc Committee on the Status of Women (1986) *A Future for Women at the University of Toronto : the Report of the Ad Hoc Committee on the Status of Women* (By D.E.Smith, A.J.Cohen, P.A. Staton, J.Drakich, D.Rayside and G.E.Burt). Center for Women's Studies in Education, Occasional Papers, No. 13.
University of Toronto, Family Care Office, (2014) *20 Family-Friendly Years at U of T.*
Vickers, Jill and Adam,June (1977) *But Can You Type : Canadian Universities and the Status of Women*, (CAUT Monograph Series) Clarke, Irwin & Company Limited in Association with the Canadian Association of Universities Teachers.
Vickers, Jill, Rankin, Pauline and Appelle (1993) *Politics As If Women Mattered : A Political Action Committee on the Status of Women*, University of Toronto Press.
Wagner, Annee, Acker, Sandra, and Mayuzumi, Kimie (2012) *Whose University Is It, Anyway? : Power and Privilege on Gendered Terrain*, Sumach Press.
Westmoreland-Traoré, Juanita (1999) "Educational Equity 'No Turning Back'", in Armatage, Kay (ed.) *Equity and How to Get It : Rescuing Graduate Studies*, Inanna Publication and Education Inc., pp.38-61.
Willinger, Beth (2002a) "Women's Centers, Their Missions, and the Process of Change", in Davie, Sharon L (2002) *University and College Women's Centers : A Journey toward Equity*, Greenwood Press, pp.47-64.
Willinger, Beth (2002b) " Mission, Services, and Stakeholders of Campus-Based Women's Centers", in Davie, Sharon L (2002) *University and College Women's Centers : A Journey toward Equity*, Greenwood Press, pp. 505-506.
Wine, Jeri Dawn and Ristock, Janice L. (eds.) (1991) *Women and Social Change : Feminist Activism in Canada*, James Lorimer & Company Publishers.

List of Interviewees

March 2005
I . UNIVERSITY OF TORONTO
　　1. CONNIE GUBERMAN, Professor, Status of Women Officer
　　2. PAULA BOURNE, Professor, Head, Centre for Women's Studies in Education
　　3. PAT DOHERTY, Administrative Assistant, Centre for Women's Studies in Education
II . COUNCIL OF ONTARIO UNIVERSITIES
　　1. JENNIE PIEKOS, Research Associate

August-September 2005
I . UNIVERSITY OF OTTAWA
　　1. ANDREA MARTINEZ, Director, Institute of Women's Studies
　　2. LINDA CARDINAL, Professeure, École d'études politiques Chaire de recherche sur la francophonie et les politiques publiques
　　3. NATHALIE DESROSIERS, Doyenne, Professeure de Lois (Former President, Law Commission of Canada)
　　4. CAROLINE ANDREW, Director, Professor of Centre of Governance
　　5. HÉLÈNE CARRIÈRE, Director of Organizational Change
　　6. ROBERT J. GIROUX, Advisor(Former CEO of the Association of Universities and Colleges of Canada)
II . CARLETON UNIVERSITY
　　1. DIANA MAJURY, Professor of Law
　　2. PAULINE RANKIN, Director, Professor, Canadian Studies(Former Director, Women's Studies Institute)
　　3. BARBARA CARSWELL, Director of Services, Equity Service Office
III . NATIONAL ASSOCIATION OF WOMEN AND THE LAW (NAWL)
　　1. BONNIE DIAMOND, Executive Director
IV . FEMINIST ALLIANCE FOR INTERNATIONAL ACTION (FAFIA)
　　1. NANCY PECKFORD, Program Coordinator
V . CANADIAN RESEARCH INSTITUTE FOR THE ADVANCEMNT OF WOMEN (CRIAW)
　　1. LISE MARTIN, Executive Director
VI . STATUS OF WOMEN CANADA
　　1. ZEYNEP KARMEN, Head of Research

October 2008
I . UNIVERSITY OF BRITISH COLUMBIA

1. JENNIFER CHAN, Associate Professor of Faculty of Education

May 2011
I . UNIVERSITY OF BRITISH COLUMBIA
   1. JOAN URSINO, Equity Advisor, Equity Office

June 2013
I. UNIVERSITÉ DE MONTRÉAL
   1. MARYSE DARSIGNY, Conseillère en acquisition de talentset diversité
   2. LABRIE ANDRÉE, La coordonnatrice de la diversité
   3. KATHLEEN CAHILL, Syndicat général des professeurs et professeures de l'Université de Montréal

II . UNIVERSITÉ DU QUÉBEC À MONTRÉAL
   1. JOHANNE CORBEIL, Conseillère en gestion des ressources humaines

III . MCGILL UNIVERSITY
   1. MICHELLE CUBANO-GUZMAN, Advisor, Faculty Relocation, Human Resources

May 2014
I . UNIVERSITY OF TOTONTO
   1. FRANCESCA DOBBIN, Director, Family Programs & Services, Family Care Office
   2. KAYE FRANCIS, Manager, Family Care Office

あとがき

　本書は、東北大学大学院法学研究科21世紀COEプログラム「男女共同参画社会の法と政策」（2003〜2007年）の一環として行われた個人研究に、新たな調査と考察を加えたものである。21世紀COEプログラムは、「大学の構造改革の方針」（平成13年6月）に基づき、平成14年度から文部科学省の事業（研究拠点形成費等補助金）として実施された。日本の大学に世界最高水準の研究教育拠点を形成し、創造的な人材育成を図るための競争的資金事業であった。

　東北大学の研究拠点は、「男女共同参画」実現のための理論的課題を法学・政治学を中心に解明し、「ジェンダー法・政策」研究の成果を世界に発信することをめざした。筆者は、2004年から約3年半、研究員として「教育クラスター」の活動を行う一方、政治参画、雇用と社会保障、家族、身体（セクシュアリティ）、人間の安全保障分野の研究者との共同研究に従事した。

　それまで、アメリカ高等教育や教育行政研究を行ってきた筆者にとって、法学研究科の重鎮や新鋭の若手とともに研究を行うのは刺激に満ちた日々であった。本論でも述べているが、政策よりも市場が牽引する度合いの強いアメリカ高等教育を対象に女性政策研究を行うことは難しく、この分野の公共政策が進んでいるカナダを対象とすることにした。勇気のいる決断であったが、カナダ出身の政治学者スティール若希氏（Jackie Steele、現在、東京大学准教授）を同僚研究員に迎えることができ、新しい研究に着手することが可能になった。スティール氏の人脈と熱意がなければ、首都オタワの女性機構と運動団体の中枢に踏み込むことはできなかった。

　セミナー講演者としてCOEに招聘したジェニファー・チャン氏（Jennifer Chan、ブリティッシュ・コロンビア大学准教授）からは、北米の高等教育やジェンダー研究についてご指導いただいた。法学・政治学中心の研究プロジェクトの中で、教育学者である氏からの示唆は貴重なものであった。このような

出会いと研究機会を下さった拠点リーダーの辻村みよ子先生（現在、明治大学教授）、事業推進者の生田久美子先生（現在、田園調布学園大学副学長・教授）に、心よりお礼を述べさせていただきたい。また、坂本辰朗先生（創価大学）、塚原修一先生（関西国際大学）、斉藤泰雄先生（国立教育政策研究所名誉所員）からは、新しい研究テーマを進めていく過程で様々な角度からご指導をいただいた。

　本研究は、先に述べた二人の研究者JackieとJenniferの頭文字をとった「JJプロジェクト」というフォルダー名で、10年余り筆者のPCの中で更新が続けられることになった。思いのほか研究成果の公開に時間がかかったのは、本論でも取り上げた女性研究者支援事業の特任教員として、九州大学と京都大学に着任する機会を得たためであった。東北大学での理論的研究成果をもとに、二つの大規模大学で男女共同参画の実務に携われたことは貴重な経験であった。筆者を温かく迎えて下さった各大学の皆様にお礼を申し上げたい。

　女性研究者支援事業では、日本中の様々な分野の関係者と連携して大学の男女共同参画を進める一方、学内の保育施設に目を配る緊張する日々を送った。本研究を継続することができたのは、日本カナダ学会、アメリカ教育史研究会をはじめとする研究者ネットワークのおかげである。実務に埋没しがちな筆者を見守り、関西教育行政学会での活動や人の輪につないで下さった髙見茂先生（京都大学）には心よりお礼の言葉を述べさせていただきたい。

　本書は、日本学術振興会平成28年度科学研究費（研究成果公開促進費）の交付を受けて出版されるものである。前著に引き続き、本書の出版をお引き受け下さった東信堂社長下田勝司氏、刊行までいろいろな面でバックアップして下さった社員の方々に心よりお礼申し上げたい。

京都・伏見の研究室にて

2017年1月　犬塚典子

事項索引

【欧字】

CEGEP（Collège d'enseignement général et professionnel） …………… 14
ILO …………………………………… 56, 116
LGBT ………………………………………… 26
NGO …………………………………… 17, 57
OECD …… i , 3-5, 8, 15, 29, 165, 171-172, 223
STEM（Science, Technology, Engineering, Mathematics） ……………… 232
UBC（University of British Columbia）
　→ブリティッシュ・コロンビア大学

【ア行】

アベラ報告書 ……………………… 22, 121
アメリカ大学女性協会（AAUW） ……… 44
「アメリカの女性」 …………………… 59-60
アルバータ大学 ……………………………… 14
イェール大学 ………………………………… 39
育児・介護休業法（日本） …………… 17, 234
「インビジブル・カレッジ」 ……………… 17
ヴィクトリア・カレッジ …………… 35, 41
ヴィジブル・マイノリティ …22, 95-96, 120-121, 132-133, 150, 152, 229, 230
ウェスタン・オンタリオ大学 …………30, 44-45
上積み給付 ……… 176-177, 195, 215-216, 231
英国大学女性協会 ………………………… 44
エポミニー現象 …………………………… 19
エンパワーメント ……………………… 26-27
オックスフォード大学 …………………… 14
オンタリオ州立教育研究所（OISE） ……… 80
オンタリオ大学協議会（COU） …… 12, 84-87, 152,185,193-194

【カ行】

カールトン大学 ……… 64, 92, 147-152, 200, 230
開発と女性 ………………………………… 18
カウンセリング ………………… 27, 59, 68, 88
科学技術基本計画 ……… 3, 235, 237-238, 243
科学技術振興調整費 ……………………… 237
科学技術白書 ……………………………… 236
科学社会学 ………………………………… 19
学童保育 ………………………… 164, 204, 231
学寮 ………………………… 14, 26, 38, 40, 227
家政学部 …………………………………40-41,53
家族及び医療休暇法（アメリカ） ……… 10, 167
カトリック ……………………………… 13, 44
カナダ学術協会（CCA） ………… 24, 219, 241
カナダ学生ローン ………………………… 68
カナダ教育学会（日本） ………………… 22
カナダ教員連盟 ………………………… 79-80
カナダ高等教育学会 ……………………… 13
『カナダ高等教育研究』 ………… 11, 13, 196
カナダ社会扶助プラン ……100, 170-171, 207
カナダ女性学会 …………………………… 81
カナダ大学教員協会（CAUT） …… 12, 64, 88, 168, 196
カナダ大学協会（AUCC） …… 12, 64, 88, 100, 141, 168, 179, 185
カナダ大学女性協会（CFUW） ……… 21, 44
カリキュラム ……………………… 28, 84, 88
カリフォルニア大学 ……………………… 23
看護学部 ……………………………… 53, 55
環太平洋大学協会 ……………………… 240
教育学部 ………………………………… 40-41
競争的資金 ……………………… 29, 235-239
クィーンズ大学 …………… 30, 39, 44, 45, 72

組合文化······216
ケベック親保険制度······17, 176, 214-218
研究者カップル······200
ゴール・アンド・タイムテーブル······10, 117, 122, 238, 243
構造的差別······120, 123-124 ,129, 163
合理的配慮······135-136, 139, 158, 229
国際大学女性協会······45
国務省「女性プログラム」······70-73, 81-83, 152, 228
国有地交付大学······14
国立女性教育会館······234-235,
国立大学協会（日本）······ii, 6-7, 168, 234-235
国連開発計画（UNDP）······18
国連女子差別撤廃委員会······5
子どもの権利条約······18
コレージュ······11, 14
コンコーディア大学······72, 202, 211, 213-214, 223

【サ行】

サスカチュワン大学······14, 30
参政権······36, 41
ジェンダー······15-18, 24-28, 79-83, 151, 168, 190
ジェンダー・ギャップ指数······18
女子差別撤廃条約······iii, 18, 57, 96, 103-104, 115-116, 229,234,238
女子大学······20, 28
女性外来······22
女性学······20-21, 24-27,72, 76,79-83, 88, 95, 228
女性活躍推進法······i , 3, 242,
女性研究者支援モデル育成······ii, 7, 236, 238
女性の活躍を促進する組織······26
女性寮······15, 27, 52-55, 228
ジョンソン判決······109

スーパーグローバル大学創設支援······240-241
ステレオタイプ······20, 67
性差医療······22
「生物学的な時計」······166
世界経済フォーラム······18
選挙権······42-44, 227
ソロリティ······27

【タ行】

退役軍人······52-54, 98
ダイバーシティ研究環境イニシアティブ······ii, 7, 240
多様性······146, 240
男女共同参画学協会連絡会······235
男女共同参画基本計画····5, 102, 232-233, 238
男女共同参画社会基本法······iv, 15, 17, 55, 102, 234, 236
『男女共同参画白書』······238
男女雇用機会均等法······iv, 17, 234-235, 239
ダルハウジー大学······30, 35, 39, 200
父親休業······214-215
「冷たい雰囲気」······21, 28
徴兵制······41-42
テニュア······140, 163, 166-167, 192, 198-200, 219, 231
東京大学······240-241
同性愛······66
図書事業······27
トロント大学······12, 14, 19, 30, 34-47, 52, 73, 76-80, 188-191, 194-198, 227, 240

【ナ行】

ナショナル・マシーナリー······58, 69
日本学術会議······234-235, 237
日本学術振興会······236
日本カナダ学会······30
日本国憲法······17

ニュー・ブランズウィック大学 ……… 30, 35, 39
人間開発指数 ……………………………… 29

【ハ行】

ハーバード大学 ………………………… 14, 61
バッキ判決 ………… 23, 104, 115, 117-118,
ハラスメント ……………… 28, 78, 141, 146, 234
パリ大学 ………………………………………… 14
フェミニスト政策 …………………………… 16-17
フェミニズム …………………………………… 16
ブラウン判決 ……………………………………… 23
フラタナティ …………………………………… 27
ブリティッシュ・コロンビア大学 …… 14, 30,
　　　　52-55, 92, 191-192, 200, 241
ブリン・マー・カレッジ ……………………… 39, 92
ベビー・ギャップ ……………………………… 23
ベビー・ブーム ……………………………… 15, 48
ポジティブ・アクション ………… i, 102, 117, 135,
　　　　238-239, 243
ボストン大学 …………………………………… 20

【マ行】

マウント・アリソン大学 …………………… 34-35, 41
マギル大学 ……… 14-15, 19, 30, 34-44, 52, 206,
　　　　212-213, 223, 227, 240
マクマスター大学 ………… 30, 44-45, 117- 118
マタイ効果 ……………………………………… 19-20
マニトバ大学 …………………… 30, 35, 39, 140
ミドルパワー ……………………………………… 18
メンター ……………………………………… 78, 166
モントリオール大学 …… 44, 200, 206, 208-210,
　　　　216-219, 240
モントリオール理工科大学 …… 162, 206, 210-211

【ヤ行】

ヨーク大学 ……………………………… 21, 72, 200

【ラ行】

ラバル大学 ……………………………… 13, 30, 44, 223
リプロダクティブ・ライツ ……………………… 16, 26
連邦契約遵守プログラム（アメリカ） ……… 102,
　　　　108, 129, 134

人名索引

【ア行】

アベラ（Rosalie Silberman Abella）……120-122
オウエン（Robert Owen）……169
オークレー（Ann Oakley）……25

【カ行】

キュリー（Marie Curie）……19
クレティエン（Jean Cretien）……171
ケネディ（John F. Kennedy）……58, 61, 73, 107-108

【サ行】

サイモンズ（T.H.B.Symons）……87-90
ジュウェット（Pauline Jewett）……64
ストーラー（Robert Stoller）……25

【タ行】

デリック（Carrie Derick）……41
ドーソン（John William Dawson）……37-38
トルドー（Pierre Elliott Trudeau）……66

【ナ行】

ナイチンゲール（Florence Nightingale）……34

【ハ行】

バード（Florence Bird）……31, 62-64
ピーターソン（Esther Peterson）……58
ピアソン（Lester Bowles Pearson）……61-62, 66, 171
ブラウン（John Brown）……37
フリーダン（Betty Friedan）……62, 66
ブルックス（Harriet Brooks）……19-20
ベンソン（Clara Cynthia Benson）……41
ボーボワール（Simone de Beauvoir）……62, 66

【マ行】

マーティン（Jane Roland Martin）……25, 28
マートン（Robert K. Merton）……19
マッセイ（Vincent Charles Massey）……99
マネー（John Money）……25
ミード（Margaret Mead）……60, 66
ミル（John Stuart Mill）……34, 66

【ラ行】

ローズベルト，エレノア
　（Anna Elenor Roosevelt）……56
ロックハート（Grace Annie Lockhart）……34
ロジャーズ（Carl Rogers）……66

著者紹介

犬塚典子（いぬづか　のりこ）

慶應義塾大学大学院社会学研究科博士後期課程単位取得退学、博士（教育学）
2004年　東北大学大学院法学研究科　COE研究員
2007年　九州大学女性研究者支援室　特任准教授
2010年　京都大学女性研究者支援センター　特任教授
現　在　京都聖母女学院短期大学　教授
専　攻　教育学、社会学、公共政策

主要著書・論文

単著『アメリカ連邦政府による大学生経済支援政策』（東信堂、2006年）
共著 *Gender and Law in Japan*,（Miyoko Tsujimura and Emi Yano, eds., Tohoku University Press, 2007）
共訳書『生涯学習の理論と実践―「教えること」の現在』（渡邊洋子・吉田正純監訳、明石書店、2011年）
共著『比較教育学の地平を拓く―多様な学問観と知の協働』（山田肖子・森下稔編、東信堂、2013年）
単著「カナダの小学校における幼児教育とケア―教員と保育者との連携」（『京都聖母女学院短期大学研究紀要』第46集、2017年）

Public Policies for Women at Canadian Universities

カナダの女性政策と大学

2017年2月10日　初　版第1刷発行　　　　　　　〔検印省略〕

＊定価はカバーに表示してあります。

著者ⓒ犬塚典子　発行者　下田勝司　　　　　印刷・製本／中央精版印刷株式会社
東京都文京区向丘1-20-6　郵便振替00110-6-37828　　発 行 所
〒113-0023　TEL 03-3818-5521（代）　FAX 03-3818-5514　　株式会社　東信堂

Published by TOSHINDO PUBLISHING CO., LTD.
1-20-6, Mukougaoka, Bunkyo-ku, Tokyo, 113-0023 Japan
E-Mail : tk203444@fsinet.or.jp　http://www.toshindo-pub.com

ISBN978-4-7989-1389-6　C3037　ⓒNoriko Inuzuka

東信堂

転換期を読み解く——潮木守一時評・書評集	潮木守一	二六〇〇円
大学再生への具体像——大学とは何か【第二版】	潮木守一	二四〇〇円
フンボルト理念の終焉?——現代大学の新次元	潮木守一	二五〇〇円
「大学の死」、そして復活	潮木守一	二八〇〇円
大学教育の思想——学士課程教育のデザイン	絹川正吉	二八〇〇円
大学教育の在り方を問う	絹川正吉	二三〇〇円
大学改革の系譜——近代大学から現代大学へ	山田宣夫	三五〇〇円
大学理念と大学改革——ドイツと日本	別府昭郎	三八〇〇円
北大 教養教育のすべて エクセレンスの共有を目指して	金子勉	四二〇〇円
国立大学法人の形成	大崎仁	二四〇〇円
国立大学・法人化の行方——自立と格差のはざまで	天野郁夫	二六〇〇円
大学は社会の希望か——大学改革の実態からその先を読む	江原武一	三六〇〇円
転換期日本の大学改革——アメリカと日本	江原武一	三六〇〇円
大学の管理運営改革——日本の行方と諸外国の動向	安藤厚・細川敏幸編著	三六〇〇円
大学経営とマネジメント	杉江均一編著	三六〇〇円
大学戦略経営論	新藤豊久	二五〇〇円
中長期計画の実質化によるマネジメント改革	篠田道夫	三四〇〇円
私立大学マネジメント	(社)私立大学連盟編	四二〇〇円
私立大学の経営と拡大・再編——一九八〇年代後半以降の動態	両角亜希子	四七〇〇円
大学の発想転換——体験的イノベーション論二五年	坂本和一	二五〇〇円
30年後を展望する中規模大学	市川太一	三二〇〇円
大学のカリキュラムマネジメント マネジメント・学習支援・連携	中留武昭	五四〇〇円
戦後日本産業界の大学教育要求——経済団体の教育言説と現代の教養論	飯吉弘子	三八〇〇円
カナダの女性政策と大学	犬塚典子	三九〇〇円
大学教育とジェンダー——アメリカ連邦政府による大学生経済支援政策	犬塚典子	三六〇〇円
ジェンダーはアメリカの大学をどう変革したか	ホーン川嶋瑤子	三八〇〇円
スタンフォード 21世紀を創る大学	ホーン川嶋瑤子	二五〇〇円

〒113-0023 東京都文京区向丘1-20-6　TEL 03-3818-5521　FAX 03-3818-5514　振替 00110-6-37828
Email tk203444@fsinet.or.jp　URL http://www.toshindo-pub.com/
※定価：表示価格（本体）＋税

東信堂

大学の自己変革とオートノミー —点検から創造へ	寺﨑昌男	二五〇〇円
大学教育の創造 —歴史・システム・カリキュラム	寺﨑昌男	二五〇〇円
大学教育の可能性 —教養教育・評価・実践	寺﨑昌男	二五〇〇円
大学は歴史の思想で変わる —FD・評価・私学	寺﨑昌男	二八〇〇円
大学改革 その先を読む	寺﨑昌男	一三〇〇円
大学自らの総合力 —理念とFD そしてSD	寺﨑昌男	二〇〇〇円
大学自らの総合力Ⅱ —大学再生への構想力	寺﨑昌男	二四〇〇円
21世紀の大学：職員の希望とリテラシー	寺﨑昌男 立教学院職員研究会 編著	二五〇〇円
ミッション・スクールと戦争—立教学院のディレンマ	老川慶喜編	五八〇〇円
一貫連携英語教育をどう構築するか —「道具」としての英語観を超えて	鳥飼玖美子編著 前田慶男	一八〇〇円
英語の一貫教育へ向けて	立教学院英語教育研究会編	二八〇〇円
大学評価の体系化	大学基準協会編	三二〇〇円
高等教育の質とその評価—日本と世界	山田礼子編著	二八〇〇円
アウトカムに基づく大学教育の質保証—チューニングとアセスメントにみる世界の動向	深堀聰子	三六〇〇円
高等教育質保証の国際比較	杉本和弘 米澤彰純 羽田貴史 編	三六〇〇円
学士課程教育の質保証へむけて —学生調査と初年次教育の質保証からみえてきたもの	山田礼子	三二〇〇円
新自由主義大学改革 —国際機関と各国の動向	細井克彦編集代表	三八〇〇円
新興国家の世界水準大学戦略 —世界水準をめざすアジア・中南米と日本	米澤彰純監訳	四八〇〇円
東京帝国大学の真実	舘昭	二〇〇〇円
原理・原則を踏まえた大学改革を —場当たり策からの脱却こそグローバル化の条件	舘昭	二〇〇〇円
日本近代大学形成の検証と洞察	舘昭	四六〇〇円
学生支援に求められる条件 —学生支援GPの実践と新しい学びのかたち	清野雄多司 浜島幸司 大島野勇人	二八〇〇円
アカデミック・アドバイジング —その専門性と実践 日本の大学へのアメリカの示唆	清水栄子	二四〇〇円

〒113-0023　東京都文京区向丘1-20-6
TEL 03-3818-5521　FAX 03-3818-5514　振替 00110-6-37828
Email tk203444@fsinet.or.jp　URL:http://www.toshindo-pub.com/

※定価：表示価格（本体）＋税

東信堂

比較教育学事典	日本比較教育学会編	一二〇〇〇円
比較教育学の地平を拓く	森山田肖稔子編著	四六〇〇円
比較教育学——越境のレッスン	馬越徹	三六〇〇円
比較教育学——伝統・挑戦・新しいパラダイムを求めて	M・ブレイ編著 馬越徹・大塚豊監訳	三八〇〇円
国際教育開発の研究射程——「持続可能な社会」のための比較教育学の最前線	北村友人著	二八〇〇円
国際教育開発の再検討——途上国の基礎教育普及に向けて	小川啓一・西村幹也・北村友人編著	二四〇〇円
発展途上国の保育と国際協力	浜野隆・三輪千明編著	三八〇〇円
トランスナショナル高等教育の国際比較——留学概念の転換	杉本均編著	三六〇〇円
東アジアにおける留学生移動のパラダイム転換	嶋内佐絵	三六〇〇円
大学国際化と「英語プログラム」の日韓比較	顧明遠監訳	二九〇〇円
中国教育の文化的基盤	大塚豊	三六〇〇円
中国大学入試研究——変貌する国家の人材選抜	南部広孝	三二〇〇円
東アジアの大学・大学院入学者選抜制度の比較——中国・台湾・韓国・日本	南部広孝	三二〇〇円
中国高等教育独学試験制度の展開	王傑	五四〇〇円
中国の職業教育拡大政策——背景・実現過程・帰結	劉文君	五〇四八円
中国における大学奨学金制度と評価	王帥	三九〇〇円
中国高等教育の拡大と教育機会の変容	楠山研	三六〇〇円
現代中国初中等教育の多様化と教育改革	林初梅	二八〇〇円
文革後中国基礎教育における「主体性」の育成	李霞	四六〇〇円
「郷土」としての台湾——郷土教育の展開にみるアイデンティティの変容	山﨑直也	四〇〇〇円
戦後台湾教育とナショナル・アイデンティティ	木戸裕	六〇〇〇円
ドイツ統一・EU統合とグローバリズム——教育の視点からみたその軌跡と課題	斉藤泰雄	三八〇〇円
教育における国家原理と市場原理——チリ現代教育史に関する研究	川嶺井辺敏子編著	三二〇〇円
中央アジアの教育とグローバリズム	小原優貴	三三〇〇円
インドの無認可学校研究——公教育を支える"影の制度"	日下部達哉	三六〇〇円
バングラデシュ農村の初等教育制度受容	木村裕	三六〇〇円
オーストラリアのグローバル教育の理論と実践	青木麻衣子・佐藤博志編著	二〇〇〇円
[新版]オーストラリア・ニュージーランドの教育——グローバル社会を生き抜く力の育成に向けて	鴨川明子	四七〇〇円
マレーシア青年期女性の進路形成		

〒113-0023 東京都文京区向丘1-20-6
TEL 03-3818-5521　FAX03-3818-5514　振替 00110-6-37828
Email tk203444@fsinet.or.jp　URL:http://www.toshindo-pub.com/

※定価：表示価格（本体）＋税

東信堂

アメリカ公立学校の社会史——コモンスクールからNCLB法まで	W・J・リース著／小川佳万・浅沼茂監訳	四六〇〇円
アメリカ間違いがまかり通っている時代——公立学校の企業型改革への批判と解決法	D・ラヴィッチ著／末藤美津子訳	三八〇〇円
教育による社会的正義の実現——アメリカの挑戦（1945-1980）	D・ラヴィッチ著／末藤美津子訳	五六〇〇円
学校改革抗争の100年——20世紀アメリカ教育史	D・ラヴィッチ著／末藤・宮本・佐藤訳	六四〇〇円
アメリカ学校財政制度の公正化	竺沙知章	三四〇〇円
現代アメリカの教育アセスメント行政の展開——マサチューセッツ州（MCASテスト）を中心に	北野秋男編	四八〇〇円
アメリカ公民教育におけるサービス・ラーニング	唐木清志	四六〇〇円
【増補版】現代アメリカにおける学力形成論の展開——スタンダードに基づくカリキュラムの設計	石井英真	四六〇〇円
ハーバード・プロジェクト・ゼロの芸術認知理論とその実践——内なる知性とクリエイティビティを育むハワード・ガードナーの教育戦略	池内慈朗	六五〇〇円
アメリカにおける学校認証評価の現代的展開	浜田博文編著	二八〇〇円
アメリカにおける多文化的歴史カリキュラム	桐谷正信	三六〇〇円
EUにおける中国系移民の教育エスノグラフィ	山本須美子	四五〇〇円
現代ドイツ政治・社会学習論——「事実教授」の展開過程の分析	大友秀明	五二〇〇円
現代教育制度改革への提言 上・下	日本教育制度学会編	各二八〇〇円
日本の教育をどうデザインするか	上村・岩槻・田中・村田編著	二八〇〇円
現代日本の教育課題——二一世紀の方向性を探る	田中・村田・上田編著	三六〇〇円
バイリンガルテキスト現代日本の教育	山口満編著	三八〇〇円
人格形成概念の誕生——近代アメリカの教育概念史	田中智志	三六〇〇円
社会性概念の構築——アメリカ進歩主義教育の概念史	田中智志	三八〇〇円
グローバルな学びへ——協同と刷新の教育	田中智志編著	二〇〇〇円
学びを支える活動へ——存在論の深みから	田中智志編著	二〇〇〇円
教育の共生体へ——ボディ・エデュケーショナルの思想圏	田中智志編	三五〇〇円
社会形成力育成カリキュラムの研究	西村公孝	六五〇〇円
社会科は「不確実性」で活性化する——未来を開くコミュニケーション型授業の提案	吉永潤	二四〇〇円

〒113-0023 東京都文京区向丘1-20-6　TEL 03-3818-5521　FAX 03-3818-5514　振替 00110-6-37828
Email tk203444@fsinet.or.jp　URL:http://www.toshindo-pub.com/

※定価：表示価格（本体）+税

東信堂

溝上慎一 監修 アクティブラーニング・シリーズ（全7巻）

① アクティブラーニングの技法・授業デザイン　水松下安永 雅紀佳秀悟編 　一六〇〇円
② アクティブラーニングとしてのPBLと探究的な学習　溝上慎一・成田秀夫 編　一八〇〇円
③ アクティブラーニングの評価　石井英真・溝上慎一 編　一六〇〇円
④ 高等学校におけるアクティブラーニング：理論編　溝上慎一 編　一六〇〇円
⑤ 高等学校におけるアクティブラーニング：事例編　溝上慎一 編　二〇〇〇円
⑥ アクティブラーニングをどう始めるか　成田秀夫　一六〇〇円
⑦ 失敗事例から学ぶ大学でのアクティブラーニング　亀倉正彦　一六〇〇円

アクティブラーニングと教授学習パラダイムの転換　溝上慎一　二四〇〇円
大学生の学習ダイナミクス　——授業内外のラーニング・ブリッジング　河井亨　四五〇〇円
大学のアクティブラーニング　河合塾編著　三二〇〇円
「学び」の質を保証するアクティブラーニング　——3年間の全国大学調査から　河合塾編著　二〇〇〇円
「深い学び」につながるアクティブラーニング　——全国大学の学科調査報告とカリキュラム設計の課題　河合塾編著　二八〇〇円
アクティブラーニングでなぜ学生が成長するのか　——経済系・工学系の全国大学調査からみえてきたこと　河合塾編著　二八〇〇円
初年次教育でなぜ学生が成長するのか　——全国大学調査からみえてきたこと　河合塾編著　二八〇〇円

主体的学び　創刊号　主体的学び研究所編　一八〇〇円
主体的学び　2号　主体的学び研究所編　一六〇〇円
主体的学び　3号　主体的学び研究所編　一六〇〇円
主体的学び　4号　主体的学び研究所編　二〇〇〇円
「主体的学び」につなげる評価と学習方法　——カナダで実践されるICEモデル　S.ヤング&R.ウィルソン著 土持ゲーリー法一 監訳　二五〇〇円
ポートフォリオが日本の大学を変える　——ティーチング/アカデミック・ポートフォリオの活用　土持ゲーリー法一　二五〇〇円
ティーチング・ポートフォリオ——授業改善の秘訣　土持ゲーリー法一　一五〇〇円
ラーニング・ポートフォリオ——学習改善の秘訣　土持ゲーリー法一　二五〇〇円

〒113-0023　東京都文京区向丘1-20-6　TEL 03-3818-5521　FAX 03-3818-5514　振替 00110-6-37828
Email tk203444@fsinet.or.jp　URL:http://www.toshindo-pub.com/

※定価：表示価格（本体）＋税